# 2021年第一季度
# First Quarter, 2021

# 中国货币政策执行报告
# CHINA MONETARY POLICY REPORT

中国人民银行货币政策分析小组

Monetary Policy Analysis Group of the People's Bank of China

中国金融出版社
CHINA FINANCIAL PUBLISHING HOUSE

责任编辑：黄海清　白子彤
责任校对：孙　蕊
责任印制：程　颖

**图书在版编目（CIP）数据**

2021年第一季度中国货币政策执行报告/中国人民银行货币政策分析小组编.—北京：中国金融出版社，2021.10

ISBN 978-7-5220-1342-8

Ⅰ.①2… Ⅱ.①中… Ⅲ.①货币政策—研究报告—中国—2021 Ⅳ.①F822.0

中国版本图书馆CIP数据核字（2021）第191327号

2021年第一季度中国货币政策执行报告
2021 NIAN DI-YI JIDU ZHONGGUO HUOBI ZHENGCE ZHIXING BAOGAO

出版发行 中国金融出版社
社址 北京市丰台区益泽路2号
市场开发部 （010）66024766，63805472，63439533（传真）
网上书店 www.cfph.cn
（010）66024766，63372837（传真）
读者服务部 （010）66070833，62568380
邮编 100071
经销 新华书店
印刷 北京侨友印刷有限公司
装订 保利达印务有限公司
尺寸 210毫米×285毫米
印张 10.5
字数 211千
版次 2021年10月第1版
印次 2021年10月第1次印刷
定价 108.00元
ISBN 978-7-5220-1342-8

# 本书执笔人

总　　纂：刘国强　孙国峰

审　　稿：郭　凯　吕　政　李　斌　邹　澜　孙天琦
阮健弘　朱　隽　张雪春　丁志杰

统　　稿：林振辉

执　　笔：

第一部分：邱潮斌　罗嗣源　枣　棘　傅晓琪　杨　帆

第二部分：黄海涛　宋婧瑄　刘　琼　秦甜贺　杜　芮
曾冬青　后新宇　邱　夏　贺　洋

第三部分：毛奇正　文　雅　刘　铮

第四部分：徐　昕　付竞卉　单敬雯　梁　斌　陈　俊
徐　琨　李翰林　姜晶晶

第五部分：胡　婧　程艳芬　时昱旻

提供材料：黄明皓　李　航　赵　北　马靖杰　张　骥
周　炜　梁　爽　王　琦

英文总纂：冯润祥

英文审稿：张　勤　陈苏燕　以及前述审稿人、执笔人
Nancy Hearst（美国哈佛大学费正清东亚研究中心）

英文翻译：陈苏燕　丁　韡　何君玲　何亦周　金　怡
刘翔宇　刘雪菲　刘孜群　王丽洁　吴玉南
张　勤　章　曦　郑朝亮　钟　文　周璐珍
周　萍

# Contributors to This Report

**CHIEF EDITORS:**
LIU Guoqiang SUN Guofeng
**READERS:**
GUO Kai LÜ Zheng LI Bin ZOU Lan SUN Tianqi RUAN Jianhong
ZHU Jun ZHANG Xuechun DING Zhijie
**EDITORS:**
LIN Zhenhui
**AUTHORS:**
**PART ONE:** QIU Chaobin LUO Siyuan ZAO Ji FU Xiaoqi YANG Fan
**PART TWO:** HUANG Haitao SONG Jingxuan LIU Qiong QIN Tianhe DU Rui
ZENG Dongqing HOU Xinyu QIU Xia HE Yang
**PART THREE:** MAO Qizheng WEN Ya LIU Zheng
**PART FOUR:** XU Xin FU Jinghui SHAN Jingwen LIANG Bin CHEN Jun
XU Kun LI Hanlin JIANG Jingjing
**PART FIVE:** HU Jing CHENG Yanfen SHI Yumin
**OTHER CONTRIBUTORS:** HUANG Minghao LI Hang ZHAO Bei MA Jingjie
ZHANG Ji ZHOU Wei LIANG Shuang WANG Qi
**ENGLISH EDITION**
**CHIEF EDITORS:** FENG Runxiang
**EDITORS:** ZHANG Qin CHEN Suyan above-mentioned authors and readers
Nancy Hearst (Fairbank Center for East Asian Research, Harvard University)
**TRANSLATORS:** CHEN Suyan DING Wei HE Junling HE Yizhou
JIN Yi LIU Xiangyu LIU Xuefei LIU Ziqun WANG Lijie
WU Yunan ZHANG Qin ZHANG Xi ZHENG Zhaoliang
ZHONG Wen ZHOU Luzhen ZHOU Ping

# 内容摘要

2021年以来，面对冬春新冠肺炎疫情考验和外部环境的不确定性，在以习近平同志为核心的党中央坚强领导下，各地区各部门统筹推进常态化疫情防控和经济社会发展成效持续显现。我国经济呈现稳定恢复态势，稳中加固、稳中向好，供给量增质升，需求持续回暖，市场活力不断释放，就业民生保障有力，高质量发展取得新成效。2021年第一季度国内生产总值（GDP）同比增长18.3%，两年平均增长5.0%，居民消费价格指数（CPI）同比持平，进出口贸易增长势头稳健。

中国人民银行坚持以习近平新时代中国特色社会主义思想为指导，坚决贯彻党中央、国务院的决策部署，稳健的货币政策灵活精准、合理适度，保持了连续性、稳定性、可持续性，预期管理科学有效，保持对经济恢复的必要支持力度，金融风险有效防控，金融服务实体经济质量和效率逐步提升，为经济高质量发展提供了适宜的货币金融环境。

一是保持流动性合理充裕。综合运用中期借贷便利、公开市场操作等多种货币政策工具，对流动性精准调节，维护市场预期稳定和货币市场利率平稳运行。二是发挥好结构性货币政策工具牵引带动作用。对特殊时期出台的政策分类施策、适时适度调整，将两项直达实体经济的货币政策工具延续至2021年年底，对科技创新、小微企业、绿色发展等需要长期支持的领域进一步加大政策支持力度。三是持续释放贷款市场报价利率改革红利。推动金融机构充分运用贷款市场报价利率定价，引导综合融资成本稳中有降。要求所有贷款产品明示贷款年化利率，保护金融消费者合法权益。优化存款利率监管，维护银行负债成本基本稳定。四是以我为主，兼顾对外均衡。持续推进汇率市场化改革，保持人民币汇率弹性，发挥汇率调节宏观经济和国际收支自动稳定器作用。五是健全现代货币政策框架。完善货币供应调控机制，保持货币供应量和社会融资规模增速同名义经济增速基本匹配。完善央行政策利率体系，引导市场利率围绕政策利率为中枢波动，健全市场化利率形成和传导机制。六是坚持市场化法治化原则，有效防控金融风险，牢牢守住不发生系统性金融风险的底线。

总体来看，2021年以来稳健的货币政策坚持稳字当头，体现了前瞻性、主动性、精准性和有效性，对实体经济支持力度稳固。3月末，广义货币（M2）同比增长9.4%，社会融资规模存量同比增长12.3%。信贷结构持续优化，3月末普惠小微贷款和制造业中长期贷款余额同比增速分别达到34.3%和40.9%。贷款利率持续处于较低水平，3月企业贷款加权平均利率为4.63%，较上年同期下降0.19个百分点，小微企业综合融资成本稳中有降。人民币汇率以市场供求为基础双向浮动，弹性增强，在合理均衡水平上保持基本稳定。3月末，中国外汇交易中心（CFETS）人民币汇率指数报96.88，较上年末升值2.15%。

目前，我国经济发展动力不断增强，积极因素明显增多。也要看到，外部环境依然复杂严峻，我国经济恢复不均衡、基础不稳固，仍面临不少风险挑战，要坚定信心，攻坚克难，巩固恢复性增长基础，努力保持经济社会持续健康发展。下一阶段，中国人民银行将坚持以习近平新时代中国特色社会主义思想为指导，贯彻党的十九届五中全会、中央经济工作会议精神，落实《政府工作报告》要求，按照党中央、国务院的决策部署，坚持稳中求进工作总基调，稳字当头，立足新发展阶段，贯彻新发展理念，构建新发展格局，坚持跨周期设计理念，兼顾当前和长远，保持宏观政策连续性、稳定性、可持续性，稳定预期，精准实施宏观政策，巩固拓展疫情防控和经济社会发展成果，强化对实体经济、重点领域和薄弱环节的支持，以适度的货币增长支持经济高质量发展。

稳健的货币政策要灵活精准、合理适度，把服务实体放到更加突出的位置，珍惜正常的货币政策空间，处理好恢复经济和防范风险的关系。健全现代货币政策框架，完善货币供应调控机制，管好货币总闸门，保持流动性合理充裕，保持货币供应量和社会融资规模增速同名义经济增速基本匹配，保持宏观杠杆率基本稳定。进一步发挥好再贷款、再贴现和直达实体经济货币政策工具的牵引带动作用，构建金融有效支持实体经济的体制机制，引导金融机构加大对科技创新、小微企业、绿色发展等领域的支持，研究推出央行碳减排支持工具。健全市场化利率形成和传导机制，完善央行政策利率体系，优化存款利率监管，继续释放改革促进降低贷款利率的潜力，推动实际贷款利率进一步降低。发挥市场供求在汇率形成中的决定性作用，增强人民币汇率弹性，加强宏观审慎管理，引导社会预期，保持人民币汇率在合理均衡水平上的基本稳定。加强监测分析和预期管理，保持物价水平基本稳定。健全金融风险预防、预警、处置、问责制度体系，维护和塑造金融安全，牢牢守住不发生系统性金融风险的底线。保持经济运行在合理区间，使经济在恢复中达到更高水平均衡，以高质量发展为“十四五”开好局，以优异成绩庆祝中国共产党成立100周年。

# Executive Summary

Since the beginning of 2021, faced with the test of the COVID-19 during the winter and spring as well as uncertainties of external environment, all regions and departments across China have been making progress in coordinating routine pandemic containment measures and economic and social development under the strong leadership of the CPC Central Committee with Comrade Xi Jinping at its core. The Chinese economy is on course for a steady recovery with stronger and better development. New achievements have been made in pursuing high-quality development, as illustrated by the improvement of supplies both in quantity and in quality, the sustained rebound in demand, the continuous enhancement of market vitality, and the effective support for employment and livelihood. In Q1 2021, China's GDP grew by 18.3 percent year on year, contributing to a growth averaging 5.0 percent over the past two years. The CPI was on a par with that in the same period of the last year, and import and export trade maintained sound growth momentum.

Following the guidance of Xi Jinping Thought on Socialism with Chinese Characteristics for a New Era, the People's Bank of China (PBC) resolutely implemented the decisions and arrangements of the CPC Central Committee and the State Council. The sound monetary policy, which was flexible, targeted, reasonable and appropriate, maintained its continuity, stability and sustainability. The PBC managed expectations in a scientific and effective way, kept in place the support necessary for economic recovery, managed financial risks well, and enabled the financial sector to gradually enhance its quality and efficiency in serving the real economy, hence cultivating a favorable monetary and financial environment for achieving high-quality economic development.

First, liquidity was kept adequate at a reasonable level. With the comprehensive use of multiple monetary policy tools, including the Medium-term Lending Facility (MLF) and open market operations, the PBC adjusted liquidity precisely and thus maintained stability of market expectations and smooth movement of money market rates. Second, structural monetary policy tools were promoted to play a guiding role. The PBC implemented the policies launched during the special period based on the category of beneficiaries, made proper adjustments at the proper time, prolonged the use of the two monetary policy tools providing direct support for the real economy until the end of 2021, and further enhanced policy support for those areas in need of long-term support, such as sci-tech innovations, micro and small businesses (MSBs), and green development. Third, the benefits of the loan prime rate (LPR) reform were unleashed continuously. The PBC urged financial institutions to make full use of the LPR for pricing, and thus guided the overall stabilization and decline of financing costs. All loan products were required to be explicit about their annualized interest rates so as to protect the legitimate rights of financial consumers. Regulations regarding deposit rates were improved to keep the borrowing costs of banks basically stable. Fourth, focusing on the domestic situation, attention was also paid to maintaining an external equilibrium. The PBC moved ahead with the market-oriented reform of the exchange rate to maintain the flexibility of the RMB exchange rate and to enable the exchange rate to play a role in adjusting the macroeconomy and as an auto stabilizer for the balance of payments. Fifth, the modern monetary policy framework was improved. The PBC improved the mechanism for money supply management and kept the growth of money supply and aggregate financing to the real economy (AFRE) basically aligned with that of nominal GDP. It also improved the system of central bank policy rates, guided the market rates to move around the policy rates, and improved the mechanism for the formation and transmission of market-based interest rates. Sixth, upholding the market-oriented and law-based principles, the PBC managed financial risks well and firmly defended the bottom line that no systemic risk should occur.

Overall, since the beginning of 2021, the sound monetary policy has pursued stability as its priority and it has proved to be forward-looking, proactive, targeted and effective, thereby providing solid support for the real economy. At end-March, broad money (M2) and AFRE grew 9.4 percent and 12.3 percent year on year, respectively. With the credit structure continuously improving, inclusive MSB loans and medium and long-term (MLT) loans to the manufacturing sector grew by 34.3 percent and 40.9 percent year on year, respectively. Loan rates remained at a low level. The weighted average rate on corporate loans registered 4.63 percent in March, down by 0.19 percentage points from March 2020. Overall financing costs for MSBs were stable and witnessed a decline. The RMB exchange rate moved in both directions with enhanced flexibility based on market supply and demand, and it remained basically stable at an adaptive and equilibrium level. The China Foreign Exchange Trade System (CFETS) RMB Index registered 96.88 at end-March, 2.15 percent higher than that at end-2020.

Currently, the driving force behind China's economic development is growing, and the positive factors are increasing remarkably. However, it should also be noted that externally the environment is still complicated and serious, and internally the economic recovery is unbalanced, and its foundation is not yet solid, hence risks and challenges remain. In response, we should remain confident, overcome difficulties, and consolidate the foundation for recovery and growth, so as to maintain sustained and sound development of the economy and the society. In the next stage, under the guidance of Xi Jinping Thought on Socialism with Chinese Characteristics for a New Era, the PBC will follow the guidelines of the Fifth Plenary Session of the 19th CPC Central Committee and the Central Economic Work Conference and implement the requirements in the *Report on the Work of the Government* as well as the decisions and arrangements of the CPC Central Committee and the State Council. Adhering to the general principle of seeking progress while ensuring stability, the PBC will take stability as its top priority. Based on the requirements of the new development stage, the PBC will apply the new development philosophy and foster a new development paradigm. Firm in the idea of making cross-cycle policy designs, the PBC will give consideration to both the present and the future, maintain the continuity, stability and sustainability of macro policies, and stabilize expectations. It will implement macro policies in a well-targeted way to consolidate and develop the achievement in pandemic containment and economic and social development, and it will reinforce support for the real economy, key fields, and weak links to bolster high-quality economic development with proper monetary increases.

The sound monetary policy will remain flexible, targeted, reasonable and appropriate. The PBC will place a higher priority on serving the real economy, value the space for normal monetary policy, and properly handle the relationship between economic recovery and risk prevention. By improving the modern monetary policy framework and the mechanism for money supply management, the PBC will ensure proper control of the aggregates so as to keep liquidity adequate at a reasonable level, keep the growth of M2 and AFRE basically in line with that of nominal GDP, and keep the macro leverage ratio basically stable. Tools such as central bank lending, central bank discounts, and the monetary policy tools providing direct support for the real economy will continue to play a guiding role, and systems and mechanisms will be developed for the financial sector to provide effective support for the real economy. While guiding financial institutions to extend more support to sci-tech innovations, MSBs, and green development, the PBC will launch tools in support of carbon emission reductions based on research. It will enhance the market-oriented interest rate formation and transmission mechanism by improving the policy rate system and deposit rate regulations, aiming to continuously unleash the potential of the reform in lowering lending rates and to facilitate a further decline in the actual lending rates. The PBC will ensure that the market plays a decisive role in the formation of the RMB exchange rate to enhance the flexibility of the exchange rate. It will enhance macro-prudential management, guide market expectations, and keep the RMB exchange rate basically stable at an adaptive and equilibrium level. More efforts will be put into monitoring and analysis as well as expectation management to keep prices basically stable. To safeguard and build financial security and to firmly defend the bottom line that no systemic risk should occur, the PBC will reinforce the institutional system for financial risk prevention, early warning, resolution and accountability. Keeping the economic indicators within a reasonable range and promoting a higher level of equilibrium in the economy in the course of recovery, the PBC will contribute to a good start for the 14th Five-Year Plan and celebrate the centenary of the founding of the CPC with great achievements.

# 目 录

图

# Contents

## *Figures*

# 第一部分 货币信贷概况

2021年以来，中国人民银行以习近平新时代中国特色社会主义思想为指导，贯彻党的十九届五中全会、中央经济工作会议精神，落实《政府工作报告》要求，坚持稳健的货币政策灵活精准、合理适度，保持政策连续性、稳定性、可持续性，把服务实体经济放到更加突出的位置，处理好恢复经济与防范风险的关系。当前，流动性合理充裕，货币信贷合理增长，金融支持实体经济力度保持稳固。

## 一、银行体系流动性合理充裕

2021年第一季度，中国人民银行坚持稳健的货币政策灵活精准、合理适度，综合运用再贷款、再贴现、中期借贷便利（MLF）、公开市场操作等多种货币政策工具投放流动性，及时熨平春节前后现金投放、财政税收、季末等多种短期波动因素，保持流动性合理充裕，“春节前不紧”“春节后不松”，维护市场预期稳定和货币市场利率平稳运行。同时，通过多种方式加强与公众沟通，进一步提高货币政策操作的精准性和有效性，引导货币市场短期利率围绕公开市场7天期逆回购操作利率在合理区间波动，政策利率的中枢作用进一步增强。3月末，金融机构超额准备金率为1.5%，较上年同期低0.6个百分点。

## 二、金融机构贷款合理增长，结构优化，利率处于较低水平

货币信贷合理增长。随着贷款市场报价利率（LPR）改革深入推进，货币政策传导效率显著提升，信贷投放保持较快增长，有力支持了经济持续稳定恢复，稳中加固、稳中向好。3月末，金融机构本外币贷款余额为186.4万亿元，同比增长12.3%，较年初增加

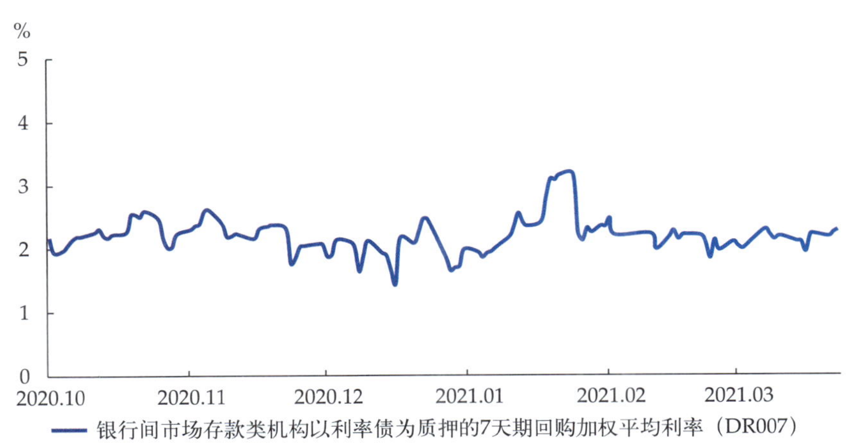


**图1 货币市场利率走势**

（数据来源：中国货币网）

8.0万亿元，同比多增6 734亿元。人民币贷款余额为180.4万亿元，同比增长12.6%，较年初增加7.7万亿元，同比多增5 741亿元。金融机构信贷投放节奏把握适度，保持了支持实体经济的连续性、稳定性、可持续性，增强了服务高质量发展的后劲。

信贷结构持续优化。企（事）业单位中长期贷款较年初增加4.5万亿元，同比多增1.4万亿元。3月末，制造业中长期贷款增速为40.9%，连续上升17个月，其中高技术制造业中长期贷款同比增长45.0%。普惠小微贷款余额16.7万亿元，同比增长34.3%，较上年末高4个百分点。普惠小微贷款支持小微经营主体3 527万户，同比增长26.6%。

贷款加权平均利率持续处于较低水平。2021年，人民银行持续释放LPR改革潜力，充分发挥LPR改革在优化资源配置中的作用，以市场化方式促进金融机构将更多金融资源配置到小微企业，增强小微企业贷款竞争性，继续推动金融系统向实体经济让利。3月，1年期和5年期以上LPR分别为3.85%和4.65%，均与上年12月持平。3月，贷款加权平均利率为5.10%，保持在历史低位。其中，一般贷款加权平均利率为5.30%，同比下降0.18个百分点。企业贷款加权平均利率为4.63%，同比下降0.19个百分点，金融对实体经济的支持效果持续显现。

2021年3月，一般贷款中利率高于LPR的贷款占比为69.54%，利率等于LPR的贷款占比为8.42%，利率低于LPR的贷款占比为

**表 1　2021 年第一季度人民币贷款结构**

单位：亿元、%

| 项目 | 3 月末余额 | 同比增速 | 当年新增额 | 同比多增额 |
|---|---|---|---|---|
| 人民币各项贷款 | 1 804 131 | 12.6 | 76 719 | 5 741 |
| 住户贷款 | 657 467 | 16.3 | 25 619 | 13 545 |
| 企（事）业单位贷款 | 1 137 878 | 11.2 | 53 530 | −6 899 |
| 非银行业金融机构贷款 | 3 039 | −62.5 | −2 082 | −353 |
| 境外贷款 | 5 747 | 3.0 | −349 | −553 |

数据来源：中国人民银行。

注：企（事）业单位贷款是指非金融企业及机关团体贷款。

**表 2　2021 年第一季度分机构新增人民币贷款情况**

单位：亿元

| 机构类别 | 新增额 | 同比多增 |
|---|---|---|
| 中资大型银行① | 32 060 | −3 214 |
| 中资中小型银行② | 41 255 | 5 019 |
| 小型农村金融机构③ | 11 985 | 2 339 |
| 外资金融机构 | 1 034 | 646 |

数据来源：中国人民银行。

注：①中资大型银行是指本外币资产总量大于等于2万亿元的银行（以2008年末各金融机构本外币资产总额为参考标准）。

②中资中小型银行是指本外币资产总量小于2万亿元的银行（以2008年末各金融机构本外币资产总额为参考标准）。

③小型农村金融机构包括农村商业银行、农村合作银行、农村信用社。

**表 3　2021 年 3 月新发放贷款加权平均利率情况**

单位：%

| 项目 | 2021 年 3 月 | 较上年 12 月变化 | 同比变化 |
|---|---|---|---|
| 新发放贷款加权平均利率 | 5.10 | 0.07 | 0.02 |
| 一般贷款加权平均利率 | 5.30 | 0.00 | −0.18 |
| 其中：企业贷款加权平均利率 | 4.63 | 0.02 | −0.19 |
| 票据融资加权平均利率 | 3.52 | 0.42 | 0.58 |
| 个人住房贷款加权平均利率 | 5.37 | 0.03 | −0.23 |

数据来源：中国人民银行。

**表 4　2021 年 1 ～ 3 月金融机构人民币贷款利率区间占比**

单位：%

| 月份 | 减点 | LPR | 加点 | | | | | |
|---|---|---|---|---|---|---|---|---|
| | | | 小计 | (LPR，LPR+0.5%) | [LPR+0.5%，LPR+1.5%) | [LPR+1.5%，LPR+3%) | [LPR+3%，LPR+5%) | LPR+5%及以上 |
| 1 月 | 23.93 | 7.51 | 68.56 | 15.45 | 24.38 | 13.24 | 8.09 | 7.39 |
| 2 月 | 26.24 | 7.02 | 66.74 | 14.26 | 23.59 | 12.28 | 8.25 | 8.36 |
| 3 月 | 22.03 | 8.42 | 69.54 | 14.98 | 24.79 | 13.56 | 8.76 | 7.45 |

数据来源：中国人民银行。

**表 5　2021 年 1 ～ 3 月大额美元存款与美元贷款平均利率**

单位：%

| 月份 | 大额存款 | | | | | | 贷款 | | | | |
|---|---|---|---|---|---|---|---|---|---|---|---|
| | 活期 | 3 个月以内 | 3（含）~6 个月 | 6（含）~12 个月 | 1 年 | 1 年以上 | 3 个月以内 | 3（含）~6 个月 | 6（含）~12 个月 | 1 年 | 1 年以上 |
| 1 月 | 0.14 | 0.65 | 0.88 | 0.92 | 1.10 | 1.17 | 1.25 | 1.12 | 1.06 | 1.04 | 1.94 |
| 2 月 | 0.14 | 0.61 | 0.72 | 0.90 | 1.05 | 1.04 | 1.23 | 1.17 | 1.05 | 1.16 | 2.37 |
| 3 月 | 0.14 | 0.55 | 0.77 | 0.91 | 1.09 | 0.99 | 1.23 | 1.09 | 1.01 | 0.90 | 2.14 |

数据来源：中国人民银行。

22.03%。

外币存贷款利率略有下降。2021年3月，活期、3个月以内大额美元存款加权平均利率分别为0.14%和0.55%，分别较上年12月下降0.02个和0.04个百分点；3个月以内、3（含）～6个月美元贷款加权平均利率分别为1.23%和1.09%，分别较上年12月上升0.01个和下降0.27个百分点。

存款增长平稳。2021年3月末，金融机构本外币各项存款余额为227.2万亿元，同比增长10.1%，较上年末低0.1个百分点。人民币各项存款余额为220.9万亿元，同比增长9.9%，较上年末低0.3个百分点。外币存款余额为9 568亿美元，较年初增加675亿美元，同比多增599亿美元，这与我国经济基本面向好、顺差增多、企业持有外汇意愿增强等因素有关。

**表 6　2021 年第一季度人民币存款结构情况**

单位：亿元、%

| 项目 | 3 月末余额 | 同比增速 | 当年新增额 | 同比多增额 |
|---|---|---|---|---|
| 人民币各项存款 | 2 209 233 | 9.9 | 83 513 | 2 844 |
| 住户存款 | 992 778 | 13.1 | 66 768 | 2 077 |
| 非金融企业存款 | 661 693 | 7.9 | 2 574 | −16 026 |
| 机关团体存款 | 302 947 | 1.3 | 3 491 | 1 457 |
| 财政性存款 | 43 138 | 14.4 | −1 633 | 1 510 |
| 非银行业金融机构存款 | 195 188 | 15.7 | 11 747 | 15 461 |
| 境外存款 | 13 490 | −0.2 | 565 | −1 635 |

数据来源：中国人民银行。

**表 7　2021 年第一季度社会融资规模**

| 项目 | 2021 年 3 月末 | | 2021 年第一季度 | |
|---|---|---|---|---|
| | 存量（万亿元） | 同比增速（%） | 增量（亿元） | 同比增减（亿元） |
| 社会融资规模 | 294.55 | 12.3 | 102 380 | −8 730 |
| 其中：人民币贷款 | 179.51 | 13.0 | 79 106 | 6 589 |
| 外币贷款（折合人民币） | 2.31 | −1.1 | 1 845 | −65 |
| 委托贷款 | 11.04 | −2.8 | −50 | 920 |
| 信托贷款 | 8.01 | −19.2 | −3 569 | −3 439 |
| 未贴现银行承兑汇票 | 3.83 | 14.1 | 3 245 | 2 985 |
| 企业债券 | 28.17 | 11.7 | 8 614 | −9 178 |
| 政府债券 | 46.71 | 18.8 | 6 584 | −9 197 |
| 非金融企业境内股票融资 | 8.50 | 13.5 | 2 467 | 1 212 |
| 其他融资 | 8.25 | 22.0 | 1 791 | 799 |
| 其中：存款类金融机构资产支持证券 | 1.92 | 15.7 | 272 | 504 |
| 贷款核销 | 5.46 | 29.4 | 1 730 | 184 |

数据来源：中国人民银行、中国银行保险监督管理委员会、中国证券监督管理委员会、中央国债登记结算有限责任公司、银行间市场交易商协会等部门。

注：①社会融资规模存量是指一定时期末实体经济从金融体系获得的资金余额。社会融资规模增量是指一定时期内实体经济从金融体系获得的资金额。

②2019年12月起，人民银行进一步完善社会融资规模统计，将“国债”和“地方政府一般债券”纳入社会融资规模统计，与原有“地方政府专项债券”合并为“政府债券”指标，指标数值为托管机构的托管面值；2019年9月起，人民银行完善“社会融资规模”中的“企业债券”统计，将“交易所企业资产支持证券”纳入“企业债券”指标；2018年9月起，人民银行将“地方政府专项债券”纳入社会融资规模统计；2018年7月起，人民银行完善社会融资规模统计方法，将“存款类金融机构资产支持证券”和“贷款核销”纳入社会融资规模统计，在“其他融资”项下单独列示。

③表中同比数据按可比口径计算。

## 三、货币供应量、社会融资规模适度增长

3月末，广义货币供应量（M2）余额为227.6万亿元，同比增长9.4%。狭义货币供应量（M1）余额为61.6万亿元，同比增长7.1%。流通中货币（M0）余额为8.7万亿元，同比增长4.2%。第一季度现金净投放2 229亿元，同比少投放3 604亿元。

初步统计，2021年3月末社会融资规模存量为294.55万亿元，同比增长12.3%，增速较上年末低1个百分点。第一季度社会融资规模增量累计为10.24万亿元，较上年同期少8 730亿元，是季度增量的次高水平。总体来看，社会融资规模的增长保持平稳，主要有以下特点：一是人民币贷款同比多增较多。二是委托贷款和信托贷款净减少，未贴现的银行承兑汇票同比多增。三是企业债券同比少增，股票融资同比多增。四是受地方政府专项债的影响，政府债券融资同比少增。五是存款类金融机构资产支持证券融资和贷款核销均同比略有多增。

## 专栏1　健全现代货币政策框架

党的十九届五中全会提出“建设现代中央银行制度”。建设现代中央银行制度要求健全现代货币政策框架，支持经济高质量发展，加快构建新发展格局。现代货币政策框架包括优化的货币政策目标、创新的货币政策工具和畅通的货币政策传导机制。中央银行需要不断创新货币政策工具体系，发挥政策工具的作用，提高货币政策传导效率，实现货币政策目标，将这三者形成有机的整体系统。

**一、坚守币值稳定的最终目标，优化中介目标锚定方式**

《中国人民银行法》赋予货币政策“保持货币币值的稳定，并以此促进经济增长”的最终目标。要保持物价稳定，关键要管好货币总闸门。随着我国转向高质量发展阶段，发展方式转向更多依靠创新驱动，实体经济发展所需要的货币增速应与名义经济增速更趋适应，以适度的货币增长支持高质量发展。2020年中央经济工作会议、“‘十四五’规划和2035年远景目标纲要”提出，保持货币供应量和社会融资规模增速同名义经济增速基本匹配，从而清晰明确地界定了货币政策框架的“锚”。这一中介目标锚定方式，有利于搞好跨周期政策设计，在长期稳住货币总量；有利于根据宏观经济形势变化，使M2和社会融资规模增速向反映潜在产出的名义经济增速靠拢，为实施宏观政策提供更加科学合理的“锚”；有利于引导市场形成理性、稳定的预期；内嵌了稳定宏观杠杆率的机制，有利于实现稳增长和防风险长期均衡。同时，要增强人民币汇率弹性，保持人民币汇率在合理均衡水平上基本稳定，把握好内部均衡和外部均衡的平衡。

**二、健全中央银行操作目标体系，疏通货币政策传导**

近年来，人民银行深化利率市场化改革，推动完善贷款市场报价利率（LPR）形成机制，货币政策传导效率明显提升。LPR作为信贷市场的定价基准，具有调节信贷供求，进而影响货币供应的重要作用，保持LPR在合理水平有利于稳住货币供应的“锚”。LPR基于政策利率报价形成，坚持市场化方向，中国人民银行通过完善以公开市场操作利率为短期政策利率和以中期借贷便利利率为中期政策利率的政策利率体系，引导以DR007为代表的市场利率围绕政策利率为中枢波动，健全从政策利率到LPR再到实际贷款利率的市场化利率形成和传导机制，以此调节资金供求和资源配置，实现货币政策目标。

值得注意的是，国际上央行实现货币政策操作目标主要有两类做法：一类是将市场利率作为操作目标，通过流动性调节引导市场利率在操作目标附近运行；另一类是将货币政策工具利率作为央行政策利率，并以此为操作目标，从而将操作目标、政策利率和货币政策工具利率合而为一。2008年国际金融危机之后，第二类做法提高货币政策有效性和传导效率的优势显现，逐渐成为主流。我国的央行操作目标体系也采取了第二类做法，更为直观，市场和公众观察货币政策取向时，只需看政策利率是否发生变化即可，无需过度关注公开市场操作数量，也无需过度关注个别机构的市场成交利率，或受短期因素扰动的市场利率时点值。

**三、创新货币政策工具，完善货币供应调控机制**

总量方面，完善中央银行调节银行货币创造的流动性、资本和利率约束的长效机制。抓准作为货币创造直接主体的银行，综合运用多种货币政策工具，保持流动性合理充裕；以永续债为突破口，促进银行多渠道补充资本；推动LPR改革，打破利率隐性下限，引导贷款利率下行，缓解银行货币创造面临的流动性、资本、利率约束，保持货币供应量和社会融资规模增速同名义经济增速基本匹配。

结构方面，构建金融有效支持实体经济的体制机制。持续健全结构性货币政策工具体系，通过设计激励相容机制，将流动性的量价与银行贷款创造存款的行为联系起来，根据经济发展不同时期的需要动态调整支持重点，引导金融资源流向科技创新、小微企业、绿色发展等国民经济重点领域和薄弱环节，促进提升经济发展的可持续性和韧性。

总体来看，货币政策坚守币值稳定的最终目标，保持货币供应量和社会融资规模增速同名义经济增速基本匹配的中介目标在制度上更加定型，与健全市场化利率形成和传导机制、完善货币供应调控机制形成有机整体，共同构建现代货币政策框架。这一框架更为公开、透明、直观，提升了央行与公众的沟通效率，降低了沟通成本，有效引导预期的同时增强了公众获取信息的公平性，提高了货币政策传导的有效性，有利于为经济高质量发展提供适宜的货币金融环境。

## 四、人民币汇率在合理均衡水平上保持基本稳定，跨境人民币业务保持增长

2021年以来，跨境资本流动和外汇供求基本平衡，市场预期总体平稳。人民币汇率以市场供求为基础，有贬有升，在合理均衡水平上保持基本稳定。第一季度，人民币对一篮子货币汇率有所升值。3月末，中国外汇交易中心（CFETS）人民币汇率指数报96.88，较上年末升值2.15%；参考特别提

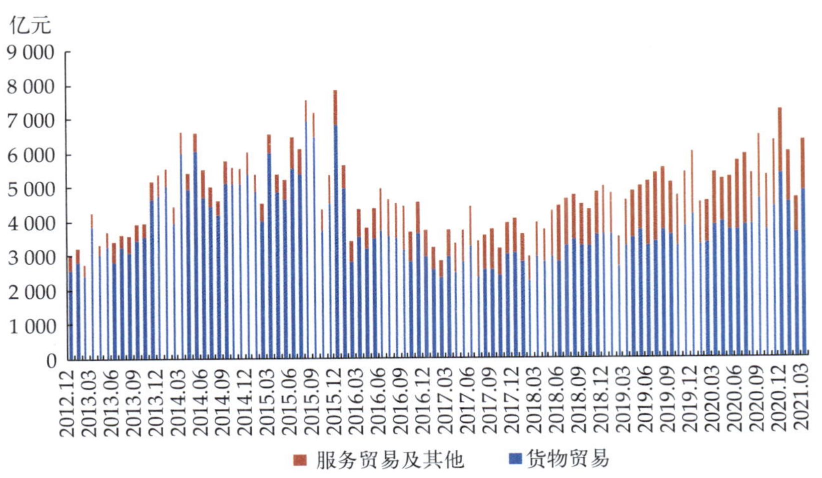


**图2 经常项目人民币收付金额按月情况**

（数据来源：中国人民银行）

款权（SDR）货币篮子的人民币汇率指数报95.66，较上年末升值1.52%。根据国际清算银行测算，2020年末至2021年3月，人民币名义和实际有效汇率分别升值2.15%和2.10%；2005年人民币汇率形成机制改革至2021年3月末，人民币名义和实际有效汇率分别升值40.63%和54.55%。第一季度，人民币对美元汇率小幅贬值。3月末，人民币对美元汇率中间价为6.5713元，较上年末贬值0.71%，2005年人民币汇率形成机制改革以来累计升值25.95%。第一季度，人民币对美元汇率年化波动率为3.9%。

2021年第一季度，跨境人民币收付金额合计9万亿元，同比增长48%，其中实收4.6万亿元、实付4.3万亿元。经常项目下跨境人民币收付金额合计1.7万亿元，同比增长17%，其中，货物贸易收付金额1.3万亿元，服务贸易及其他经常项目下收付金额4 129.7亿元；资本项目下人民币收付金额合计7.3万亿元，同比增长58%。

2021年第一季度，人民银行坚决贯彻党中央、国务院决策部署，坚持稳健的货币政策灵活精准、合理适度。精准开展公开市场操作，深入推进利率汇率市场化改革，进一步发挥好结构性货币政策工具的精准导向作用，推动资金更多流向科技创新、小微企业、绿色发展等重点领域和薄弱环节，为经济高质量发展营造了适宜的货币金融环境。

## 一、有效开展公开市场操作

精准开展公开市场操作。2021年第一季度，影响银行体系流动性供求的不确定性因素较多，特别是春节因素的扰动较大。中国人民银行结合疫情防控形势，深入分析春节现金投放、财政收支等多种因素对市场资金供求的影响，提前谋划、动态微调、精准操作、引导预期，以发布《公开市场业务交易公告》等方式说明央行春节前后操作的有关考虑，以历年来春节前最低投放量保障了节前流动性平稳。同时，春节前开展的短期逆回购操作于节后数个交易日内全部到期，确保春节流动性“节前不紧、节后不松”。春节后，连续适量开展公开市场7天期逆回购操作，精准保持市场资金供求平衡，维护季末流动性平稳。

引导市场利率围绕央行政策利率波动。2021年以来，央行中期借贷便利（MLF）和逆回购操作中标利率均保持不变，继续展现稳健货币政策姿态。同时，公开市场操作的连续性进一步提高，通过每日开展7天期逆回购操作持续释放央行短期政策利率信号，引导货币市场利率围绕公开市场操作利率在合理区间波动，央行公开市场操作利率作为市场短期利率中枢的作用持续增强。2021年第一季度，银行间市场存款类机构7天期回购加权平均利率（DR007）均值为2.21%，与公开

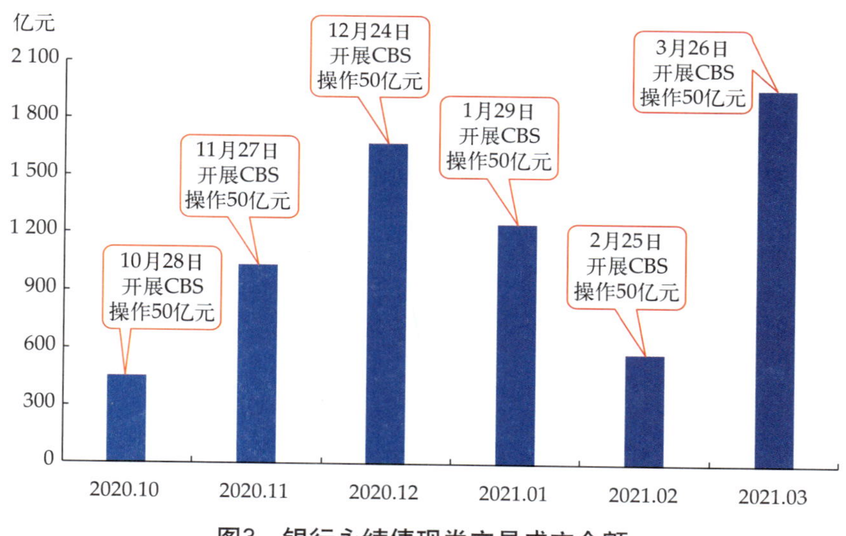


图3　银行永续债现券交易成交金额

市场7天期逆回购操作利率2.2%非常接近。

连续开展央行票据互换（CBS）操作。2021年第一季度，中国人民银行开展了3次、共150亿元CBS操作，期限均为3个月，费率均为0.10%。目前，中国人民银行以每月一次的频率稳定开展CBS操作，对于提升银行永续债的二级市场流动性、支持银行特别是中小银行发行永续债补充资本发挥了积极作用。

常态化在香港发行人民币央行票据。2021年第一季度，中国人民银行在香港成功发行3期共300亿元人民币央行票据。其中，3个月期、6个月期和1年期分别为100亿元、50亿元和150亿元。中国人民银行通过常态化发行香港人民币央行票据，在持续丰富香港市场人民币投资产品系列和流动性管理工具的同时，带动了境内外市场主体在离岸市场发行人民币债券及开展人民币业务，有利于促进离岸人民币市场持续健康发展。据统计，2021年第一季度，除香港人民币央行票据以外的离岸人民币债券发行约480亿元，较2020年同期增长50%，人民币离岸市场活跃度继续提升。

## 专栏2　央行精准开展公开市场操作

近年来，我国货币政策操作框架不断完善，公开市场操作更加科学透明、灵活精准，保持了流动性合理充裕。公开市场操作利率反映央行政策利率信号，市场中枢作用不断增强，有效引导货币市场利率围绕央行政策利率波动。观察公开市场操作的重点在价不在量。

2021年第一季度，人民银行精准开展公开市场操作，有效对冲了春节、季末等季节性因素的影响。2021年春节，由于疫情防控等原因，流动性形势与往年差异较大，不确定因素进一步增加。中国人民银行实时跟进疫情防控最新情况，加强分析研究，对春节现金投放、财政收支、市场资金需求等因素进行滚动预测，通过“提前谋划、动态微调、精准操作、引导预期”，实现了春节前后市场利率平稳运行的操作目标。春节前，总共投放跨节资金4 300亿元，为近年来最低投放量。同时，为提高货币政策透明度、进一步稳定市场预期，中国人民银行在《公开市场业务交易公告》中对“今年春节前居民提现需求明显减少，同时节前财政支出增加较多”的情况前瞻性进行说明，使市场能够更好地理解央行政策意图。从实际效果看，春节前后货币市场运行平稳，DR007始终运行在公开市场7天期逆回购操作利率2.20%附近，体现了货币政策既不松也不紧的稳健姿态，央行公开市场操作的精准性和前瞻性进一步提高。

目前，人民银行逐步形成了在每月月中固定时间开展中期借贷便利（MLF）操作、每日连续开展公开市场操作的惯例，通过持续释放央行政策利率信号，引导市场利率围绕政策利率波动，显著提高了货币政策传导的效率。同时，人民银行在公开市场操作中更加关注DR007等货币市场短期基准利率，并综合考虑现金投放回笼、财政收支及市场需求等因素灵活调整公开市场操作的规模和期限品种。因此，市场在观察央行公开市场操作时，应重点关注公开市场操作利率、中期借贷便利利率等政策利率，以及市场基准利率在一段时间内的运行情况，而不应过度关注央行操作数量，避免对货币政策取向进行过分解读。年初货币市场利率曾短暂上行，主因是市场宽松预期下短期流动性需求增加较多，相比其他发展中国家，目前我国货币市场利率的波动性并不高。同时，市场利率适度波动也是市场机制发挥作用、市场定价功能正常的体现。

随着利率市场化改革不断深化，我国已形成以中期借贷便利利率为中期政策利率、以公开市场操作利率为短期政策利率的央行政策利率体系，央行公开市场操作利率的中枢作用不断增强。市场利率围绕央行政策利率波动，表明央行政策利率既能够有效引导市场利率，又可以充分体现市场资金供求变化，是市场机制在利率形成中发挥决定性作用的体现。同时，央行根据宏观经济金融运行情况和货币政策目标确定政策利率水平，引导市场利率走势，这既是央行履行货币调控职能的客观要求，也体现了货币政策服务实体经济的宗旨和以人民为中心的理念。

下一步，中国人民银行将继续按照稳健的货币政策灵活精准、合理适度的要求，坚持“稳字当头”，把好货币供应总闸门，做好跨周期流动性安排，精准开展公开市场操作，保持市场流动性合理充裕，健全市场化利率形成和传导机制，引导市场利率围绕政策利率波动，为推动构建新发展格局提供适宜的流动性环境。

## 二、适时开展常备借贷便利和中期借贷便利操作

适时开展中期借贷便利操作。保证中长期流动性合理供给，发挥中期政策利率信号作用和利率引导功能。2021年第一季度，累计开展中期借贷便利操作8 000亿元，期限均为1年，利率均为2.95%。3月末，中期借贷便利余额为53 500亿元，较年初增加2 000亿元。

及时开展常备借贷便利操作。对地方法人金融机构按需足额提供短期流动性支持。第一季度，累计开展常备借贷便利操作共475亿元，3月末余额为64亿元。发挥常备借贷便利利率作为利率走廊上限的作用，促进货币市场平稳运行。3月末，隔夜、7天期、1个月期常备借贷便利利率分别为3.05%、3.20%和3.55%，与上季度末持平。

## 三、继续完善宏观审慎政策框架

发挥好宏观审慎评估（MPA）在优化信贷结构和促进金融供给侧结构性改革中的作用。2021年第一季度，中国人民银行按照中央经济工作会议部署的重点任务进一步完善MPA框架，更加突出对实体经济重点领域和薄弱环节的考核要求，动态调整优化相关考核指标，引导金融机构继续加大对普惠小微企业和制造业中长期融资的支持力度。同时，将地方法人银行吸收异地存款情况纳入

MPA考核，维护存款市场竞争秩序，保持银行负债端成本稳定。

优化宏观审慎调节系数。一是发布《中国人民银行　国家外汇管理局关于调整境内企业境外放款宏观审慎调节系数的通知》（银发〔2021〕2号），将境外放款宏观审慎调节系数由0.3上调至0.5。二是发布《中国人民银行　国家外汇管理局关于调整企业跨境融资宏观审慎调节参数的通知》（银发〔2021〕5号），将非金融企业跨境融资宏观审慎调节参数由1.25下调至1。

推动房地产贷款集中度管理制度有序落地。2020年末，房地产贷款集中度管理制度出台后，中国人民银行会同银保监会指导省级分支机构合理确定地方法人银行房地产贷款集中度管理要求，督促集中度超出上限的商业银行制定过渡期调整方案。目前，信贷结构优化有序推进，房地产贷款集中度管理制度进入常态化政策执行和实施阶段。

完善系统重要性金融机构监管框架。中国人民银行会同银保监会起草《系统重要性银行附加监管规定（试行）（征求意见稿）》，于4月2日向社会公开征求意见。附加监管规定从附加监管指标体系、恢复与处置计划、审慎监管措施等方面对系统重要性银行提出附加监管要求，是系统重要性银行附加监管的一般性框架。

完善金融控股公司监管制度。2021年以来，中国人民银行积极做好金融控股公司行政许可相关工作，于3月31日发布《金融控股公司董事、监事、高级管理人员任职备案管理暂行规定》（中国人民银行令〔2021〕第2号），明确由中国人民银行对金融控股公司董事、监事、高级管理人员实行备案管理，规定人员任职条件和备案程序，并加强任职管理，防控关键岗位人员风险，规范兼职、代为履职、公示人员信息等行为。

## 四、积极发挥结构性货币政策工具作用

积极运用支农、支小再贷款、再贴现和抵押补充贷款等工具，引导金融机构加大对小微、民营企业、“三农”、扶贫等国民经济重点领域和薄弱环节的支持力度。继续发挥再贷款精准滴灌和正向激励作用，支持巩固脱贫攻坚成果同乡村振兴有效衔接。运用好专项扶贫再贷款支持扩大“三区三州”信贷投放，降低“三区三州”融资成本，促进巩固拓展脱贫攻坚成果。2021年第一季度，发放专项扶贫再贷款88亿元，3月末全国专项扶贫再贷款余额458亿元。3月末，全国支农再贷款余额4 422亿元，支小再贷款余额9 295亿元，扶贫再贷款余额2 090亿元，再贴现余额5 744亿元。第一季度，人民银行对政策性银行和开发性银行净收回抵押补充贷款共410亿元，3月末余额为31 940亿元。

当季到期的定向中期借贷便利以中期借贷便利的形式续做。定向中期借贷便利为金融机构扩大对小微、民营企业的信贷投放提供了优惠利率长期稳定资金来源。2021年1月15日，人民银行开展了5 000亿元中期借贷便利操作，期限为1年，利率为2.95%，其中包含对当月到期的定向中期借贷便利的续做，该工具可滚动续做，总期限为3年。3月末，定向中期借贷便利余额561亿元。

突出直达性、精准性特点，持续推进两项直达实体经济的货币政策工具支持中小微企业发展。根据国务院常务会议部署，2021年3月30日，中国人民银行会同银保监会、财政部、发展改革委、工业和信息化部印发

《关于进一步延长普惠小微企业贷款延期还本付息政策和信用贷款支持政策实施期限有关事宜的通知》（银发〔2021〕81号），保持政策连续性、稳定性和可持续性，将两项直达实体经济货币政策工具的实施期限进一步延长至2021年12月31日，保持对小微企业的支持力度不减，更好地发挥其稳就业的作用。2020年初至2021年3月末，全国银行业金融机构共对9.2万亿元贷款本息实施延期，累计发放普惠小微信用贷款5.3万亿元。

## 五、发挥信贷政策的结构引导作用

深入推进金融支持稳企业保就业。召开全国主要银行信贷结构调整座谈会，加强政策指导，推动银行持续改善小微企业金融服务，促进小微企业融资“增量、降价、提质、扩面”。加大制造业中长期贷款投放力度，助力制造业高质量发展。

切实支持巩固拓展脱贫攻坚成果。严格落实“四个不摘”要求，保持主要金融帮扶政策总体稳定，继续发挥再贷款的精准滴灌和正向激励作用，降低“三农”融资成本。做好脱贫人口小额信贷工作。继续落实好创业担保贷款、助学贷款等政策。做好易地搬迁后续金融服务，研究加大对国家乡村振兴重点帮扶县的金融资源倾斜。

着力加大对乡村振兴领域资源投入。做好春耕备耕、粮食安全、种业发展、高标准农田建设等重点领域的金融服务，支持开展农机具、大棚设施、农村承包土地经营权等抵（质）押贷款业务。鼓励金融机构发行“三农”专项金融债券，拓宽低成本资金来源。

## 六、深化利率市场化改革

继续释放改革促进降低贷款利率的潜力，优化存款利率监管，推动实际贷款利率进一步降低。一是持续推进贷款市场报价利率（LPR）改革，进一步推动LPR运用，企业融资成本明显下降。二是规范信贷市场秩序。2021年3月，中国人民银行发布公告要求所有贷款产品均应明示贷款年化利率，并明确年化利率计算方法，切实保护金融消费者知情权。三是加强存款管理，规范存款利率定价行为，停办地方法人银行异地存款。明确要求金融机构停止新办周期付息型存款产品，督促其科学合理定价，切实维护存款市场竞争秩序。将地方法人银行吸收异地存款情况纳入宏观审慎评估（MPA），禁止其通过各种渠道开办异地存款，已发生的存量存款自然到期结清。目前，各金融机构的周期付息型存款产品已基本整改完毕。绝大多数地方法人银行已停办异地存款，异地存款余额正有序压降，为保持银行负债端成本稳定、推进利率市场化改革和促进企业综合融资成本稳中有降创造良好环境。

## 七、完善人民币汇率市场化形成机制

继续推进人民币汇率市场化改革，完善以市场供求为基础、参考一篮子货币进行调节、有管理的浮动汇率制度，保持人民币汇率弹性，发挥汇率调节宏观经济和国际收支自动稳定器的作用。注重预期引导，保持人民币汇率在合理均衡水平上的基本稳定。

2021年第一季度，人民币对美元汇率中间价最高为6.4391元，最低为6.5713元，58个交易日中27个交易日升值、31个交易日贬值。最大单日升值幅度为1.00%（648点），最大单日贬值幅度为0.83%（543点）。人民币对国际主要货币汇率有贬有升，双向浮

**表 8　2021 年第一季度银行间外汇即期市场人民币对各币种交易量**

单位：亿元人民币

| 币种 | 美元 | 欧元 | 日元 | 港元 | 英镑 | 澳大利亚元 | 新西兰元 |
|---|---|---|---|---|---|---|---|
| 交易量 | 144 845.93 | 4 737.63 | 856.64 | 269.81 | 145.32 | 219.89 | 118.15 |
| 币种 | 新加坡元 | 瑞士法郎 | 加拿大元 | 马来西亚林吉特 | 俄罗斯卢布 | 南非兰特 | 韩元 |
| 交易量 | 204.67 | 138.71 | 342.18 | 0.88 | 52.35 | 0.48 | 19.17 |
| 币种 | 阿联酋迪拉姆 | 沙特里亚尔 | 匈牙利福林 | 波兰兹罗提 | 丹麦克朗 | 瑞典克朗 | 挪威克朗 |
| 交易量 | 6.13 | 1.83 | 0.25 | 0.14 | 31.51 | 17.02 | 18.30 |
| 币种 | 土耳其里拉 | 墨西哥比索 | 泰铢 | 柬埔寨瑞尔 | 哈萨克斯坦坚戈 | 蒙古图格里克 | |
| 交易量 | 0.00 | 0.43 | 117.32 | 0 | 0 | 0 | |

数据来源：中国外汇交易中心。

动。3月末，人民币对美元、欧元、英镑和日元汇率中间价分别较2020年末贬值0.71%、升值4.18%、贬值1.56%和升值6.18%。2005年人民币汇率形成机制改革至2021年3月末，人民币对美元汇率累计升值25.95%，对欧元汇率累计升值30.01%，对日元汇率累计升值22.68%。银行间外汇市场人民币直接交易成交较为活跃，流动性平稳，降低了微观经济主体的汇兑成本，促进了双边贸易和投资。

2021年3月末，在中国人民银行与境外货币当局签署的双边本币互换协议下，境外货币当局动用人民币余额为608.62亿元，中国人民银行动用外币余额折合5.12亿美元，对促进双边贸易投资发挥了积极作用。

## 八、稳妥有序推进金融风险处置，深化金融机构改革

有序推进中小金融机构风险处置和改革重组。努力克服疫情影响，推动高风险中小金融机构处置取得关键进展和重要阶段性成果。恒丰银行改革重组方案顺利实施，锦州银行风险处置和改革重组工作基本完成，确保了关键敏感时期金融体系的平稳运行，守住了不发生系统性金融风险的底线。

稳妥有序推进包商银行风险处置。接管包商银行以来，各项工作进展顺利，有序打破刚性兑付，如期完成清产核资。2020年11月23日，北京市第一中级人民法院（以下简称北京一中院）裁定受理包商银行破产申请，并指定清算组担任包商银行管理人。2021年1月12日，北京一中院组织召开第一次债权人会议，管理人完成743户债权人债权审查工作。2月7日，北京一中院裁定宣告包商银行破产，原包商银行的股东权益清零，大额债权人承担部分损失，包商银行风险处置工作基本完成。下一步，包商银行管理人将在资产交割、诉讼仲裁主体变更等工作完成后，尽快完成包商银行及其分支机构的注销工作。

持续深化开发性、政策性金融机构改革。推动全面落实开发性、政策性金融机构改革方案，厘清职能定位，明确业务边界，完善治理体系，强化约束机制，防范金融风险，引导开发性、政策性金融机构坚守定位，聚焦主业，在加强风险防控的基础上，发挥好支持经济结构转型和高质量发展的

作用。

## 九、深化外汇管理体制改革

推动贸易便利化试点扩容提质。稳步有序扩大试点地区和业务范围，优化业务办理流程，引领市场主体不断提升信用等级、管理能力和内控水平。截至2021年第一季度末，试点范围已扩大至22个地区。

提升个人外汇业务便利化水平。发布《国家外汇管理局关于进一步推进个人经常项目外汇业务便利化的通知》（汇发〔2021〕13号），优化《个人购汇申请书》填报项目及方式，提高填报效率。

加强外汇市场管理。加强非现场监督能力建设，继续严厉打击地下钱庄、跨境赌博等非法金融活动，重点查处虚假欺骗性交易，有力维护外汇市场良性秩序。2021年第一季度，共查处外汇违规案件661起，罚没款2.16亿元。

# 第三部分 金融市场运行

2021年第一季度，金融市场整体平稳运行，支持实体经济力度稳固。货币市场保持平稳，利率在合理区间运行，市场交易稳步增长。债券发行利率下降，信用利差收窄，债券发行量增加，现券交易活跃。股票市场指数先升后降，成交量和筹资额同比大幅增加。

## 一、金融市场运行概况

### （一）货币市场运行平稳

货币市场利率平稳。3月末，质押式回购月加权平均利率为2.01%，较上年末有所上升，接近2019年末的水平。银行业存款类金融机构间利率债质押式回购月加权平均利率为1.91%，低于质押式回购月加权平均利率10个基点。当月同业拆借月加权平均利率为2.01%，月末隔夜和7天期上海银行间同业拆放利率（Shibor）分别为2.12%和2.25%。

货币市场交易平稳增长。2021年第一季度，银行间市场债券回购累计成交223.2万亿元，日均成交3.7万亿元，同比增长8.5%，增速较上年全年放缓9.1个百分点；同业拆借累计成交29.1万亿元，日均成交4 851亿元，同比减少11.6%。第一季度，交易所债券回购累计成交75.8万亿元，同比上升20.7%。

同业存单和大额存单业务平稳运行。2021年第一季度，银行间市场发行同业存单

表 9　2021 年第一季度金融机构回购、同业拆借资金净融出、净融入情况[①]

单位：亿元

| 项目 | 回购市场 | | 同业拆借 | |
|---|---|---|---|---|
| | 2021 年第一季度 | 2020 年第一季度 | 2021 年第一季度 | 2020 年第一季度 |
| 中资大型银行[②] | −458 527 | −625 803 | −71 853 | −96 936 |
| 中资中型银行[③] | −360 253 | −219 725 | −25 082 | −26 027 |
| 中资小型银行[④] | 3 076 | 3 900 | 27 961 | 24 252 |
| 证券业机构[⑤] | 268 204 | 224 001 | 49 169 | 69 209 |
| 保险业机构[⑥] | 19 196 | 25 677 | 0 | 44 |
| 外资银行 | 15 918 | 23 081 | −7 502 | −1 620 |
| 其他金融机构及产品[⑦] | 512 387 | 568 869 | 27 307 | 31 078 |

数据来源：中国外汇交易中心。

注：①负号表示净融出，正号表示净融入。

②中资大型银行包括工商银行、农业银行、中国银行、建设银行、国家开发银行、交通银行、邮政储蓄银行。

③中资中型银行包括政策性银行、招商银行等9家股份制商业银行，以及北京银行、上海银行、江苏银行。

④中资小型银行包括恒丰银行、浙商银行、渤海银行、其他城市商业银行、农村商业银行和合作银行、民营银行、村镇银行。

⑤证券业机构包括证券公司、基金公司和期货公司。

⑥保险业机构包括保险公司和企业年金。

⑦其他金融机构及产品包括城市信用社、农村信用社、财务公司、信托投资公司、金融租赁公司、资产管理公司、社保基金、基金、理财产品、信托计划、其他投资产品等，其中部分金融机构和产品未参与同业拆借市场。

7 489期，发行总量为5.6万亿元，二级市场交易总量为35.1万亿元，3月末同业存单余额为12.0万亿元。第一季度，3个月期同业存单发行加权平均利率为2.83%，较同期限Shibor高11个基点。第一季度，金融机构发行大额存单2.0万期，发行总量为3.8万亿元，同比增加0.2万亿元。

利率互换市场有序发展。2021年第一季度，人民币利率互换达成交易7.5万笔，同比增长23.0%；名义本金总额5.4万亿元，同比增加24.8%。从期限结构来看，1年及1年期以下交易最为活跃，名义本金总额3.6万亿元，占总量的68.0%。人民币利率互换的浮动端参考利率主要包括7天期回购定盘利率和Shibor，与之挂钩的利率互换名义本金占比为85.7%和13.2%。第一季度，以LPR为标的的利率互换成交290笔，名义本金288.5亿元。

LPR 利率期权业务稳步发展。银行间市场于2020年3月正式推出挂钩LPR的利率期权业务，2021年3月29日新增挂钩银行间回购定盘利率（FDR）的利率期权品种。2021年第一季度，利率期权成交177笔、236.4亿元。其中，利率互换期权成交29笔、名义本金15.2亿元；利率上/下限期权成交148笔、名义本金221.2亿元；LPR期权成交112笔，名义本金197.9亿元；FDR期权成交65笔，名义本金38.5亿元。

### （二）债券发行利率下行，发行量增加

债券发行利率总体下行。2021年3月，财政部发行的10年期国债收益率为3.22%，较上年12月低3个基点；国家开发银行发行的10

表 10　2021 年第一季度利率互换交易情况

单位：笔、亿元

| 时间 | 交易笔数 | 交易量 |
|---|---|---|
| 2021 年第一季度 | 75 460 | 53 620.9 |
| 2020 年第一季度 | 61 357 | 42 955.1 |

数据来源：中国外汇交易中心。

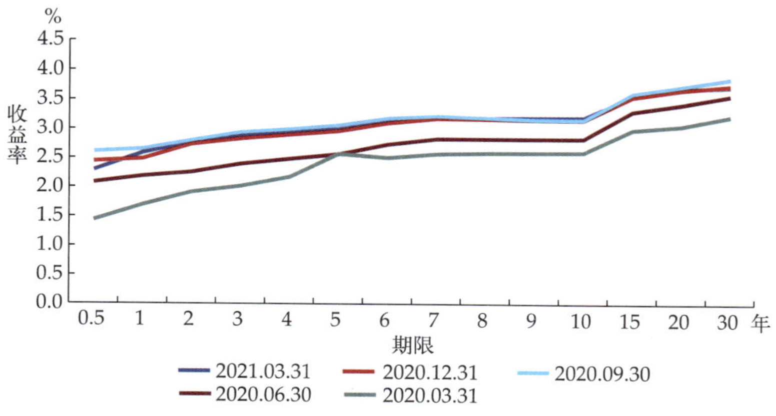


图4　银行间市场国债收益率曲线变化情况

（数据来源：中央国债登记结算有限责任公司）

表 11 2021 年第一季度各类债券发行情况

单位：亿元

| 债券品种 | 发行额 | 较上年增减 |
|---|---|---|
| 国债 | 14 358 | 7 008 |
| 地方政府债券 | 8 951 | −7 154 |
| 中央银行票据 | 0 | 0 |
| 金融债券① | 81 780 | 18 943 |
| 其中：国家开发银行及政策性金融债 | 16 002 | 4 183 |
| 同业存单 | 55 404 | 14 777 |
| 公司信用类债券② | 35 625 | 1 273 |
| 其中：非金融企业债务融资工具 | 24 751 | 1 432 |
| 企业债券 | 1 185 | 349 |
| 公司债 | 7 803 | 598 |
| 国际机构债券 | 190 | 52 |
| 合计 | 140 904 | 20 121 |

数据来源：中国人民银行、中国证券监督管理委员会、中央国债登记结算有限责任公司。

注：①金融债券包括国开行金融债、政策性金融债、商业银行普通债、商业银行次级债、商业银行资本混合债、证券公司债券、同业存单等。

②公司信用类债券包括非金融企业债务融资工具、企业债券以及公司债、可转债、可分离债、中小企业私募债，非金融企业发行的交易所资产支持证券等。

年期金融债利率为3.52%，较上年12月低13个基点；主体评级AAA级的企业发行的1年期短期融资券（债券评级A-1）平均利率为3.56%，较上年12月低66个基点。

国债收益率小幅上升。3月末，1年期和10年期国债收益率分别为2.57%和3.19%，较上年末增加10个和5个基点。信用利差有所收窄，3年期AAA级和AA级中短期票据与国开债收益率利差较上年末收窄16个和29个基点。

债券发行同比增加。2021年第一季度累计发行各类债券14.1万亿元，同比增长16.7%，较上年同期增加2万亿元，其中金融债发行增加1.9万亿元。3月末，国内各类债券余额120万亿元，同比增长16.6%。

银行间现券交易量下降，交易所现券交易量保持增长。第一季度债券市场现券总成交51.3万亿元，同比下降1.5%，其中银行间债券市场现券成交46.1万亿元，同比下降5.5%。交易所债券现券成交5.2万亿元，同比增长56.5%。

### （三）票据融资稳中有增，票据市场利率有所上行

票据承兑业务保持稳定。2021年第一季度，企业累计签发商业汇票6.1万亿元，同比上升1.4%；3月末，商业汇票未到期金额14.1万亿元，同比上升4.9%。票据承兑余额保持稳定，较年初减少25亿元。由中小微企业签发的银行承兑汇票占比68.6%。

票据融资基本平稳。第一季度，金融机构累计贴现11.4万亿元，同比上升3.8%。3月末，票据融资余额7.9万亿元，同比下降4.5%，占各项贷款的比重为4.4%，同比下降0.8个百分点。

### （四）股票市场先升后降，成交量和筹资额同比增加

2021年第一季度，股票市场指数呈先扬后抑走势，3月中旬后有所企稳。年初至春节前，受经济恢复性增长势头持续巩固、海外股市上涨等因素影响，沪深主要股指震荡上行，2月上证综合指数和深证成份指数最高分别报收于3 732点和16 293点。此后A股市场出现回调，3月末上证综合指数收于3 442点，较上年末下降0.9%；深证成份指数收于13 779点，较上年末下降4.8%。股票市场成交量增加。第一季度，沪、深股市累计成交54.9万亿元，日均成交9 472亿元，同比增长9.9%。股票市场筹资额同比大幅增加，第一季度累计筹资3 404亿元，同比增长142.6%，支持实体经济力度稳固。

### （五）保险业保费收入增速提高，资产增速减缓

2021年第一季度，保险业累计实现保费收入1.8万亿元，同比增长7.8%，较上年同期增速高1.7个百分点；累计赔款、给付3 951亿元，同比增长30.4%，其中，财产险赔付同比增长35%，人身险赔付同比增长27%。

保险业资产增速减缓。3月末，保险业总资产24.3万亿元，同比增长11.7%，增速较上年末低1.6个百分点。其中，银行存款同比减少3.5%，投资类资产同比增长19.1%。

### （六）外汇交易活跃

2021年第一季度，人民币外汇即期交易累计成交金额折合2.3万亿美元，同比增长39.8%；人民币外汇掉期交易累计成交金额折合4.5万亿美元，同比增长37.9%，其中隔夜美元掉期交易累计成交金额2.9万亿美元，占总成交金额的64%；人民币外汇远期交易累计成交金额折合258亿美元，同比减少4.2%。“外币对”累计成交金额折合3 129亿美元，同比增长167.6%，成交最多的产品为欧元对美元，占市场份额为57.2%。

### （七）黄金价格下跌

3月末，国际黄金价格收于1 691.05美元/盎司，较上年末下跌10.58%。上海黄金交易所AU99.99收于356.79元/克，较上年末下跌8.52%。第一季度，上海黄金交易所黄金累计成交9 333.37吨，同比下降48.3%；成交金额3.51万亿元，同比下降45.2%。

## 二、金融市场制度建设

### （一）债券市场制度建设

2021年4月，中国人民银行、发展改革

**表 12　2021 年 3 月末主要保险资金运用余额及占比情况**

单位：亿元、%

| 项目 | 余额 | | 占资产总额比重 | |
|---|---|---|---|---|
| | 2021 年 3 月末 | 2020 年 3 月末 | 2021 年 3 月末 | 2020 年 3 月末 |
| 资产总额 | 242 584 | 217 193 | 100.0 | 100.0 |
| 其中：银行存款 | 27 615 | 28 621 | 11.4 | 13.2 |
| 投资 | 197 266 | 165 634 | 81.3 | 76.3 |

数据来源：中国银行保险监督管理委员会。

委、证监会联合发布《关于印发〈绿色债券支持项目目录（2021年版）〉的通知》，进一步规范绿色债券市场，发挥绿色金融在调结构、转方式、促进生态文明建设、推动经济可持续发展等方面的积极作用，助力实现碳达峰、碳中和的目标。

### （二）资本市场和证券期货业制度建设

进一步完善资本市场行为监管。2021年1月，证监会发布《关于加强私募投资基金监管的若干规定》，对私募基金管理人等主体提出“十不得”禁止性要求，重申和强化私募基金行业执业的底线行为规范。1月，证监会发布《公开募集证券投资基金运作指引第3号——指数基金指引》，规范指数基金投资运作，保护投资者合法权益。2月，证监会修订发布《关于上市公司内幕信息知情人登记管理制度的规定》，规范上市公司内幕信息知情人登记和报送行为，强化内幕交易综合防控。2月，证监会修订发布《证券市场资信评级业务管理办法》，取消行政许可，新增备案管理相关规定，完善证券评级业务规则，增加独立性要求。

进一步深化证券注册制改革。2021年2月，证监会修订发布《公司债券发行与交易管理办法》，明确注册条件、注册程序及相关监管要求。3月，证监会发布修订后的《上市公司信息披露管理办法》，完善信息披露基本要求和定期报告制度，降低信息披露成本。

### （三）保险市场制度建设

加强保险公司偿付能力监管。2021年1月，银保监会修订发布《保险公司偿付能力管理规定》，以风险为导向，制定定量资本要求、定性监管要求、市场约束机制相结合的偿付能力监管规则，明确了偿付能力监管的三支柱框架体系。

规范短期健康保险业务。2021年1月，银保监会发布《关于规范短期健康保险业务有关问题的通知》，从产品续保、产品销售、信息披露和核保理赔等方面对保险公司开展短期健康保险业务进行规范。

扩大保险业对外开放。2021年3月，银保监会发布《中华人民共和国外资保险公司管理条例实施细则》，删除合资寿险公司外资比例限制等表述，保持相关制度体系的一致性。同时，进一步明确外国保险集团公司和境外金融机构投资外资保险公司的准入标准，并从外资保险公司股东变更及准入要求、境内保险集团公司管理相关制度、外商投资安全审查等方面作了补充完善。

### （四）推动债券市场对外开放

推动富时罗素纳指中期评估顺利实施。富时罗素公司宣布于2021年10月29日起，分36个月将中国国债纳入富时世界政府债券指数（WGBI）。至此，全球三大债券指数提供商已先后将中国债券纳入其主要指数。

# 第四部分　宏观经济分析

## 一、世界经济金融形势

全球经济逐步复苏，新冠疫苗接种加快，市场对经济前景的预期趋于乐观，通胀预期有所升温。但也要看到，经济复苏进程中的不平衡问题凸显，不同国家和地区、不同行业和企业、不同就业群体，以及金融和实体间的分化加大，近期多国疫情反弹进一步增加了经济恢复的不确定性。未来，还需对主要发达经济体货币政策可能进行的调整转向及其外溢影响保持关注。

### （一）主要经济体经济和金融市场概况

疫苗接种速度有所加快，但2021年3月下旬以来新冠肺炎疫情出现反复。截至4月末，全球新冠疫苗接种总量已超过10亿剂次，但各地接种进度不一致，加之病毒变异和部分地区防疫有所放松，全球疫情有所反弹，4月末单日新增确诊病例回到80万例以上。多个

表 13　主要发达经济体宏观经济金融指标

| 经济体 | 指标 | 2020 年第一季度 | | | 2020 年第二季度 | | | 2020 年第三季度 | | | 2020 年第四季度 | | | 2021 年第一季度 | | |
|---|---|---|---|---|---|---|---|---|---|---|---|---|---|---|---|---|
| | | 1 月 | 2 月 | 3 月 | 4 月 | 5 月 | 6 月 | 7 月 | 8 月 | 9 月 | 10 月 | 11 月 | 12 月 | 1 月 | 2 月 | 3 月 |
| 美国 | 实际 GDP 增速（环比折年率，%） | −5.0 | | | −31.4 | | | 33.4 | | | 4.3 | | | 6.4 | | |
| | 失业率（%） | 3.5 | 3.5 | 4.4 | 14.8 | 13.3 | 11.1 | 10.2 | 8.4 | 7.8 | 6.9 | 6.7 | 6.7 | 6.3 | 6.2 | 6.0 |
| | CPI（同比，%） | 2.5 | 2.3 | 1.5 | 0.3 | 0.1 | 0.6 | 1.0 | 1.3 | 1.4 | 1.2 | 1.2 | 1.4 | 1.4 | 1.7 | 2.6 |
| | DJ 工业平均指数（期末） | 28 256 | 25 409 | 21 917 | 24 346 | 25 383 | 25 813 | 26 428 | 28 430 | 27 782 | 26 502 | 29 639 | 30 606 | 29 983 | 30 932 | 32 982 |
| 欧元区 | 实际 GDP 增速（同比，%） | −3.3 | | | −14.6 | | | −4.1 | | | −4.9 | | | −1.8 | | |
| | 失业率（%） | 7.5 | 7.3 | 7.1 | 7.3 | 7.5 | 8.0 | 8.5 | 8.7 | 8.7 | 8.5 | 8.3 | 8.2 | 8.2 | 8.2 | 8.1 |
| | HICP 综合物价指数（同比，%） | 1.4 | 1.2 | 0.7 | 0.3 | 0.1 | 0.3 | 0.4 | −0.2 | −0.3 | −0.3 | −0.3 | −0.3 | 0.9 | 0.9 | 1.3 |
| | EURO STOXX 50（期末） | 3 641 | 3 329 | 2 787 | 2 928 | 3 050 | 3 234 | 3 274 | 3 273 | 3 294 | 2 958 | 3 493 | 3572 | 3 481 | 3 636 | 3 919 |
| 英国 | 实际 GDP 增速（同比，%） | −2.2 | | | −21.4 | | | −8.5 | | | −7.3 | | | — | | |
| | 失业率（%） | 3.9 | 4.0 | 4.0 | 4.0 | 4.1 | 4.1 | 4.3 | 4.5 | 4.8 | 4.9 | 5.0 | 5.1 | 5.0 | 4.9 | — |
| | CPI（同比，%） | 1.8 | 1.7 | 1.5 | 0.8 | 0.5 | 0.6 | 1.0 | 0.2 | 0.5 | 0.7 | 0.3 | 0.6 | 0.7 | 0.4 | 0.7 |
| | 富时 100 指数（期末） | 7 286 | 6 581 | 5 672 | 5 901 | 6 077 | 6 170 | 5 898 | 5 964 | 5 866 | 5 577 | 6 266 | 6 461 | 6 407 | 6 483 | 6 714 |
| 日本 | 实际 GDP 增速（环比折年率，%） | −2.2 | | | −29.3 | | | 22.8 | | | 11.7 | | | — | | |
| | 失业率（%） | 2.4 | 2.4 | 2.5 | 2.6 | 2.8 | 2.8 | 2.9 | 3.0 | 3.0 | 3.1 | 3.0 | 3.0 | 2.9 | 2.9 | 2.6 |
| | CPI（同比，%） | 0.7 | 0.4 | 0.4 | 0.1 | 0.1 | 0.1 | 0.3 | 0.2 | 0.0 | −0.4 | −0.9 | −1.2 | −0.6 | −0.4 | −0.2 |
| | 日经 225 指数（期末） | 23 205 | 21 143 | 18 917 | 20 194 | 21 878 | 22 288 | 21 710 | 23 140 | 23 185 | 22 977 | 26 434 | 27 444 | 27 663 | 28 966 | 29 179 |

数据来源：各经济体相关统计部门及中央银行。

欧洲国家收紧了防疫措施，法国、捷克、匈牙利等国家和地区重启了全国性封锁。

全球经济增长预期明显改善。2021年3月，美国、欧元区、日本、英国的制造业采购经理指数（PMI）分别达到64.7、62.5、52.7和58.9，均为疫情暴发以来新高。国际货币基金组织（IMF）、经济合作与发展组织（OECD）4月和3月分别预测2021年全球经济增速为6.0%、5.6%，较此前预测分别上调了0.5个、1.4个百分点。

劳动力市场恢复相对缓慢。2021年3月美国失业率为6.0%，较疫情前减少了约750万个工作岗位；劳动参与率为61.5%，低于疫情前2019年末的63.3%。3月欧元区、2月英国的失业率分别为8.1%、4.9%，仍处于相对高位。

主要经济体出现再通胀迹象。2021年3月，美国CPI同比涨幅升至2.6%。第一季度欧元区调和消费者物价指数（HICP）走出了上年下半年持续5个月的同比负增长区间，3月同比涨幅达到1.3%；日本CPI同比降幅也较上年底明显收窄。部分新兴经济体通胀压力上升，3月巴西全国居民消费价格指数（IPCA）和俄罗斯CPI同比涨幅分别走高至6.1%和5.8%，较上年同期分别上升2.8个和3.3个百分点。

受经济增长和通胀预期升温、市场预期调整等因素影响，金融市场波动加大。大宗商品价格明显上涨，第一季度布伦特原油期货及伦敦金属交易所（LME）锡、铜、铝的期货价格分别上涨了24.3%、24.0%、13.6%和11.7%。发达经济体国债收益率明显上行，美国和德国10年期国债收益率从年初的0.93%、-0.57%升至3月末的1.74%、-0.27%。主要经济体股市总体上涨，但波动明显加大。

## 专栏3 美国国债收益率上行分析

2021年以来，美国国债收益率快速上行，1月6日10年期美债收益率自2020年3月后首次突破1%，3月31日升至1.74%，较上年0.51%的低点上行约120个基点，较上年

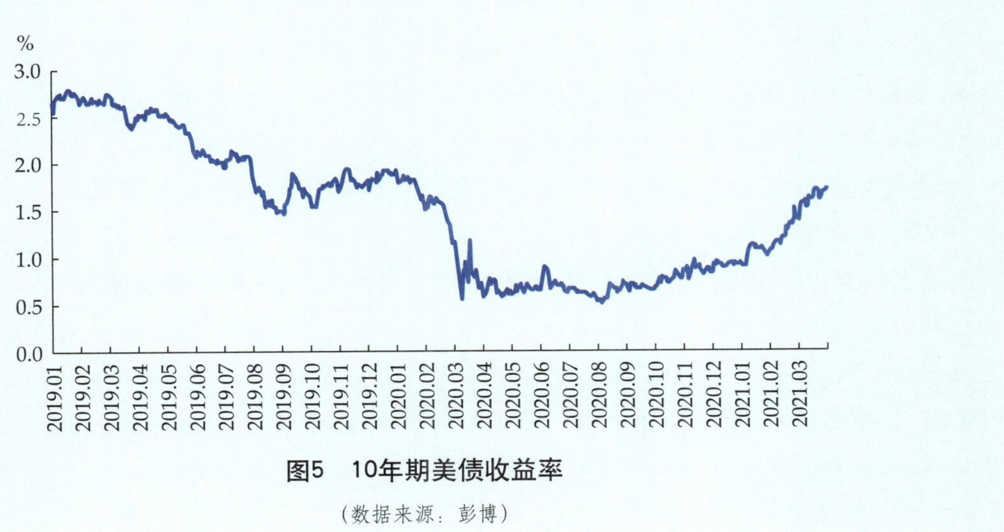


**图5 10年期美债收益率**

（数据来源：彭博）

年末上行83个基点。

美债收益率上行既有通胀预期因素，也有实际利率上升因素。2021年以来，以美国10年期通胀保护债券（TIPS）收益率衡量的实际利率上行46个基点至3月末的-0.63%，10年期美债收益率与实际利率的差值上行37个基点，后者通常反映通胀预期因素。财政刺激加码和经济复苏预期增强是通胀预期和实际利率上升的共同动因。随着疫苗接种进程持续推进，全球经济总体稳步复苏。4月，IMF发布更新的《世界经济展望报告》，将2021年全球经济增速预测值从1月的5.5%上调至6.0%，将美国经济增速预测值从5.1%上调至6.4%。

目前来看，2021年美债预计将保持较高发行量。从供求角度分析，若其他因素不变，美债供求缺口或将通过收益率上行来平衡。从供给端看，美国国会预算办公室在《预算和经济展望：2021—2031》中预计2021财年赤字为2.3万亿美元，美国政府推出的1.9万亿美元财政刺激也将在2021年进一步增加赤字；同时美国财政部在第一季度公告中预计，到2021年6月末持有现金规模将约下降1.2万亿美元至0.5万亿美元。综合考虑这三项，一些市场机构预测2021年新增融资需求可能超过2.5万亿美元，预计美债将继续保持较高发行量。从需求端看，若2021年美联储保持每月800亿美元的国债购买规模不变，可消化约1万亿美元国债，除美联储外的市场投资者还需消化超1.5万亿美元国债。近年来，外国投资者持有美债规模占比有所下降，从2015年初的34.4%降至2020年末的25%左右，除美联储外的美国国内投资者需要消化的美债金额将继续维持高位。

美债收益率后续走势还取决于经济走势、通胀水平，以及美联储反应。2020年8月，美联储推出新的货币政策框架，采用平均通胀目标制，新框架如何实施还有待进一步观察。美联储主席鲍威尔在接受采访时表示，待经济基本完全复苏的情况下，将以非常逐步且保持极大透明度的方式收回在紧急时期提供的政策支持；如果法定政策目标进一步取得实质性进展，将考虑逐步减少资产购买规模。未来若财政刺激加码和经济复苏较强导致通胀预期上升过快，可能触发美联储行动，这将影响美债收益率走势。

美债收益率上行的影响渠道主要如下：一是资产价格渠道。将推升无风险收益率，引发全球资产价格调整和重定价风险。二是资本流动渠道。美债收益率上行后，跨境资本流动方向可能逆转，资本回流美国，增大新兴市场资本流出风险，部分基本面较为脆弱的新兴经济体可能面临债务偿付和再融资风险。三是汇率渠道。美债收益率上行或将助推美元走强，部分新兴经济体将面临货币贬值压力，可能进一步加剧债务风险。

我国已成为世界第二大经济体，经济韧性好、回旋空间大，经济运行的稳健性强。2020年，面对新冠肺炎疫情的严重冲击，我国是全球唯一实现经济正增长的主要经济体，也是少数实施正常货币政策的主要经济体，走出了一波独立行情。同时，随着汇率市场化改革的深入推进，人民币汇率弹性进一步增强，较好地发挥了宏观经济和国际收支自动稳定器的作用。2021年以来，我国金融市场运行平稳，人民币汇率双向浮动，跨境资本流动总体平衡。总体来看，美债收益率上行和未来美联储调整货币政策对我国的影响有限且可控。下一步，关键是把自己的事办好，货币政策要稳字当头，保持货币政策的主动性，珍惜正常的货币政策空间，同时密切关注国际经济金融形势变化，加强跨境资本流动宏观审慎管理，增强人民币汇率弹性，以我为主开展国际宏观政策协调。

### （二）主要经济体货币政策

主要发达经济体央行普遍重申保持宽松货币政策立场，以支持经济实现更全面复苏。2021年第一季度，美联储和欧央行均维持政策利率和资产购买规模不变，美联储3月议息会议纪要显示其将继续维持宽松立场直至实现最大化就业和物价稳定的法定目标。日本央行维持12万亿日元的交易所交易基金（ETFs）购买上限不变，并将其收益率曲线控制的10年期国债收益率目标范围扩大至正负0.25%之间。

新兴经济体货币政策出现分化迹象，多数仍维持宽松立场，也有部分新兴经济体为应对通货膨胀、汇率贬值、资本外流等压力已提前行动，边际上收紧货币政策。2021年第一季度，印度尼西亚、墨西哥央行分别降息25个基点；印度、南非、马来西亚、菲律宾等国央行维持政策利率不变；土耳其、巴西、乌克兰、俄罗斯等国央行则分别加息200个、75个、50个和25个基点。

### （三）值得关注的问题

一是全球经济复苏前景仍然存在高度不确定性，分化加大和不平衡问题日益凸现。未来一段时间，全球经济复苏的决定性因素仍在于疫情防控，目前各国疫苗接种和疫情防控成效差异较大，宏观政策和市场修复能力也不相同，经济分化较为明显。部分地区新增病例明显反弹、封锁措施趋严，经济恢复进程面临较大挑战。

二是主要经济体超宽松宏观政策的后续影响和货币政策转向的风险需密切关注。2021年第一季度末，美联储、欧央行、日本央行资产负债表分别较2019年末扩张85%、60%和25%，主要是购买政府债券，2020年美国新增国债中超过一半由美联储购买。发达经济体财政政策和货币政策紧密结合，规模巨大，推动全球资产价格上涨，与实体经济相脱离，金融风险隐患不断增加，未来是否会通过主权债务风险、高通胀率、汇率利率波动、股市债市估值调整等造成风险转移，需要密切关注。第一季度美国长端利率上行引发全球金融市场震荡加剧，一些基本面脆弱的新兴经济体资本外流和汇率贬值压力上升。加拿大央行已在4月削减资产购买规模，未来若主要发达经济体释放明确的货币政策转向信号，可能产生外溢效应，进一步放大全球跨境资本流动的波动。

三是全球通胀水平可能继续升温。全球经济回暖拉动大宗商品和原材料需求走高，加上流动性环境极度宽裕，国际大宗商品如铁矿石、铜、原油、大豆等产品价格上涨较快。叠加2020年低基数效应，未来一段时间全球通胀指标的同比读数可能普遍趋于抬升，进一步推升通胀预期。

## 二、中国宏观经济形势

2021年第一季度，各地区各部门统筹疫情防控和经济社会发展成果得到巩固和拓展，我国经济持续稳定恢复，发展动力不断增强。生产持续恢复性增长，三大需求稳步恢复，消费拉动经济增长作用提升，就业物价稳定，国民经济开局良好。初步核算，第一季度国内生产总值同比增长18.3%，较2019年同期增长10.3%，两年平均增长5.0%，居民消费价格（CPI）同比持平。

### （一）消费逐步改善，投资稳步恢复，进出口较快增长

居民收入稳步回升，消费意愿改善。2021年第一季度，全国居民人均可支配收入同比名义增长13.7%，扣除价格因素实际增长13.7%，两年平均实际增长4.5%。收入分配结构改善，农村居民收入增速高于城镇居民。第一季度人民银行城镇储户问卷调查显示，倾向于“更多消费”的居民占比为22.3%，较上年同期提高0.3个百分点。第一季度，社会消费品零售总额同比增长33.9%，两年平均增长4.2%。城镇消费和网上零售持续较快增长。最终消费支出对经济增长的贡献率为63.4%，拉动GDP增长11.6个百分点，同比提高15.9个百分点。

投资活动稳步恢复，高技术产业和社会领域投资增长较快。2021年第一季度，全国固定资产投资同比增长25.6%，两年平均增长2.9%。分领域看，社会领域投资同比增长31.7%，两年平均增长9.6%。房地产开发投资同比增长25.6%，两年平均增长7.6%；基础设施投资同比增长29.7%，两年平均增长2.3%；制造业投资同比增长29.8%，两年平均增速小幅为负。投资结构进一步优化，高技术产业投资同比增长37.3%，快于全部投资11.7个百分点，其中高技术制造业投资、高技术服务业投资同比分别增长41.6%、28.6%。

出口动能强劲，贸易结构更趋优化。2021年第一季度，以人民币计价的货物进出口总额同比增长29.2%，其中出口同比增长38.7%，进口同比增长19.3%，贸易顺差7 593亿元，较上年同期增加6 633亿元。贸易结构继续优化。一般贸易占进出口总额的比重为61.2%，同比提高1.3个百分点。民营企业进出口占进出口总额的比重为46.7%，同比提高4.4个百分点。机电产品、高新技术产品出口额分别同比增长43.0%、38.9%，占比分别为60.4%、29.9%。贸易伙伴更趋多元化。我国对“一带一路”沿线国家、《区域全面经济伙伴关系协定》（RCEP）贸易伙伴进出口分别增长21.4%、22.9%。

外商投资预期和信心稳定趋好，资金向高技术产业聚集。2021年第一季度，全国实际使用外资3 025亿元，同比增长39.9%，较2019年同期增长24.8%。高技术产业实际使用外资同比增长32.1%，其中高技术服务业增长43.9%。

### （二）农业生产平稳，工业生产稳步回升，服务业恢复性增长

2021年第一季度，第一、第二和第三产业增加值同比增速分别为8.1%、24.4%和15.6%，两年平均分别增长2.3%、6.0%和4.7%，占GDP比重分别为4.6%、37.2%和58.3%。

农业生产总体平稳，生猪产能显著恢复。全国主要农区气候条件总体有利，春耕春播进展顺利，冬小麦总体长势略好于常年。2021年第一季度，农业增加值同比增长3.3%，两年平均增长3.4%。生猪存栏同比增长29.5%，出栏同比增长30.6%。猪牛羊禽肉产量同比增长21.4%，其中猪肉产量增长31.9%。

工业生产稳步增长，企业利润明显改善。2021年第一季度，全国规模以上工业增加值同比增长24.5%，两年平均增长6.8%。经季节调整，第一季度环比增长2.01%，略高于上年第四季度水平。其中，装备制造业、高技术制造业增加值同比分别增长39.9%、31.2%，两年平均增长9.7%、12.3%，明显高于其他行业。第一季度，全国规模以上工业企业实现利润总额同比增长1.37倍，两年平均增长22.6%。第一季度人民银行企业家问卷调查显示，企业经营景气指数为56.3%，分别较上季度和上年同期高0.5个和26个百分点。

服务业恢复性增长，市场预期向好。2021年第一季度，服务业增加值同比增长15.6%，两年平均增长4.7%，占GDP比重为58.3%，较上年全年高3.8个百分点。3月，全国服务业生产指数同比增长25.3%，两年平均增长6.8%。铁路运输、航空运输、电信广播电视卫星传输服务、互联网软件及信息技术服务、货币金融服务等行业商务活动指数运行在60%以上的高景气水平；受年初局部疫情影响较大的住宿、租赁及商务服务、居民服务等行业商务活动指数回升至景气区间，行业经营状况明显改善。服务业业务活动预期指数为62.9%，连续两个月高于60%。

### （三）居民消费价格总体平稳，生产价格涨幅扩大

居民消费价格总体平稳。2021年第一季度，居民消费价格（CPI）同比持平，扣除食品和能源价格的核心CPI同比持平。受上年基数由高走低影响，1月、2月CPI同比分别下降0.3%、0.2%，3月转为上涨0.4%。随着生猪生产持续恢复，猪肉价格同比连续6个月下降，第一季度平均下降12.5%，带动食品价格涨幅较上季度回落0.2个百分点；非食品价格同比下降0.1%。

生产价格涨幅扩大。2021年第一季度，工业生产者出厂价格（PPI）同比上涨2.1%，涨幅较上季度高3.5个百分点，各月涨幅分别为0.3%、1.7%和4.4%。国内需求稳定恢复，油价等大宗商品价格上涨，加之上年基数较低，PPI同比涨幅扩大。与大宗商品价格走势关联度较高的石油、钢材、有色等生产资料合计上拉PPI同比涨幅约2.13个百分点。工业生产者购进价格（PPIRM）同比上涨2.8%，涨幅较上季度高4.2个百分点。中国人民银行监测的企业商品价格（CGPI）同比上涨3.2%，比2020年全年涨幅扩大4.4个百分点。

## 专栏4　如何看待近期国内外物价走势

近期全球大宗商品价格和主要经济体通胀指标表现出上行态势。2021年4月末，WTI原油期货价格、LME铜期货价格和CRB大宗商品现货价格综合指数同比分别上涨187%、89%和51%。2021年3月，美国CPI、欧元区HICP分别同比上涨2.6%

和1.3%，涨幅较上年低点扩大2.5个和1.6个百分点，已高于或持平于疫情发生前的2019年12月水平，相关通胀预期指标也有不同程度走高。此外，3月俄罗斯、巴西的消费者物价指数同比涨幅分别超过5%和6%。

全球大宗商品价格上涨和通胀率走高的主要推动因素有三：一是主要经济体政府出台大规模刺激方案，市场普遍预期总需求将趋于旺盛；二是境外疫情明显反弹，供给端仍存在制约因素，全球经济在后疫情时代的需求复苏进度阶段性快于供给恢复；三是主要经济体中央银行实施超宽松货币政策，全球流动性环境持续处于极度宽松状态。目前看上述三方面影响短期内难以消除，全球通胀中枢可能在一段时间里延续温和抬升走势。

对我国而言，国外通胀走高的输入性影响主要体现在工业品价格，叠加2020年低基数的影响，可能在2021年第二、第三季度阶段性推高我国PPI涨幅。我国是大宗商品主要进口国，从进口量和进口依存度看，影响PPI的主要是原油、铁矿石和铜，其中原油的下游产业链较长，还会影响化工品等价格，对PPI影响最大。对于年内PPI阶段性上行，宜历史、客观地看待：一是这在相当程度上是“低基数”下的“高读数”。2020年受疫情冲击和大宗商品价格大幅下探影响，我国PPI有7个月处于-2%下方，2020年5月触及低点-3.7%，因此2021年PPI走势受到较大的低基数“镜像影响”。两年平均来看，预计2020—2021年PPI年均涨幅仍将处于合理区间。二是历史上看PPI指标本身波动相对较大，在数月内阶段性下探或冲高的现象并不鲜见。过去20年间，我国月度PPI同比涨幅的均值约为1.2%，标准差则达到4.2个百分点。PPI波动较大在全球也都是普遍现象。三是大宗商品价格上涨是阶段性供求“错位”的表现，若未来全球疫情能得到全面有效防控、新兴经济体生产供应能力恢复正常，则生产资料价格涨势可能放缓。总的来看，待基数效应逐步消退和全球生产供给恢复后，PPI有望趋稳。

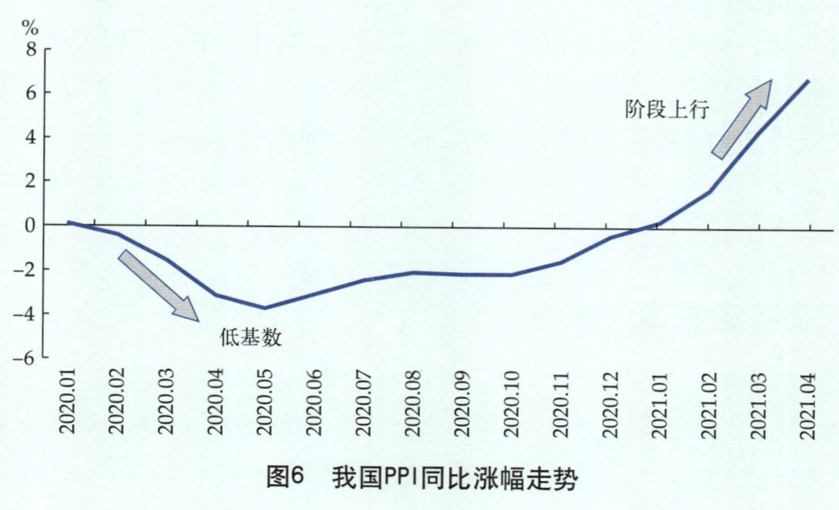


**图6　我国PPI同比涨幅走势**

具体到对我国消费者物价的影响上，近年来我国PPI向CPI的传导关系明显减弱，国际大宗商品价格起伏波动对我国CPI走势的影响也相应较低。加之国内生猪供给已基本恢复，猪肉价格总体趋于下降，粮食连续多年丰收、农产品自给率总体较高，初步预计2021年CPI涨幅较为温和，受外部因素影响总体可控，将保持在合理区间运行。事实上，我国作为大型经济体，若无内需趋热相叠加，仅国际大宗商品价格上涨也并不容易引发明显的输入性通胀。

综合研判，全球大宗商品价格上涨可能阶段性推升我国PPI，但输入性通胀的风险总体可控。2020年，我国在应对疫情时坚持实施正常的货币政策，没有搞“大水漫灌”，经济发展稳中向好，保持了总供求基本平衡，不存在长期通胀或通缩的基础。当然，需对大宗商品涨价给我国不同行业、不同企业带来的差异化影响保持密切关注，综合施策保供稳价，及时有效管理预期，防范市场价格波动失序。

### （四）财政收支恢复性增长，就业形势总体稳定

财政收入恢复性增长。2021年第一季度，全国一般公共预算收入57 115亿元，同比增长24.2%，增速较上年同期高38.5个百分点。中央财政收入同比增长27.2%，地方财政收入同比增长21.7%。其中，税收收入同比增长24.8%，非税收入同比增长20.7%，国内增值税和消费税同比分别增长23.9%和18.5%。

财政支出总体平稳。2021年第一季度，全国一般公共预算支出58 703亿元，同比增长6.2%，完成全年预算支出进度的23.5%。从支出结构看，教育支出和科学技术支出同比分别增长13.8%和16.3%，基建领域支出进度放缓，农林水支出和交通运输支出同比分别下降5.5%和7.8%。

城镇调查失业率下降，就业形势总体稳定。2021年第一季度，全国城镇新增就业297万人，较上年同期多增68万人。随着疫情防控和春季招工的有序推进，全国城镇调查失业率环比和同比实现“双降”。3月，城镇调查失业率为5.3%，较2月和上年同期分别下降0.2个、0.6个百分点，其中25～29岁群体人口调查失业率为4.8%，低于全国城镇调查失业率0.5个百分点。

### （五）国际收支及外债

国际收支保持基本平衡。2021年第一季度，我国经常项目账户顺差751亿美元。其中，货物贸易顺差1 187亿美元，服务贸易逆差223亿美元。资本和金融账户逆差751亿美元。截至2020年末，我国全口径（含本外币）外债余额为24 008亿美元。其中，短期外债余额为13 164亿美元，占外债余额的55%。截至2021年3月末，外汇储备余额31 700亿美元，较2020年末减少465亿美元，降幅为1.5%。

### （六）行业分析

1. 房地产行业

2021年第一季度，全国房价总体稳定。受上年低基数影响，商品房销售和房地产开

**表 14　2021 年第一季度全国房屋新开工、施工、竣工面积情况**

| 项目 | 数量<br>（亿平方米） | 同比增速<br>（%） | 增速较上半年变动<br>（百分点） |
|---|---|---|---|
| 房屋新开工面积 | 3.6 | 28.2 | 29.4 |
| 房屋施工面积 | 79.8 | 11.2 | 7.5 |
| 房屋竣工面积 | 1.9 | 22.9 | 27.8 |

数据来源：国家统计局。

发投资同比出现明显增长。3月，70个大中城市新建商品住宅和二手住宅价格同比分别上涨4.4%和3.3%，涨幅较上年末分别高0.7个和1.2个百分点。第一季度，商品房销售面积同比增长63.8%，两年平均增长9.9%；销售额同比增长88.5%，两年平均增长19.1%。第一季度，房地产开发投资同比增长25.6%，两年平均增长7.6%；其中，住宅开发投资同比增长28.8%，两年平均增长9.3%，占房地产开发投资的比重为74.8%。

房地产贷款增速总体保持平稳。3月末，全国主要金融机构（含外资）房地产贷款余额50.0万亿元，同比增长10.9%，增速较上年末低0.6个百分点。其中，个人住房贷款余额35.7万亿元，同比增长14.5%，增速较上年末低0.1个百分点；住房开发贷款余额9.5万亿元，同比增长5.8%，增速较上年末低2.4个百分点。

2. 碳达峰、碳中和目标下转型发展的电力行业

2020年，电力行业克服新冠肺炎疫情冲击和严峻的国内外形势影响，为疫情防控、复工复产提供可靠电力保障，全年电力供需总体平衡，局部地区用电高峰时段电力供应偏紧。2021年以来，电力生产快速回升，受寒潮天气与“就地过年”等因素影响，用电需求旺盛。2021年第一季度，全国规模以上电厂发电量19 051亿千瓦时，同比增长19%，两年平均增长5.3%。全社会用电量同比增长21.2%，其中第一、第二、第三产业用电量分别同比增长26.4%、24.1%和28.2%；城乡居民生活用电量同比增长4.7%。

2020年9月，国家主席习近平在第七十五届联合国大会一般性辩论上发表讲话，宣示中国将提高国家自主贡献力度，二氧化碳排放力争于2030年前达到峰值，努力争取2060年前实现碳中和。近年来，电力行业绿色低碳转型成效显著，发电结构持续优化，已形成较为完备的可再生能源技术产业体系，水电领域具备全球最大的百万千瓦水轮机组自主设计制造能力，低风速风电技术位居世界前列，光伏产业占据全球主导地位，产业竞争力持续提升。截至2020年末，我国可再生能源发电装机总规模达9.3亿千瓦，占总装机容量的比重为42.4%，较2012年上升14.6个百分点，煤电装机容量占总装机容量比重降至49.1%，2020年新增装机中清洁电力比重超过70%。并网风电、太阳能发电量快速增长，2020年分别为4 665亿、2 611亿千瓦时，同比分别增长15.1%、16.6%。也应看到，我国当前发电结构仍以火电为主，即使煤电装机比重已降至50%以下，2020年煤电发电量占比仍高达65%左右，电力结构调整任重道远。同时，电力行业还面临可再生能源发电、储能、电网运行系统灵活性等技术瓶颈，间歇性、波动性较大的风电和光伏消纳问题也越

发凸显。

为实现“30・60目标”，未来应在保障电力安全、可靠供应前提下，构建以新能源为主体的新型电力系统，健全有利于全社会共同开发利用可再生能源的体制机制和政策体系。在电力生产上，实施煤电节能减排升级与改造行动，推动火电发电量尽早达峰；优化新能源发展布局，鼓励新能源就地开发利用，逐步实现光伏、风电、水电等清洁替代，逐步形成具有我国自主知识产权的新型电力系统关键技术体系。在电力传输上，加快电网基础设施智能化改造和智能微电网建设；构建新能源消纳长效机制，加强源网荷储衔接，提升清洁能源消纳和存储能力。同时，加快构建适应新能源快速发展的统一开放、竞争有序的电力市场体系，加快建设全国碳排放权交易市场，形成有效的价格信号，充分发挥市场在电力资源配置中的决定性作用。

# 第五部分 货币政策趋势

## 一、中国宏观经济展望

2021年以来，我国经济呈现稳定恢复态势，稳中加固、稳中向好。第一季度我国GDP同比增长18.3%，两年平均增长5.0%，经济运行开局良好，高质量发展取得新成效。“十四五”时期是开启全面建设社会主义现代化国家新征程的第一个五年，我国发展仍然处于重要战略机遇期，经济长期向好的基本面没有改变。

我国经济发展动力不断增强，经济运行中的积极因素增多。2021年第一季度工业生产稳步回升，出口在外需回暖带动下保持较快增长，投资和消费延续稳定恢复态势，就业民生得到较好保障，市场预期保持稳定。金融服务实体经济的质效不断提升，金融机构信贷投放节奏把握适度，第一季度宏观杠杆率为276.8%，继2020年第四季度下降1.6个百分点后再下降2.6个百分点，增强了服务高质量发展的后劲。金融风险总体趋向收敛，牢牢守住了不发生系统性金融风险的底线。人民币汇率在合理均衡水平上保持了基本稳定，外汇储备保持在3万亿美元以上，经济应对外部冲击的能力增强。

也要看到，外部环境依然复杂严峻，我国经济恢复不均衡、基础不稳固，经济社会发展仍面临不少风险挑战。新冠肺炎疫情仍在全球蔓延，多地疫情近期出现反弹，世界经济复苏不平衡不稳定日益凸显，宽松货币政策溢出效应持续显现。同时，主要经济体通胀预期升温、国债收益率上行，导致部分新兴经济体货币贬值和资本外流压力加大，债务偿付和再融资风险上升。国内经济恢复基础尚不牢固，居民消费仍受制约，投资增长后劲不足，中小微企业和个体工商户困难较多，稳就业压力较大。一些地方财政收支矛盾突出，区域性金融风险隐患仍然存在。关键领域创新能力有待提高，绿色转型任务格外紧迫，人口老龄化加快等中长期挑战也不容忽视。对此要增强机遇意识和风险意识，将改革和调控、短期和长期、内部均衡和外部均衡结合起来，集中精力办好自己的事，努力实现高质量发展。

物价走势总体稳定，不存在长期通胀或通缩的基础。2021年第一季度，局部地区冬春疫情反复在一定程度上影响了居民服务业消费复苏，加之高基数和春节错位等短期因素扰动，我国CPI涨幅在零附近运行，3月由负转正至0.4%，4月为0.9%。未来CPI总体平稳，保持在合理区间运行。与此同时，国内需求稳定恢复、国际油价等大宗商品价格上涨，带动工业品价格走升，PPI同比涨幅扩大。叠加低基数影响，年内PPI将阶段性走高，未来随着基数效应消退、供给逐步恢复，PPI有望趋稳。中长期看，我国经济运行平稳向好，总供求基本平衡，货币政策保持稳健，货币条件合理适度，不存在长期通胀或通缩的基础。

## 二、下一阶段主要政策思路

下一阶段，中国人民银行将坚持以习近平新时代中国特色社会主义思想为指导，贯彻党的十九届五中全会、中央经济工作会议精神，落实《政府工作报告》要求，按照党中央、国务院的决策部署，坚持稳中求进工作总基调，立足新发展阶段，贯彻新发展理念，构建新发展格局，坚持稳字当头、抓住重点、守住底线、敢于担当。搞好跨周期政策设计，兼顾当前和长远，保持宏观政策连续性、稳定性、可持续性，保持对经济的必要支持力度，稳定预期，精准实施宏观政策，巩固拓展疫情防控和经济社会发展成果，保持经济运行在合理区间，使经济在恢复中达到更高水平均衡，以优异成绩庆祝中国共产党成立100周年。

稳健的货币政策要灵活精准、合理适度，把服务实体经济放到更加突出的位置，珍惜正常的货币政策空间，处理好恢复经济和防范风险的关系。建设现代中央银行制度，健全现代货币政策框架，完善货币供应调控机制，保持流动性合理充裕，保持货币供应量和社会融资规模增速同名义经济增速基本匹配，保持宏观杠杆率基本稳定。进一步发挥好再贷款、再贴现和直达实体经济货币政策工具的牵引带动作用，构建金融有效支持实体经济的体制机制，强化对实体经济、重点领域和薄弱环节的支持。健全市场化利率形成和传导机制，完善央行政策利率体系，优化存款利率监管，继续释放改革促进降低贷款利率的潜力，推动实际贷款利率进一步降低。发挥市场供求在汇率形成中的决定性作用，增强人民币汇率弹性，加强宏观审慎管理，稳定市场预期，引导企业和金融机构坚持“风险中性”理念，保持人民币汇率在合理均衡水平上的基本稳定，夯实人民币的国际信用基础。加强监测分析和预期管理，保持物价水平基本稳定。健全金融风险预防、预警、处置、问责制度体系，构建防范化解金融风险长效机制，维护和塑造金融安全，进一步压实各方责任，分类施策补充中小银行资本，牢牢守住不发生系统性金融风险的底线。

一是保持货币信贷和社会融资规模合理增长。完善货币供应调控机制，搞好跨周期设计，管好货币总闸门，保持货币供应量和社会融资规模增速同名义经济增速基本匹配，保持宏观杠杆率基本稳定。密切关注国内外经济金融形势变化，加强对流动性供求形势和金融市场的监测分析，综合运用中期借贷便利、公开市场操作、再贷款、再贴现等多种货币政策工具，保持流动性合理充裕，引导市场利率围绕政策利率为中枢波动。健全可持续的银行资本补充机制，加大对中小银行发行永续债等资本补充工具的支持力度，提升银行服务实体经济和防范化解金融风险的能力。完善宏观经济治理，促进货币政策与财政、就业、产业、投资、消费、环保、区域等政策目标优化、分工合理、高效协同。

二是落实和发挥好再贷款、再贴现和直达实体经济货币政策工具的牵引带动作用。保持再贷款、再贴现政策稳定性，继续对涉农、小微企业、民营企业提供普惠性、持续性的资金支持。保持对小微企业的金融支持力度不减，进一步加大对个体工商户的支持力度，发挥直达实体经济的结构性货币政策工具精准滴灌作用，进一步延长两项直达实体经济的货币政策工具至2021年底。研究推出央行碳减排支持工具，支持符合条件的金融机构为具有显著碳减排效益的项目提供优惠利率融资，按照市场化原则支持绿色低碳发展，推动实现碳达峰、碳中和目标。

三是构建金融有效支持实体经济的体制

机制。完善金融支持创新体系，围绕创新链和产业链打造资金链，形成金融、科技和产业良性循环和三角互动。完善区域金融政策体系，积极推动金融支持国家重大区域发展战略，平衡区域金融支持力度，支持区域协调发展。继续保持金融帮扶政策总体稳定，支持巩固拓展脱贫攻坚成果。加大对农业农村现代化的金融支持，大力发展农户小额信用贷款，强化对粮食安全、种业发展、高标准农田建设等重点领域的金融支持。继续推动商业银行提升金融服务能力，支持商业银行扩大“三农”、小微企业、制造业贷款投放。牢牢坚持房子是用来住的、不是用来炒的定位，坚持不将房地产作为短期刺激经济的手段，坚持稳地价、稳房价、稳预期，保持房地产金融政策的连续性、一致性、稳定性，实施好房地产金融审慎管理制度，加大住房租赁金融支持力度。

四是深化利率、汇率市场化改革，畅通货币政策传导渠道。健全市场化利率形成和传导机制，完善央行政策利率体系，继续深化贷款市场报价利率（LPR）改革，释放改革促进降低贷款利率的潜力，优化存款利率监管，推动实际贷款利率进一步降低，继续引导金融系统向实体经济让利。稳步深化人民币汇率市场化改革，完善以市场供求为基础、参考一篮子货币进行调节、有管理的浮动汇率制度，增强人民币汇率弹性，发挥汇率调节宏观经济和国际收支自动稳定器作用。引导社会预期，保持人民币汇率在合理均衡水平上的基本稳定。加快发展外汇市场，引导企业和金融机构坚持“风险中性”理念，为基于实需原则的进出口企业提供汇率风险管理服务。稳步推进人民币资本项目可兑换，完善人民币跨境使用的政策框架和基础设施，提高人民币在跨境贸易和投资使用中的便利化程度。

五是加强金融市场基础制度建设，服务实体经济，防范市场风险。加强债券市场制度建设，增强债券市场服务实体经济能力。压实中介机构职责，落实公司信用类债券信息披露要求，完善信用评级制度。坚持市场化法治化原则，完善债券违约风险防范和处置机制，坚决打击“逃废债”。完善相关政策制度安排，持续推动债券市场对外开放。继续加强资本市场基础制度建设，更好地保护投资者利益，促进资本市场平稳健康发展。

六是进一步推进金融机构改革，不断完善公司治理，优化金融供给。坚持以强化公司治理为核心，深化大型商业银行改革，建立中国特色现代金融企业制度。引导大型银行服务重心下沉，提高效率，更好地服务小微企业、民营企业。从完善货币、监管、税收等制度入手，促进中小银行和农村信用社聚焦主责主业，回归当地、回归本源，建立有效的治理制衡机制。改革优化开发性、政策性金融，强化职能定位，推进分类分账改革，强化服务国家战略和规划能力，为经济社会发展重点领域、薄弱环节和关键时期提供金融支持。

七是健全金融风险预防、预警、处置、问责制度体系，构建防范化解金融风险长效机制。全力做好存量风险化解工作，坚决遏制各类风险反弹回潮。进一步明确和压实各方责任，形成风险处置合力。加大银行体系不良资产核销力度，分类施策补充中小银行资本。抓紧补齐监管制度短板，加快完善现代金融监管体系，加强监管协调。健全金融风险问责机制，建立地方党政主要领导负责的财政金融风险处置机制，对重大金融风险严肃追责问责，有效防范道德风险。有效发挥存款保险制度的作用，聚焦早期纠正，进一步完善存款保险专业化、市场化风险处置机制。提升金融风险防控的前瞻性、全局性和主动性，牢牢守住不发生系统性金融风险的底线。

# Part 1 Money and Credit Analysis

Since the beginning of 2021, under the guidance of Xi Jinping Thought on Socialism with Chinese Characteristics for a New Era, following the guiding principles of the Fifth Plenary Session of the 19th CPC Central Committee and the Central Economic Work Conference and implementing the requirements of the *Report on the Work of the Government*, the People's Bank of China (PBC) stuck to a sound monetary policy, which is flexible, targeted, reasonable, and appropriate, and it devoted to maintaining its continuity, stability, and sustainability. It placed greater priority on serving the real economy, and it balanced the needs of promoting an economic recovery and preventing risks. At present, liquidity is adequate at a reasonable level, money and credit are maintaining reasonable growth, and financial support for the real economy remains solid.

## I. Liquidity in the banking system was adequate at a reasonable level

In Q1 2021, the PBC pursued a sound monetary policy that is flexible, targeted, reasonable, and appropriate. By comprehensively using multiple policy tools to inject liquidity, including central bank lending, central bank discounts, medium-term lending facility (MLF), and open market operations (OMOs), and to iron out short-term disturbances such as cash injections before and after the lunar new year, tax levies, and quarter-end factors in a timely manner, the PBC kept liquidity adequate at a reasonable

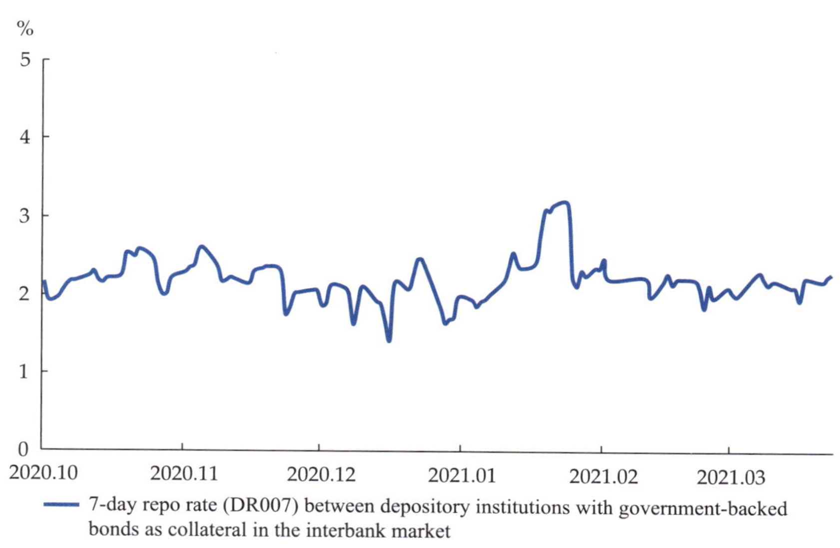


**Figure 1 Movement of Money Market Interest Rates**

(Source: www.chinamoney.com.cn)

level, averted any cash crunch ahead of the festival and excess liquidity afterwards, and maintained stable market expectations as well as smooth movement of money market interest rates. In the meanwhile, the PBC strengthened communications with the public in many ways and made monetary policy operations more targeted and effective. Short-term interest rates in the money market were guided to move around the 7-day reverse repo rate within a reasonable range, and policy rates were further exploited as a pivot. At end-March, the excess reserve ratio of financial institutions registered 1.5 percent, down 0.6 percentage points from the corresponding period of the previous year.

## II. Lending by financial institutions grew reasonably, with the credit structure optimized and the lending rates at low levels

Money and credit saw reasonable growth. With the deepening of the loan prime rate (LPR) reform, significantly enhanced efficiency of monetary policy transmission and continuous rapid growth of credit supply buttressed the economic recovery and the overall momentum for stability and progress. At end-March, outstanding loans issued by financial institutions in domestic and foreign currencies grew 12.3 percent year on year to RMB 186.4 trillion, increasing RMB 8 trillion from the beginning of the year and RMB 673.4 billion more than the increase in the corresponding period of 2020. Outstanding RMB-denominated loans grew 12.6 percent year on year to RMB 180.4 trillion, up RMB 7.7 trillion from the beginning of 2021 and an increase that was RMB 574.1 billion larger than that during the corresponding period of the previous year. Credit supply at an appropriate pace ensured continuous, stable, and sustainable support for the real economy and boosted stamina to serve high-quality development.

The credit structure continued to improve. Medium and long-term loans to enterprises and public entities grew by RMB 4.5 trillion from the beginning of the year, a year-

**Table 1 The Structure of RMB Loans in Q1 2021**

Unit: RMB 100 million,%

| Item | Outstanding amount at end-March | YOY growth (%) | Increase from the beginning of the year | YOY acceleration |
|---|---|---|---|---|
| RMB loans to | 1,804,131 | 12.6% | 76,719 | 5,741 |
| Households | 657,467 | 16.3% | 25,619 | 13,545 |
| Enterprises and public entities[1] | 1,137,878 | 11.2% | 53,530 | -6,899 |
| Non-banking financial institutions | 3,039 | -62.5% | -2,082 | -353 |
| Overseas | 5,747 | 3.0% | -349 | -553 |

Source: The People's Bank of China.

Note: 1. Loans to enterprises and public entities refer to loans to non-financial enterprises, government departments, and organizations.

**Table 2 New RMB Loans by Financial Institutions in Q1 2021**

Unit: RMB 100 million

| Institutional category | Increase from the beginning of the year | YOY acceleration |
|---|---|---|
| Chinese-funded large-sized banks[1] | 32,060 | −3,214 |
| Chinese-funded small and medium-sized banks[2] | 41,255 | 5,019 |
| Small-sized rural financial institutions[3] | 11,985 | 2,339 |
| Foreign-funded financial institutions | 1,034 | 646 |

Source: The People's Bank of China.

Notes: 1. Chinese-funded large-sized banks refer to banks with assets (in both domestic and foreign currencies) of RMB 2 trillion or more (according to the amount of total assets in both domestic and foreign currencies at end-2008).

2. Chinese-funded small and medium-sized banks refer to banks with total assets (both in domestic and foreign currencies) of less than RMB 2 trillion (according to the amount of total assets in both domestic and foreign currencies at end-2008).

3. Small-sized rural financial institutions include rural commercial banks, rural cooperative banks, and rural credit cooperatives.

**Table 3 Weighted Average Interest Rates on New Loans Issued in March 2021**

Unit: %

| Item | March 2021 | Change from Last December | YOY change |
|---|---|---|---|
| Weighted average interest rate on new loans | 5.10 | 0.07 | 0.02 |
| On ordinary loans | 5.30 | 0.00 | −0.18 |
| Of which: on corporate loans | 4.63 | 0.02 | −0.19 |
| On bill financing | 3.52 | 0.42 | 0.58 |
| On mortgage loans | 5.37 | 0.03 | −0.23 |

Source: The People's Bank of China.

on-year acceleration of RMB 1.4 trillion. At end-March, medium and long-term loans to the manufacturing sector gained 40.9 percent, accelerating for seventeen consecutive months. In particular, high-tech manufacturing witnessed a year-on-year increase of 45.0 percent. Outstanding inclusive loans to micro and small businesses (MSBs) grew by 34.3 percent year on year to RMB 16.7 trillion, 4 percentage points higher than that at end-2020. These loans supported 35.27 million MSBs, an increase of 26.6 percent year on year.

The weighted average interest rates on loans remained at low levels. In 2021, the PBC continued to release the potential of the LPR reform and give full play to its role in optimizing resource allocations. In a market-oriented approach, financial institutions are encouraged to allocate more financial resources to MSBs, to improve the competitiveness of MSBs in obtaining loans, and to cut profits in favor of the real economy. In March, the one-year LPR and the over-five-year LPR stood at 3.85 percent and 4.65 percent, respectively, both equal to that in December 2020. The weighted average lending rate recorded 5.10 percent in March, remaining at a historic low. In particular, the weighted average interest rate on ordinary loans registered 5.30 percent, down 0.18

**Table 4 Shares of RMB Lending Rates at Different Levels from January to March 2021**

Unit: %

| Month | LPR–bps | LPR | LPR+bps | | | | | |
|---|---|---|---|---|---|---|---|---|
| | | | Subtotal | (LPR, LPR+0.5%) | [LPR+0.5%, LPR+1.5%) | [LPR+1.5%, LPR+3%) | [LPR+3%, LPR+5%) | LPR+5% and above |
| January | 23.93 | 7.51 | 68.56 | 15.45 | 24.38 | 13.24 | 8.09 | 7.39 |
| February | 26.24 | 7.02 | 66.74 | 14.26 | 23.59 | 12.28 | 8.25 | 8.36 |
| March | 22.03 | 8.42 | 69.54 | 14.98 | 24.79 | 13.56 | 8.76 | 7.45 |

Source: The People's Bank of China.

**Table 5 Average Interest Rates of Large-value USD-denominated Deposits and Loans from January to March 2021**

Unit: %

| Month | Large-value deposits | | | | | | Loans | | | | |
|---|---|---|---|---|---|---|---|---|---|---|---|
| | Demand deposits | Within 3 months | 3~6 months (including 3 months) | 6~12 months (including 6 months) | 1 year | Over 1 year | Within 3 months | 3~6 months (including 3 months) | 6~12 months (including 6 months) | 1 year | Over 1 year |
| January | 0.14 | 0.65 | 0.88 | 0.92 | 1.10 | 1.17 | 1.25 | 1.12 | 1.06 | 1.04 | 1.94 |
| February | 0.14 | 0.61 | 0.72 | 0.90 | 1.05 | 1.04 | 1.23 | 1.17 | 1.05 | 1.16 | 2.37 |
| March | 0.14 | 0.55 | 0.77 | 0.91 | 1.09 | 0.99 | 1.23 | 1.09 | 1.01 | 0.90 | 2.14 |

Source: The People's Bank of China.

percentage points year on year. The weighted average corporate lending rate fell by 0.19 percentage points to 4.63 percent. This indicates that financial support for the real economy continues to yield positive results.

In March 2021, the share of ordinary loans with rates above, at, or below the LPR registered 69.54 percent, 8.42 percent, and 22.03 percent, respectively.

Interest rates on foreign currency deposits and loans dipped. In March 2021, the weighted average interest rates on demand and large-value USD-denominated deposits with maturities within 3 months registered 0.14 percent and 0.55 percent, respectively, down 0.02 and 0.04 percentage points from December 2020. The weighted average interest rates on USD-denominated loans with maturities within 3 months and with maturities between 3 months (including 3 months) and 6 months registered 1.23 percent and 1.09 percent, up 0.01 percentage points and down 0.27 percentage points from December 2020, respectively.

Deposits grew steadily. At end-March, outstanding deposits in domestic and foreign currencies in all financial institutions posted RMB 227.2 trillion, up 10.1 percent year on year, 0.1 percentage points lower

**Table 6 Structure of RMB Deposits in Q1 2021**

Unit: RMB 100 million, %

| Item | Deposits at end-March | YOY growth | Increase from the beginning of the year | YOY acceleration |
|---|---|---|---|---|
| RMB deposits | 2,209,233 | 9.9 | 83,513 | 2,844 |
| Households | 992,778 | 13.1 | 66,768 | 2,077 |
| Non-financial enterprises | 661,693 | 7.9 | 2,574 | −16,026 |
| Public entities | 302,947 | 1.3 | 3,491 | 1,457 |
| Fiscal entities | 43,138 | 14.4 | −1,633 | 1,510 |
| Non-banking financial institutions | 195,188 | 15.7 | 11,747 | 15,461 |
| Overseas | 13,490 | −0.2 | 565 | −1,635 |

Source: The People's Bank of China.

than that at the end of the previous year. Outstanding RMB deposits registered RMB 220.9 trillion, up 9.9 percent year on year, 0.3 percentage points lower than that at the end of the previous year. Outstanding deposits in foreign currencies stood at USD 956.8 billion, an increase of USD 67.5 billion from the beginning of the year and an acceleration of USD 59.9 billion year on year, which was against a backdrop of better economic fundamentals, a widened trade surplus, and a growing willingness on the part of enterprises to hold foreign exchange in China.

## III. Broad money supply and aggregate financing to the real economy grew moderately

At end-March, outstanding M2 recorded RMB 227.6 trillion, up 9.4 percent year on year. Outstanding M1 registered RMB 61.6 trillion, up 7.1 percent year on year. Outstanding M0 reached RMB 8.7 trillion, up 4.2 percent year on year. The first quarter witnessed a net cash injection into the economy of RMB 222.9 billion, a fall of RMB 360.4 billion year on year.

According to preliminary statistics, outstanding aggregate financing to the real economy (AFRE) reached RMB 294.55 trillion at end-March, up 12.3 percent year on year and a deceleration of 1 percentage point over the end of the previous year. In Q1, the incremental AFRE reached RMB 10.24 trillion on a cumulative basis with a decrease of RMB 873.0 billion year on year, making it the second largest quarterly increase. Growth of AFRE remained generally stable with the following features. First, RMB loans saw a substantially larger year-on-year increase. Second, both entrusted loans and trust loans experienced net decreases, while undiscounted bankers' acceptances saw a year-on-year increase. Third, the year-on-year increase of corporate bonds narrowed, while that of equity financing expanded. Fourth, affected by local government special bonds, government bond financing recorded a narrow year-on-year increase. Fifth, the increases of both asset-backed securities of depository financial institutions and of written-off loans edged up compared with the same period of the previous year.

## Table 7 Aggregate Financing to the Real Economy in Q1 2021

| Item | At end-March 2021 | | In Q1 2021 | |
|---|---|---|---|---|
| | Stock (RMB 1 trillion) | YOY growth (%) | Flow (RMB 100 million) | YOY change (RMB 100 million) |
| AFRE | 294.55 | 12.3 | 102,380 | −8,730 |
| Of which: RMB loans | 179.51 | 13.0 | 79,106 | 6,589 |
| Foreign currency loans (RMB equivalents) | 2.31 | −1.1 | 1,845 | −65 |
| Entrusted loans | 11.04 | −2.8 | −50 | 920 |
| Trust loans | 6.01 | −19.2 | −3,569 | −3,439 |
| Undiscounted bankers' acceptance bills | 3.83 | 14.1 | 3,245 | 2,985 |
| Corporate bonds | 28.17 | 11.7 | 8,614 | −9,178 |
| Government bonds | 46.71 | 18.8 | 6,584 | −9,197 |
| Domestic equity financing by non-financial enterprises | 8.50 | 13.5 | 2,467 | 1,212 |
| Other financing | 8.25 | 22.0 | 1,791 | 799 |
| Of which: Asset-backed securities of depository financial institutions | 1.92 | 15.7 | 272 | 504 |
| Loans written off | 5.46 | 29.4 | 1,730 | 184 |

Sources: The People's Bank of China, China Banking and Insurance Regulatory Commission, China Securities Regulatory Commission, China Central Depository & Clearing Co., Ltd., National Association of Financial Market Institutional Investors, etc.

Notes: 1. AFRE (stock) refers to outstanding financing provided by the financial system to the real economy at the end of a period. AFRE (flow) refers to the volume of financing provided by the financial system to the real economy within a certain period of time.

2. Since December 2019, the PBC has further improved AFRE statistics by incorporating "treasury bonds" and "local government general bonds" into the AFRE and combining them with the existing "local government special bonds" under the item of "government bonds." The value of this indicator is the face value of bonds under custody. Since 2019, the PBC has further improved the "corporate bonds" statistics contained in AFRE by incorporating "exchange-traded asset-backed corporate securities." To improve the AFRE statistical method, the PBC has incorporated "local government special bonds" into the AFRE since September 2018 and has incorporated "asset-backed securities by depository financial institutions" and "loans written off" into the AFRE statistics under the item of "other financing" since July 2018.

3. Year-on-year statistics in the table are on a comparable basis.

## *Box 1 Improving the Framework for Modern Monetary Policy*

*The Fifth Plenary Session of the 19th CPC Central Committee proposed "building a modern central banking system". To build a modern central banking system, we need to improve the framework for modern monetary policy, support high-quality economic development, and foster a new development paradigm. A modern monetary policy framework consists of optimized monetary policy objectives, innovative monetary policy instruments, and smooth monetary policy transmission mechanisms. The central bank needs to constantly innovate its monetary policy instrument system, give full play to the role of policy tools, improve the transmission efficiency of monetary policy, and achieve the objectives of monetary policy, all of which are expected to be combined into an organic whole.*

**1.Sticking to the ultimate objective of currency stabilization and optimizing the anchoring of the intermediary objective**

*According to the Law on the People's Bank of China, the ultimate objective of monetary policy is "to maintain the stability of currency value so as to promote economic growth". The key to price stability lies in maintaining an aggregate monetary supply as appropriate. As China gears into high-quality development, its economic growth turns to be more innovation-driven. Therefore, growth of money supply compatible with development of the real economy will be more in line with nominal economic growth, which calls for supporting high-quality development with moderate growth of money supply. The Central Economic Work Conference in 2020 and the 14th Five-Year Plan for Economic and Social Development and Long-Range Objectives through the Year 2035 proposed that growth of money supply and AFRE should be generally aligned with nominal economic growth, thus clearly defining the "anchor" of the monetary policy framework. The anchoring of the intermediary objective is conducive to formulating appropriate cross-cycle policies and stabilizing monetary aggregates in the long run. Based on the changes in the macroeconomic situation, it also contributes to the convergence of growth of M2 and AFRE toward the nominal economic growth underlying potential output growth, which, therefore, provides a more scientific and rational "anchor" for the implementation of macro policies. Moreover, it also helps to guide the formation of reasonable and stable market expectations. Embedded with a stabilizing mechanism for the macro leverage ratio, the anchoring of the intermediary objective is conducive to achieving a long-term equilibrium between stabilizing growth and preventing risks. In the meanwhile, the PBC will increase the flexibility of the RMB exchange rate, keep the RMB exchange rate basically stable at an adaptive and equilibrium level, and strike a balance between internal and external equilibria.*

**2.Improving the operational target system of the central bank and smoothing the channels for monetary policy transmission**

*In recent years, the PBC has deepened the market-based interest rate reform, promoted the formation mechanism for the LPR, and significantly raised the transmission efficiency of monetary policy. As the pricing benchmark of the credit market, the LPR plays an important role in adjusting the demand and supply of credit, thus affecting money supply. Keeping the LPR at a reasonable level helps stabilize the "anchor" of money supply. The LPR is formed with reference to the quotations based on policy rates and in a market-based manner. The PBC guides the market rates represented by the DR007 to move around the policy rates by improving the policy rate system with the OMO rates as the short-term policy rates and the MLF rates as the medium-term policy rates. The market-based interest rate formation and transmission mechanism, which applies throughout the process from the policy rates to the LPR and then to the real lending rates, is further improved to adjust the demand and supply of funds and the allocation of resources and to achieve the objectives of monetary policy.*

*It is worth noting that there are two types of practices with regard to the operational targets of the central banks' monetary policies globally. One is to take market rates as the operational target and to guide the market rates to move around the operational target through the adjustment of liquidity. The other is to set the interest rates of monetary policy instruments as the central bank's policy rates, or operational targets. Therefore, the operational targets, policy rates, and interest rates of the monetary policy instruments are integrated. In the wake of the 2008 gobal financial crisis, the advantage of the second practice in improving the effectiveness and transmission efficiency of monetary policy was more apparent and gradually became the mainstream. The PBC also adopts the more direct second practice in setting up its operational target system. When observing the orientation of monetary policy, the market and the public only need to observe whether the policy rates have changed and they should avoid paying excessive attention to the volume of open market operations, the transaction rate of an individual institution, or the interest rate at a certain point of time, which may be disturbed by short-term factors.*

**3.Innovating monetary policy instruments and improving the mechanism for money supply management**

*In terms of the aggregates, the PBC improves the long-term mechanism for adjusting the liquidity, capital, and interest rate constraints on banks' money creation. Targeting the banks, which are direct money creators, the PBC employs a mix of monetary policy instruments so as to keep liquidity adequate at a reasonable level. The PBC promotes banks to replenish capital through multiple channels by means of bank-issued perpetual bonds. Moreover, the PBC promotes the LPR reform, removes the implicit floor of interest rates, guides the downward movement of lending rates, relieves the liquidity, capital, and interest rate constraints faced by banks in money creation, and keeps the growth of money supply and AFRE basically in line with nominal economic growth.*

*In terms of the structure, the PBC sets up a system that enables the financial sector to provide effective support for the real economy. The PBC continues to improve the structural monetary policy instrument system, and links the volume and price of liquidity with the banks' deposit creation from loans through the design of an incentive-compatible mechanism. In accordance with the needs of economic development at different stages, the PBC adjusts its policy priorities dynamically and guides financial resources to flow into key areas and weak links of the national economy, such as scientific and technological innovations, micro and small businesses, as well as green development, so as to promote the sustainability and resilience of the economy.*

*In general, in terms of monetary policy, the PBC sticks to the ultimate target of currency stability, improves the intermediary target of keeping the growth of money supply and AFRE basically aligned with nominal economic growth, and integrates the policy targets with a sound market-based mechanism for interest rate formation and transmission and a better mechanism for money supply management, all of which contribute to the construction of a modern monetary policy framework. Being more open, transparent, and direct, the framework improves the efficiency of communications between the central bank and the public, reduces the costs of communications, effectively guides expectations, enhances the fairness of public access to information, and increases the effectiveness of monetary policy transmission, which is conducive to creating a favorable monetary and financial environment for high-quality economic development.*

## IV. The RMB exchange rate remained basically stable at an adaptive and equilibrium level, and cross-border RMB transactions continued to grow

Since the beginning of 2021, cross-border capital flows and foreign exchange supply and demand have been basically in equilibrium, with market expectations generally stable. Based on market supply and demand, the RMB exchange rate moved in both directions and remained basically stable at an adaptive and equilibrium level. In Q1 2021, the RMB exchange rate appreciated against the basket of currencies. At end-March, the China Foreign Exchange Trade System (CFETS) RMB exchange rate index and the RMB exchange rate index based on the special drawing rights (SDRs) basket closed at 96.88 and 95.66, respectively, up 2.15 percent and 1.52 percent from end-2020. According to calculations by the Bank for International Settlements (BIS), at end-March 2021, the nominal effective exchange rate (NEER) and the real effective exchange rate (REER) of the RMB appreciated 2.15 percent and 2.10 percent from end-2020, respectively. From 2005 when reform of the exchange-rate formation mechanism commenced to end-March 2021, the NEER and REER of the RMB appreciated by 40.63 percent and 54.55 percent, respectively. In Q1, the RMB exchange rate depreciated slightly against the USD. At end-March, the central parity of the RMB against the USD was 6.5713, down 0.71 percent from end-2020, appreciating by 25.95 percent on a cumulative basis from the launch of the reform of the exchange-rate formation mechanism in 2005. In Q1, the annualized volatility rate of the RMB exchange rate against the USD was 3.9 percent.

In Q1 2021, cross-border RMB settlements totaled RMB 9 trillion, up 48 percent year on year. In particular, RMB receipts and payments registered RMB 4.6 trillion and RMB 4.3 trillion, respectively. Cross-border RMB settlements under the current account grew by 17 percent year on year to RMB 1.7 trillion, among which RMB settlements of trade in goods registered RMB 1.3 trillion, whereas RMB settlements of trade in services and other items registered RMB 412.97 billion. Cross-border RMB settlements under the capital account posted RMB 7.3 trillion, up 58 percent year on year.

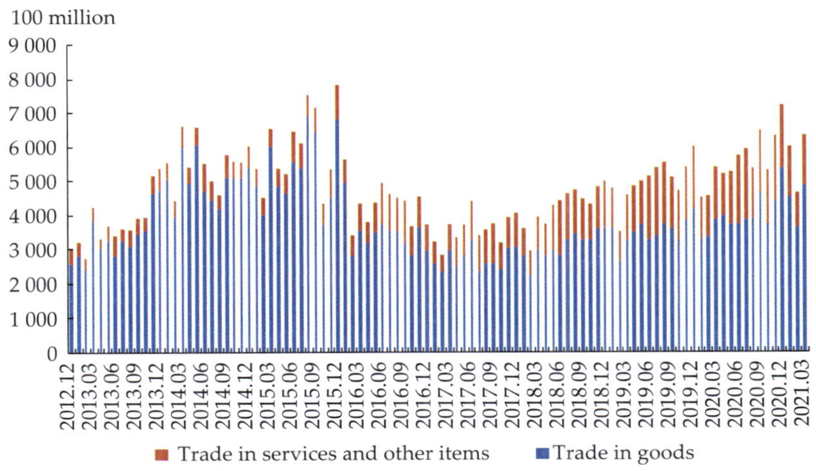


**Figure 2 Monthly RMB Payments and Receipts under the Current Account**

(Source: The People's Bank of China)

# Part 2 Monetary Policy Operations

In Q1 2021, the PBC resolutely implemented the decisions and arrangements made by the CPC Central Committee and the State Council and kept the sound monetary policy flexible, targeted, reasonable, and appropriate. The PBC conducted open market operations in a targeted manner, advanced market-based reforms of the interest rate and the exchange rate, further leveraged the targeted guidance role of structural monetary policy instruments, and channeled more funds into key areas and weak links, including scientific and technological innovations, micro and small businesses (MSBs), and green development, thus fostering a favorable monetary and financial environment for high-quality economic development.

## I. Conducting open market operations effectively

Conducting open market operations in a targeted manner. In Q1 2021, many uncertainties, particularly considerable disruptions brought about by the Spring Festival, affected liquidity supply and demand in the banking system. Amid Covid-19 prevention and control, the PBC fully analyzed the factors affecting supply and demand of funds, such as cash injections during the Spring Festival and fiscal revenue and expenditures, planned in advance, fine-tuned dynamically, conducted operations in a targeted manner, and guided market expectations through various means, such as explaining the central bank's operations around the Spring Festival in the *Announcement on Open Market Operations* and a number of other documents. As a result, market liquidity was kept stable, with a record low level of liquidity supply before the Spring Festival. Meanwhile, short-term reverse repo operations conducted before the Spring Festival all matured within just several trading days after the Festival, and liquidity was maintained at a level that was "neither tight before the Festival nor loose after the Festival." 7-day reverse repo operations were conducted successively in appropriate amounts after the Spring Festival in the open market to maintain a precise balance of fund supply and demand and to ensure liquidity stability at the end of the quarter.

Guiding market rates to move around the central bank policy rates. Since the beginning of 2021, both the Medium-term Lending Facility (MLF) rate and the reverse repo rate have remained unchanged, demonstrating a sound monetary policy stance. Meanwhile, the PBC improved the continuity of open market operations, steadily sent short-term policy rate signals through daily operations of the 7-day reverse repo, and guided short-term money market rates to move around the open market operation rates within a reasonable range. The open market operation rates have played an increasingly important role as the pivotal short-term market rates. In Q1 2021, the weighted average rate on the

7-day repo between depository institutions in the interbank market (DR007) averaged 2.21 percent, very close to the open market operation rate of 2.2 percent on the 7-day reverse repo.

Continuously conducting central bank bill swap (CBS) operations. In Q1 2021, the PBC conducted CBS operations 3 times, with the total amount registering RMB 15 billion. The maturity of each operation was 3 months, at a fixed rate of 0.10 percent. At present, the PBC conducts CBS operations regularly on a once-in-a-month basis, and these operations play a positive role in improving liquidity in the secondary market of bank-issued perpetual bonds and in supporting the issuance of perpetual bonds to replenish capital by banks, especially small-and medium-sized banks.

Issuing central bank bills in Hong Kong on a regular basis. In Q1 2021, the PBC issued 3 batches of RMB-denominated central bank bills in Hong Kong, totaling RMB 30 billion. Specifically, the 3-month, 6-month, and 1-year bills registered RMB 10 billion, RMB 5 billion, and RMB 15 billion, respectively. The regular issuance of RMB-denominated central bank bills in Hong Kong not only enriched RMB investment products and RMB liquidity management tools in the Hong Kong market, but also drove both domestic and overseas market entities to issue RMB-denominated bonds and to conduct RMB business in the offshore market, thus promoting the sustainable and sound development of the offshore RMB market. In Q1 2021, offshore RMB bond issuances, other than the RMB-denominated central bank bills issued in Hong Kong, registered roughly RMB 48 billion, a year-on-year increase of 50 percent. Moreover, the RMB offshore market saw increasingly brisker transactions.

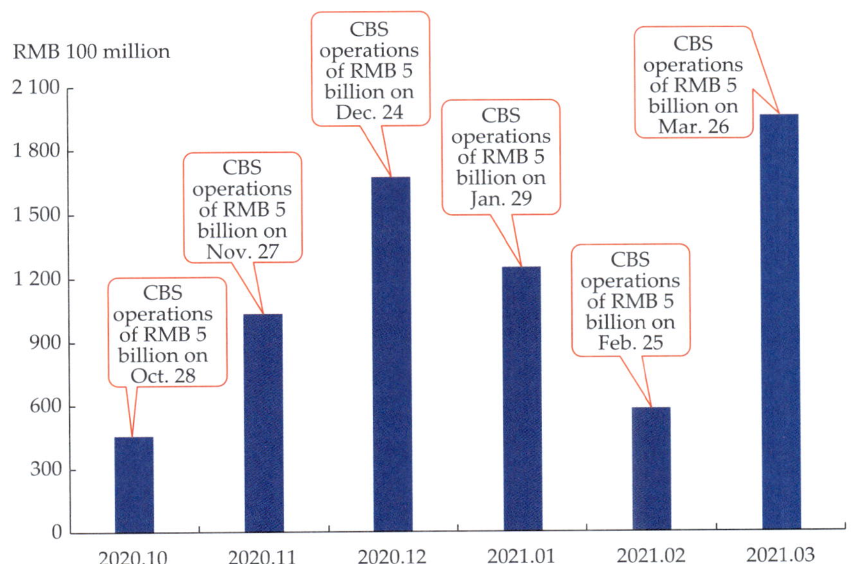


**Figure 3 Volume of Spot Transactions of Bank-issued Perpetual Bonds**

## *Box 2 The Central Bank Conducts Open Market Operations in a Targeted Manner*

*In recent years, the framework of China's monetary policy operations have continued to improve, open market operations (OMOs) have become more scientific, transparent, flexible, and targeted, and market liquidity has remained appropriate and abundant. The rates of open market operations reflect signals of the central bank's policy rates, play a growingly pivotal role in the market, and effectively guide money market rates to move around the central bank's policy rates. The key to observing open market operations is the price rather than the amount.*

*In Q1 2021, the PBC conducted open market operations in a targeted manner, effectively offsetting seasonal disruptions such as the Spring Festival and the end of a quarter. Due to Covid-19 prevention and control and other factors during the Spring Festival, liquidity conditions differed significantly from previous years, and uncertainties grew as well. The PBC followed up on the latest developments in Covid-19 prevention and control in real time, strengthened relevant analysis and research, and made rolling forecasts for cash injections, fiscal revenue and expenditures, demand for funds in the market, and other factors. Through measures that aimed at "planning in advance, fine-tuning dynamically, conducting operations in a targeted manner, and guiding expectations", the PBC achieved its operational target, i.e., maintaining stable market rates before and after the Spring Festival. Before the Spring Festival, a total of RMB 430 billion was injected into the market for the holiday, the lowest injection amount in recent years. Meanwhile, to enhance the transparency of monetary policies and to stabilize market expectations, the PBC explained in advance in the Announcement on Open Market Operations that "cash demand before the Spring Festival is expected to decrease notably and fiscal expenditures are expected to increase by a relatively large amount", enabling the market to better understand the central bank's policy implications. In practice, the money market before and after the Spring Festival remained stable, and the DR007 remained close to the open market operation rate of 2.2 percent on 7-day reverse repos, reflecting a sound monetary policy stance that is neither loose nor tight, and thus the central bank's open market operations became more targeted and forward-looking.*

*At present, it has become a regular practice for the PBC to conduct MLF operations at a fixed time in the middle of each month and to conduct open market operations successively each day. As a result, the efficiency of monetary policies has improved significantly as the PBC has continuously released policy rate signals and has guided market rates to move around policy rates. Meanwhile, when conducting open market operations, the PBC gave priority to short-term benchmark rates in the money market, such as the DR007, and gave full consideration to cash injections and withdrawals, fiscal revenue and expenditures, market demand, and other factors to flexibly adjust the size and maturity of OMOs. Therefore, when observing the central bank's open market operations, rather than focusing too much on the amount of OMOs, the market should focus more on the policy rates including OMO rates and MLF rates as well as the movement of the benchmark market rates over a certain period of time, and it should refrain from over-interpreting the monetary policy stance. At the beginning of this year, money market rates rose for a short period of time, as short-term liquidity demand grew by a relatively large margin amid loose market expectations. Compared with other developing countries, the volatility of China's money market rates was not high. Moreover, moderate fluctuations of market rates also show that the market mechanism plays its part with normal pricing functions.*

*With the deepening of the market-based interest rate reform, China has gradually developed a central bank policy rate system, with the MLF rates and the open market operational rates serving as medium-term and short-term policy rates respectively, and the central bank operation rates have gradually played pivotal roles. The movement of market rates around the central bank policy rates shows that the policy rates not only guide markets rates effectively but also fully reflect changes in market supply and demand for funds, demonstrating that the market mechanism has played a decisive role in the formation of interest rates. Meanwhile, in light of the macroeconomic and financial situations and monetary policy objectives, the central bank sets the policy rates and guides the movement of market rates, which not only meets the needs of a central bank to fulfill its functions in monetary management, but also embodies the philosophy that monetary policies serve the real economy with the people as the center.*

*Going forward, in line with the requirement that the sound monetary policy should be kept flexible and targeted, and at a reasonable and appropriate level, and adhering to the principle that stability should be made a top priority, the PBC will continue to ensure an appropriate aggregate monetary supply, deliver a good cross-cycle liquidity arrangement, conduct open market operations in a targeted manner, maintain an appropriate and abundant level of liquidity in the market, improve the market-based interest rate formation and transmission mechanism, and guide market rates to move around policy rates, thus providing a favorable liquidity environment for the building of a new development paradigm.*

## II. Timely conducting standing lending facility and medium-term lending facility operations

Well-timed MLF operations were conducted. An appropriate supply of medium- and long-term liquidity was ensured, giving full play to the signaling and guiding functions of the medium-term policy rate. In Q1 2021, the PBC conducted a total of RMB 800 billion of MLF operations, all with a maturity of 1 year and an interest rate of 2.95 percent. At end-March, the outstanding MLF registered RMB 5.35 trillion, RMB 200 billion more than that at the beginning of the year.

Standing Lending Facility (SLF) operations were conducted in a timely manner. The demand for short-term liquidity by locally incorporated financial institutions was met in the full amount. In Q1, the PBC conducted a total of RMB 47.5 billion SLF operations, and the balance of SLF operations registered RMB 6.4 billion at end-March. The SLF played its role as the ceiling of the interest rate corridor, thus promoting smooth performance of the money market. At end-March, the overnight, 7-day, and 1-month SLF rates were 3.05 percent, 3.20 percent, and 3.55 percent, respectively, on par with the rates at the end of the previous quarter.

## III. Further improving the macro-prudential policy framework

The role of the macro-prudential assessment (MPA) was effectively brought into play to optimize the credit structure and to promote the supply-side structural reform of the financial sector. In Q1 2021, in line with the requirements for the key tasks deployed at the Central Economic Work Conference, the PBC further improved the framework of the MPA and attached more importance to the assessment requirements for banks in terms of supporting the key areas and weak links in the real economy. Through adjusting and optimizing the assessment indicators in a dynamic manner, the PBC guided financial institutions to further enhance their support in issuing loans to inclusive MSBs and medium and long-term loan to the manufacturing sector. Meanwhile, non-local deposits absorbed by locally incorporated banks were included in the MPA, thus safeguarding the competitive order in the deposit market and maintaining stable debt costs of banks.

The macro-prudential adjustment coefficients were optimized. First, the *Notice of the PBC and the SAFE on Adjusting the Macro-prudential Adjustment Coefficient for Domestic Companies Extending Overseas Loans* (Yinfa No.2 [2021]) was issued, raising the macro-prudential adjustment coefficient for overseas loans issued by domestic companies from 0.3 to 0.5. Second, the *Notice of the PBC and the SAFE on Adjusting the Macro-prudential Adjustment Parameter for Cross-border Financing of Companies* (Yinfa No.5 [2021]) was released, lowering the macro-prudential adjustment parameter for cross-border financing of non-financial companies from 1.25 to 1.

The management system for the real estate loan concentration was put into place in an orderly manner. Following the establishment of the real estate loan concentration management system at end-2020, the PBC, in collaboration with the China Banking and Insurance Regulatory Commission (CBIRC), directed their provincial-level branches to appropriately set the management requirements for the real estate loan concentration of locally incorporated banks, and urged commercial banks whose concentration level had exceeded the cap to formulate adjustment schemes for the transition period. Currently, the credit structure has been optimized in an orderly manner, and the management system for the real estate loan concentration has entered a phase of conducting and implementing a normal policy.

The regulatory framework for systemically important financial institutions was improved. The PBC, jointly with the CBIRC, drafted the *Additional Regulatory Rules on Systemically Important Banks* (Trial) (Exposure Draft) (hereinafter referred to as the *Rules*), and solicited public opinion starting from April 2. The *Rules*, as a general framework for additional regulation of systemically important banks, specified additional regulatory requirements in terms of an indicator system, recovery and resolution schemes, and prudential regulatory measures.

The regulatory system for financial holding companies (FHCs) was improved. Since the beginning of 2021, the PBC has made proactive efforts to conduct administrative approvals of FHCs. On March 31, it released the *Interim Regulations on Filing-based Management of Directors, Supervisors, and Senior Executives of Financial Holding Companies* (Order No.2 [2021] of the PBC) (hereinafter referred to as the *Regulations*). The *Regulations* clarified that the PBC should perform filing-based management of directors, supervisors, and senior executives of FHCs and specified the eligible conditions for personnel and the relevant filing procedures. In addition, the PBC reinforced appointment management so as to guard against the risks associated with personnel in key positions by regulating behavior, such as holding concurrent posts, performing acting duties, and publicizing personnel information.

## IV. Actively leveraging the role of structural monetary policy instruments

The PBC actively used central bank lending to support rural development, central bank lending for MSBs, central bank discounts, pledged supplementary lending (PSL), and other tools to guide financial institutions to step up support for key areas and weak links in the national economy, such as MSBs, private firms, agriculture, rural areas, and rural people as well as poverty alleviation. The role of central bank lending was further brought into play in providing targeted liquidity and serving as positive incentives so as to underpin and consolidate the effective links between the achievements of poverty eradication and rural revitalization. Good use was made of central bank lending for special poverty alleviation projects to increase credit supply to the "three autonomous regions", i.e., Tibet, the four prefectures in southern Xinjiang, the areas in the four provinces with large Tibetan populations, and the "three autonomous prefectures", i.e., Linxia in Gansu, Liangshan in Sichuan, and Nujiang in Yunnan, and to lower the financing costs in these areas as well as to consolidate and expand the achievements of poverty eradication. In Q1 2021, central bank lending for special poverty alleviation projects was issued in the amount of RMB 8.8 billion, with the balance reaching RMB 45.8 billion at end-March. At end-March, outstanding central bank lending to support rural development registered RMB 442.2 billion. Outstanding central bank lending for MSBs and for poverty alleviation posted RMB 929.5 billion and RMB 209.0 billion, respectively. Outstanding central bank discounts registered RMB 574.4 billion. In Q1, the PBC made a net withdrawal of PSLs in the amount of RMB 41.0 billion from policy and development banks, with the outstanding PSL registering RMB 3.1940 trillion at end-March.

The TMLFs maturing in Q1 were rolled over in the form of MLFs. The TMLFs provided a stable and long-term funding source for financial institutions to expand their credit supply to MSBs and private firms with preferential interest rates. On January 15, the PBC conducted one-year MLF operations totaling RMB 500 billion, with an interest rate of 2.95 percent, including the rolling-over of the TMLFs maturing in Q1. The instrument can be rolled over for up to 3 years. At end-March, the outstanding TMLFs totaled RMB 56.1 billion.

With highlighted characteristics of directness and precision, two monetary-policy instruments directly supporting the real economy were continuously promoted with the aim of bolstering the development of micro-, small- and medium-sized enterprises (MSMEs). In line with the arrangements made at the executive meeting of the State Council, on March 30 the PBC, jointly with CBIRC, Ministry of Finance (MOF), National Development and Reform Commission (NDRC), and Ministry of Industry and Information Technology (MIIT), issued the *Notice on Relevant Issues Concerning Further Extending the Implementation Periods for the Policy of Deferring Principal and Interest Repayments of Inclusive MSB Loans and for the Support Policy for Unsecured Loans* (Yinfa No.81 [2021]), so as to ensure the continuity, stability, and sustainability of the policies. By extending the application period of two monetary-policy instruments directly supporting the real economy to December 31, 2021, the PBC maintained support for the MSBs and leveraged the policies in stabilizing employment. From the beginning of 2020 to end-March 2021, banking institutions nationwide deferred payments totaling RMB 9.2 trillion of loan principals and interest repayments and issued cumulative inclusive unsecured MSB loans totaling RMB 5.3 trillion.

## V. Bringing into play the role of credit policy in guiding structural reform

Financial support to keep businesses and employment stable was enhanced. A symposium was held on adjusting the credit structure of major nationwide banks. The PBC strengthened policy guidance, encouraged banks to continuously improve financial services to MSBs, and promoted MSB financing featuring "increased volume, lowered price, improved quality, and expanding coverage". Banks were encouraged to increase the supply of medium and long-term loans to the manufacturing sector so as to promote its high-quality development.

Effective support was provided to consolidate and expand the achievements of poverty eradication. In terms of poverty alleviation, the "Four Withouts" requirement was strictly followed, i.e., lifting areas out of poverty without loading off responsibilities, without abolishing policies, without ceasing support, and without removing supervision. Major financial support policies were kept generally stable, the role of central bank lending in providing targeted liquidity and serving as a positive incentive was continuously brought into play, and financing costs were reduced for agriculture, rural areas, and rural people. Micro-credit loans were effectively provided to people out of poverty. Secured loans for start-ups and student loans were continuously implemented. Efforts were made to provide subsequent financial services following the residents' removal from impoverished areas and to carry out research on strengthening inputs of financial resources into key counties to assist in the project of national rural revitalization.

Resource inputs were further enhanced to support rural revitalization. Measures were taken to provide effective financial services for key areas, such as spring farming, tillage preparation, grain security, seed industry development, and high-standard farmland construction. The PBC supported loan businesses secured by pledges or collateral, including agricultural machinery and tools, greenhouse facilities, the right of contracted rural land management, and it encouraged financial institutions to issue special financial bonds for agriculture, rural areas, and rural people in an attempt to expand the sources of funding with low costs.

## VI. Further deepening the market-based interest rate reform

The PBC continued to unleash the potential of reform in reducing loan interest rates, optimized regulation of deposit interest rates and pushed actual loan rates to go further downward. First, with continued progress in the loan prime rate (LPR) reform and use of the LPR, the financing costs of enterprises witnessed an obvious decline. Second, order in the credit market was regulated. In March 2021, the PBC issued an announcement requiring all banks to explicitly indicate the annualized interest rates of their loan products and specifying the interest calculation rules so as to protect the rights of financial consumers to be informed. Third, the PBC strengthened deposit management, regulated the pricing of deposit rates, and banned locally incorporated banks from absorbing non-local deposits. The PBC explicitly required financial institutions to stop new issuances of deposit products with periodic interest payments and urged them to conduct the pricing in a scientific and rational way so as to maintain competitive order in the deposit market. The PBC incorporated non-local deposits absorbed by locally incorporated banks into the MPA and forbade locally incorporated banks from absorbing non-local deposits through various channels, with the outstanding balance settled when coming due. Until now, financial institutions have basically completed rectification of deposit products with periodic interest payments. Most locally incorporated banks have halted the business of absorbing non-local deposits, with the balance brought down in an orderly manner. This will help maintain the stability of the banks' costs in assuming debts and will create a favorable environment for promoting the market-based interest rate reform and the steady decline in the comprehensive financing costs for enterprises.

## VII. Improving the market-based RMB exchange rate formation mechanism

The PBC continued to advance the market-based reform of the RMB exchange rate and to improve the managed floating exchange rate regime based on market supply and demand with reference to a basket of currencies. It maintained the flexibility of the RMB exchange rate and gave play to the role of the exchange rate in adjusting the macro economy and as an automatic stabilizer for the balance of payments. The PBC attached importance to guiding expectations and kept the RMB exchange rate basically stable at an adaptive and equilibrium level.

In Q1 2021, the highest and lowest CNY central parities were 6.4391 and 6.5713, respectively, against the USD. During the 58 trading days, the RMB appreciated on 27 days and depreciated on 31 days. The biggest intraday appreciation and depreciation were 1.00 percent (648 bps) and 0.83 percent (543 bps), respectively. The RMB exchange rates against other major international currencies floated in two ways. At end-March 2021, the central parities of the RMB against the EUR and the JPY had appreciated 4.81 percent and 6.18 percent respectively from end-2020, while the RMB central parity had depreciated 0.71 percent and 1.56 percent against the USD and the GBP during the same period. Since the reform of the RMB exchange rate formation mechanism commenced in 2005, the RMB has appreciated by a cumulative total of 25.95 percent, 30.01 percent, and 22.68 percent, respectively, against the USD, the EUR, and the JPY through end-March 2021. Direct RMB trading was buoyant in the interbank foreign exchange market with stable liquidity, which helped lower the exchange costs of micro economic entities and to facilitate bilateral trade and investment.

As of end-March, under the bilateral currency

**Table 8 Trading Volume of the RMB Against Other Currencies in the Interbank Foreign Exchange Spot Market in Q1 2021**

Unit: RMB 100 million

| Currency | USD | EUR | JPY | HKD | GBP | AUD | NZD |
|---|---|---|---|---|---|---|---|
| Trading volume | 144,845.93 | 4,737.63 | 856.64 | 269.81 | 145.32 | 219.89 | 118.15 |
| Currency | SGD | CHF | CAD | MYR | RUB | ZAR | KRW |
| Trading volume | 204.67 | 138.71 | 342.18 | 0.88 | 52.35 | 0.48 | 19.17 |
| Currency | AED | SAR | HUF | PLN | DKK | SEK | NOK |
| Trading volume | 6.13 | 1.83 | 0.25 | 0.14 | 31.51 | 17.02 | 18.30 |
| Currency | TRY | MXN | THB | KHR | KZT | MNT | |
| Trading volume | 0.00 | 0.43 | 117.32 | 0 | 0 | 0 | |

Source: China Foreign Exchange Trade System.

swap agreements between the PBC and foreign monetary authorities, the foreign monetary authorities utilized a total of RMB 60.862 billion, and the PBC utilized foreign currencies equivalent to USD 512 million. These operations played an active role in promoting bilateral trade and investment.

## VIII. Promoting resolution of financial risks in a prudent and orderly manner and deepening the reform of financial institutions

Risk resolution and reform and restructuring of small-and medium-sized financial institutions have been promoted in an orderly manner. The PBC strove to ease the impact of the pandemic and achieved crucial progress and important initial results in the resolution of high-risk small-and medium-sized financial institutions. The reform and restructuring plan of Hengfeng Bank was carried out smoothly, and the risk resolution, reform, and restructuring of Jinzhou Bank was basically completed so as to ensure the sound operation of the financial system during the critical and sensitive period and to firmly defend the bottom line that no systemic risk should occur.

Risk resolution of the Baoshang Bank (BSB) was advanced steadily and orderly. Since the takeover of the BSB, there has been steady progress, breaking the rigid payments in an orderly manner and completing asset and capital verifications on schedule. On November 23, 2020, the Beijing No.1 Intermediate People's Court ruled to accept the bankruptcy petition of the BSB, and it appointed a liquidation group as the administrator of the BSB. On January 12, 2021, the Beijing No.1 Intermediate People's Court held a creditors' meeting for the first time, and the administrator completed a review of the rights of 743 creditors. On February 7, the Beijing No.1 Intermediate People's Court issued its ruling on the BSB's bankruptcy. Equities of the former shareholders were cleared, and large-denomination creditors bore part of the losses, which means risk resolution of the BSB has been basically completed. Going forward, following the delivery of assets and alteration of the body of proceedings and arbitration, the administrator will complete the de-registration of the BSB and its affiliates as soon as possible.

Reform of development and policy financial institutions was continuously deepened. The PBC advanced the reform plans for development and policy financial institutions across the board to redefine their responsibilities and the scope of their business, improve corporate governance, strengthen the constraints and incentive mechanism, and prevent financial risks. The PBC guided development and policy financial institutions to fulfill their responsibilities, focus on their main business, and give full play to their role in supporting economic restructuring and high-quality development on the basis of strengthening risk prevention and control.

## IX. Deepening the reform of foreign exchange arrangements

The pilot program of trade facilitation was advanced to expand the coverage and raise the quality. The pilot areas and business scope were expanded steadily and orderly, business procedures were optimized, and market participants were guided to continuously improve their credit rating, administrative capability, and internal control. Until the end of Q1 2021, the pilot program has been expanded to 22 areas.

Facilitation of individuals' foreign exchange business was promoted. The State Administration of Foreign Exchange issued the *Notice on Further Promoting Facilitation of Individual Foreign Exchange Business under the Current Account* (Huifa No.13 [2021]), further optimizing the filling items and methods and enhancing the filling efficiency.

Administration of the foreign exchange market was strengthened. The fostering of the capability of off-site monitoring was enhanced and continuous efforts were made to severely crack down on illegal financial activities, such as underground banks and cross-border gambling. Emphasis was placed on investigating false and deceptive transactions so as to maintain a healthy order in the foreign exchange market. In Q1 2021, a total of 661 cases violating the regulations of the foreign exchange administration were handled, with total fines amounting to RMB 216 million.

# Part 3 Financial Market Conditions

In Q1 2021, the financial market operated generally smoothly, with firm support for the real economy. The money market remained stable, with interest rates fluctuating within a reasonable range and market transactions growing in a steady manner. The bond market featured declined bond coupon rates, narrowed credit spreads, increased bond issuances, and active cash bond transactions. The stock market index fell after a rise, and both turnover and the amount of funds raised witnessed year-on-year surges.

## I. Financial market overview

### 1. The money market operated in a steady manner

The money market interest rate was stable. In March, the monthly weighted average interest rate of pledged repos posted 2.01 percent, higher than that at end-2020 and getting close to that at end-2019. The monthly weighted average interest rate of government-backed bond repos among depository institutions posted 1.91 percent, 10 bps lower than the monthly weighted average interest rate of pledged repos. In March, the monthly weighted average interest rate for interbank lending posted 2.01 percent. At end-March, the overnight and 7-day Shanghai Interbank Offered Rate (Shibor) posted 2.12 percent and 2.25 percent, respectively.

Market transactions experienced steady growth. In Q1 2021, the volume of trading of bond repos on the interbank market reached RMB 223.2 trillion, representing an average daily turnover of RMB 3.7 trillion and a year-on-year increase of 8.5 percent, down 9.1 percentage points from that in 2020. The volume of cumulative trading of interbank lending registered RMB 29.1 trillion, with an average daily turnover of RMB 485.1 billion and a year-on-year decrease of 11.6 percent. In Q1 2021, the volume of bond repos traded on the exchange markets increased 20.7 percent year on year to RMB 75.8 trillion.

Interbank Certificates of Deposit (CD) and negotiable CD businesses operated steadily. In Q1 2021, 7,489 interbank CDs were issued on the interbank market, raising RMB 5.6 trillion. The volume of trading on the secondary market totaled RMB 35.1 trillion. At end-March, outstanding interbank CDs reached RMB 12.0 trillion. In Q1, the average weighted interest rate of 3-month interbank CDs was 2.83 percent, 11 bps higher than that of the 3-month Shibor. A total of 20,000 negotiable CDs were issued by financial institutions in Q1 2021, raising RMB 3.8 trillion, with a year-on-year increase of RMB 200 billion.

The interest rate swap market witnessed orderly development. In Q1 2021, the RMB interest rate swap market witnessed 75,000 transactions, increasing 23.0 percent year on year, with the volume of the notional

**Table 9 Fund Flows Among Financial Institutions in Q1 2021**

Unit: RMB 100 million

| Institutional Category | Repos | | Interbank lending | |
|---|---|---|---|---|
| | Q1 2021 | Q1 2020 | Q1 2021 | Q1 2020 |
| Chinese-funded large banks[1] | -458,527 | -625,803 | -71,853 | -96,936 |
| Chinese-funded medium-sized banks[2] | -360,253 | -219,725 | -25,082 | -26,027 |
| Chinese-funded small-sized banks[3] | 3,076 | 3,900 | 27,961 | 24,252 |
| Securities institutions[4] | 268,204 | 224,001 | 49,169 | 69,209 |
| Insurance institutions[5] | 19,196 | 25,677 | 0 | 44 |
| Foreign-funded banks | 15,918 | 23,081 | -7,502 | -1,620 |
| Other financial institutions and vehicles[6] | 512,387 | 568,869 | 27,307 | 31,078 |

Source: China Foreign Exchange Trade System.
Notes: A negative sign indicates net lending and a positive sign indicates net borrowing.
1. Chinese-funded large banks include the Industrial and Commercial Bank of China, Agricultural Bank of China, Bank of China, China Construction Bank, China Development Bank, Bank of Communications, and Postal Savings Bank of China.
2. Chinese-funded medium-sized banks refer to policy banks, China Merchants Bank, and the eight other joint-equity commercial banks, Bank of Beijing, Bank of Shanghai, and Bank of Jiangsu.
3. Chinese-funded small-sized banks refer to Hengfeng Bank, China Zheshang Bank, China Bohai Bank, other city commercial banks, rural commercial banks, rural cooperative banks, private banks, and village and township banks.
4. Securities institutions include securities firms, fund management companies, and futures companies.
5. Insurance institutions include insurance firms and corporate annuities.
6. Other financial institutions and vehicles include urban credit cooperatives, rural credit cooperatives, finance companies, trust and investment companies, financial leasing companies, asset management companies, social security funds, mutual funds, wealth management products, trust plans, and other investment vehicles. Some of these financial institutions and vehicles do not participate in the interbank lending market.

**Table 10 Transactions of Interest Rate Swaps in Q1 2021**

| Time | Transactions | Notional principal (RMB 100 million) |
|---|---|---|
| Q1 2021 | 75,460 | 53,620.9 |
| Q1 2020 | 61,357 | 42,955.1 |

Source: China Foreign Exchange Trade System.

principal totaling RMB 5.4 trillion, an increase of 24.8 percent year on year. In terms of the maturity structure, contracts with maturities of up to one year traded most briskly and the volume of the notional principal posted RMB 3.6 trillion, accounting for 68.0 percent of the principal of all maturities. The 7-day fixing repo rate and the Shibor served as the main reference rates for the floating leg of the RMB interest rate swaps, accounting for 85.7 percent and 13.2 percent, respectively, of the total notional principal of the interest rate swaps. In Q1 2021, interest rate swaps anchored to the LPR witnessed 290 transactions, with RMB 28.85 billion of the notional principal.

The loan prime rate (LPR) interest rate option business developed steadily. The LPR interest rate option business made its debut on the interbank market in March 2020, and the fixing repo rate (FDR) options was newly added to the interbank market on March 29, 2021. In Q1 2021, a total of 177 interest rate option transactions were concluded, totaling RMB 23.64 billion. Specifically, 29 were interest rate swap transactions, amounting to RMB 1.52 billion of the notional principal; 148 were interest rate cap/floor transactions, amounting to RMB 22.12 billion of the notional principal; 112 were LPR interest rate transactions, totaling RMB 19.79 billion of the notional principal; and 65 were FDR interest rate transactions, amounting to RMB 3.85 billion of the notional principal.

### 2. Coupon rates of bonds declined while bond issuances expanded

On the whole, coupon rates of bonds declined. In March 2021, the yield on 10-year government securities issued by the Ministry of Finance was 3.22 percent, 3 bps lower than that in December 2020. The coupon rate of 10-year financial bonds issued by the China Development Bank was 3.52 percent, 13 bps lower than the rate in December 2020. The average rate of 1-year short-term financing bills (bond rating A-1) issued by AAA-rated enterprises was 3.56 percent, 66 bps lower than the rate in December 2020.

Government securities yields went up slightly. At end-March, yields on 1-year and 10-year government securities increased by 10 bps and 5 bps to 2.57 percent and 3.19 percent from end-2020, respectively. Credit spreads narrowed, with credit spreads on 3-year AAA-and AA-rated short-to-medium-term bills narrowing by 16 bps and 29 bps from end-2020, respectively.

Bond issuances saw year-on-year growth. In Q1 2021, the cumulative value of bond issuances increased by 16.7 percent, or RMB 2 trillion, year on year to RMB 14.1 trillion, most of which were financial bonds, which increased by RMB 1.9 trillion. At end-March, outstanding bonds held in custody amounted to RMB 120 trillion, a year-on-year increase of 16.6 percent.

The volume of cash bond transactions on the interbank market decreased, while that on the stock exchanges maintained growth. In Q1, the value of cash bonds trading on the bond market posted RMB 51.3 trillion, registering a decrease of 1.5 percent year on year. Specifically, the value of bond trading on

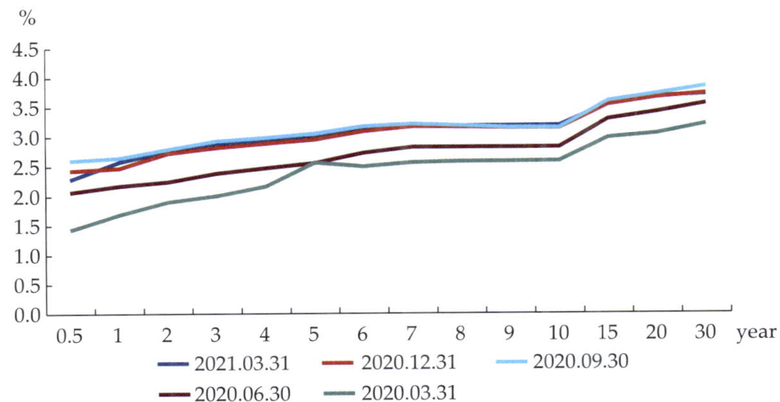


**Figure 4 Yield Curves of Government Securities on the Interbank Market**

(Source: China Central Depository & Clearing Co., Ltd)

**Table 11 Bond Issuances in Q1 2021**

Unit: RMB 100 million

| Type of bond | Issuances | YOY change |
|---|---|---|
| Government securities | 14,358 | 7,008 |
| Local government bonds | 8,951 | -7,154 |
| Central bank bills | 0 | 0 |
| Financial bonds[1] | 81,780 | 18,943 |
| Of which: Financial bonds issued by China Development Bank and policy financial bonds | 16,002 | 4,183 |
| Interbank certificates of deposits | 55,404 | 14,777 |
| Corporate debenture bonds[2] | 35,625 | 1,273 |
| Of which: Debt-financing instruments of non-financial enterprises | 24,751 | 1,432 |
| Enterprise bonds | 1,185 | 349 |
| Corporate bonds | 7,803 | 598 |
| Bonds issued by international institutions | 190 | 52 |
| Total | 140,904 | 20,121 |

Sources: The People's Bank of China, China Securities Regulatory Commission, and China Central Depository & Clearing Co., Ltd.

Notes: 1. Including financial bonds issued by the China Development Bank, policy financial bonds, bonds issued by commercial banks (including ordinary bonds, subordinated bonds, and hybrid bonds), bonds issued by securities firms, and interbank certificates of deposit.

2. Including debt-financing instruments issued by non-financial enterprises, enterprise bonds, corporate bonds, convertible bonds, bonds with detachable warrants, privately offered SME bonds, and asset-backed securities on the Shanghai Stock Exchange and the Shenzhen Stock Exchange issued by non-financial enterprises.

the interbank market was RMB 46.1 trillion, representing a decrease of 5.5 percent year on year. The value of bond transactions on the stock exchanges totaled RMB 5.2 trillion, a year-on-year increase of 56.5 percent.

### 3. Bill financing increased while maintaining stability, and interest rates in the bill market went up

The bill acceptance business maintained stability. In Q1 2021, commercial drafts issued by enterprises totaled RMB 6.1 trillion, rising 1.4 percent year on year. At end-March, outstanding commercial drafts stood at RMB 14.1 trillion, increasing by 4.9 percent year on year. Outstanding commercial draft acceptances remained stable, decreasing by RMB 2.5 billion from the beginning of this year. Of the outstanding bankers' acceptances, 68.6 percent were issued by micro-, small-, and medium-sized enterprises (MSMEs).

Bill financing was basically stable. In Q1, total discounts by financial institutions amounted to RMB 11.4 trillion, growing 3.8 percent year on year. At end-March, the balance of bill financing was RMB 7.9 trillion, down 4.5 percent year on year. The balance accounted for 4.4 percent of total outstanding loans, down 0.8 percentage point year on year.

### 4. Stock indices first went up and then went down, with turnover and the amount of funds raised increasing year on year

In Q1 2021, stock indices went up before going down, and then, after mid-March, they stabilized. From the beginning of this year to the Spring Festival, due to the continuous consolidation of the momentum for restorative economic growth and the

**Table 12 Asset Allocations in the Insurance Sector at End-March 2021**

Unit: RMB 100 million, %

| Item | Balance | | As a share of total assets | |
|---|---|---|---|---|
| | End-March 2021 | End-March 2020 | End-March 2021 | End-March 2020 |
| Total assets | 242,584 | 217,193 | 100.0 | 100.0 |
| Of which: Bank deposits | 27,615 | 28,621 | 11.4 | 13.2 |
| Investments | 197,266 | 165,634 | 81.3 | 76.3 |

Source: China Banking and Insurance Regulatory Commission.

rise of overseas stock markets, the major stock indices in Shanghai and Shenzhen experienced a choppy rise. In February, the highest closing points of the Shanghai Stock Exchange Composite Index and the Shenzhen Stock Exchange Component Index posted 3,732 points and 16,293 points, respectively. After that, the A-share market retreated. At end-March, the Shanghai Stock Exchange Composite Index closed at 3,442 points, decreasing 0.9 percent from end-2020. The Shenzhen Stock Exchange Component Index closed at 13,779 points, decreasing 4.8 percent from end-2020. Turnover on the stock markets expanded. In Q1, the combined turnover on the Shanghai Stock Exchange and the Shenzhen Stock Exchange reached RMB 54.9 trillion, and the average daily turnover was RMB 947.2 billion, an increase of 9.9 percent year on year. The amount of funds raised on the stock markets surged significantly year on year. In Q1, a cumulative RMB 340.4 billion was raised, increasing 142.6 percent year on year and providing solid support for the real economy.

### 5. Growth of premium income accelerated, while growth of assets in the insurance sector slowed down

In Q1 2021, total premium income in the insurance sector amounted to RMB 1.8 trillion, up 7.8 percent year on year, an acceleration of 1.7 percentage points from the same period of the previous year. Claim and benefit payments totaled RMB 395.1 billion, representing a year-on-year increase of 30.4 percent. Specifically, total property insurance claims and benefit payments increased 35 percent year on year, and total life insurance claims and benefit payments went up by 27 percent year on year.

The growth of assets in the insurance sector slowed down. At end-March, total assets in the insurance sector increased 11.7 percent year on year to RMB 24.3 trillion, a deceleration of 1.6 percentage points from end-2020. Specifically, bank deposits decreased by 3.5 percent, while investment-linked assets increased by 19.1 percent year on year.

### 6. Foreign exchange transactions were active

In Q1 2021, cumulative turnover of spot RMB/foreign exchange transactions registered USD 2.3 trillion, a year-on-year increase of 39.8 percent. Cumulative turnover of RMB/foreign exchange swap transactions totaled USD 4.5 trillion, an increase of 37.9 percent year on year. Specifically, cumulative overnight

RMB/USD swap transactions posted USD 2.9 trillion, accounting for 64 percent of the total swap turnover. Turnover of RMB/foreign exchange forward transactions totaled USD 25.8 billion, falling 4.2 percent year on year. Turnover of foreign currency pair transactions totaled USD 312.9 billion, rising 167.6 percent year on year. In particular, the EUR/USD pair registered the largest trading volume, accounting for 57.2 percent of the total market share.

### 7. Gold prices went down

At end-March, international gold prices closed at USD 1,691.05 per ounce, representing a loss of 10.58 percent from end-2020. The Au99.99 on the Shanghai Gold Exchange closed at RMB 356.79 per gram, decreasing 8.52 percent from end-2020. In Q1, the volume of gold traded on the Shanghai Gold Exchange was 9,333.37 tons, representing a year-on-year decrease of 48.3 percent. Turnover posted RMB 3.51 trillion, a decrease of 45.2 percent year on year.

## II. Development of institutional arrangements in the financial markets

### 1. Institutional arrangements in the bond market

In April 2021, the PBC, the National Development and Reform Commission (NDRC) and the China Securities Regulatory Commission (CSRC) jointly released the *Notice on Issuing the Green Bond Endorsed Projects Catalogue (2021 Edition)*. The notice aimed to further regulate the domestic green bond market and to give full play to the active role of green finance in promoting structural adjustments and transformation, accelerating the construction of an ecological civilization and facilitating sustainable economic development to realize the goals of peak carbon emissions and achieving carbon neutrality.

### 2. Institutional arrangements in the capital market and the securities and futures industry

Regulation of capital market conduct was further improved. In January 2021, the CSRC released the *Provisions on Strengthening Regulation of Private Equity Investment Funds*, which raised prohibitive requirements, namely the "ten prohibitions," for entities, including private equity managers. The provisions reiterated and strengthened regulation of the bottom lines in the operation of private equity funds. In January, the CSRC released *Guideline No.3 for the Operation of Publicly Offered Securities Investment Funds - Index Fund Guidelines*, which regularized the investment and operations of index funds and protected the legitimate rights and interests of investors. In February, the CSRC revised and released the *Provisions on the Registration and Management System of Insiders with Inside Information on Listed Companies*, aiming to regularize the registration and reporting of insiders with inside information on listed companies and to strengthen comprehensive prevention and control of insider trading. In February, the CSRC revised and released the *Measures for the Administration of the Credit Rating Business in the Securities Market*. The measures replaced administrative licensing with filing management, improved the rules for the securities rating business and incorporated independence requirements.

The reform of registration-based securities systems was carried forward. In February 2021, the CSRC revised and released the *Measures for the Administration of Issuance and Trading of Corporate Bonds*, with the registration prerequisites, registration procedures and relevant regulatory requirements clearly specified. In March, the CSRC released the amended *Measures for the Administration of Information Disclosures by Listed Companies*, which improved the basic requirements for information disclosures, upgraded the periodic reporting mechanism and lowered the costs of information disclosures.

### 3. Institutional arrangements in the insurance market

Regulation of the solvency of insurance companies was strengthened. In January 2021, the CBIRC revised and released the *Regulations on Solvency Management of Insurance Companies*. The regulations, with a risk-oriented approach, specified regulatory rules of solvency that integrated quantitative capital requirements, qualitative regulatory requirements, and market discipline mechanisms, thus making clear the three-pillar framework of solvency regulation.

The short-term health insurance business was regulated. In January 2021, the CBIRC released the *Notice on Regulating the Short-term Health Insurance Business*, which regulated the short-term health insurance business conducted by insurance companies in such areas as insurance renewals, product sales, information disclosures, and underwriting and claims settlement.

The insurance industry was further opened up. In March 2021, the CBIRC released the *Implementation Rules of the Regulations of the People's Republic of China on Foreign-funded Insurance Companies*, and removed the clauses concerning foreign ownership limits on joint-venture life insurance companies to maintain consistency among the relevant institutional systems. Meanwhile, the detailed rules further elaborated on the entry criteria for foreign insurance group companies and foreign financial institutions to invest in foreign-funded insurance companies. Supplementary improvements were made to clarify the requirements for market access and for changes of shareholders in foreign-funded insurance companies, relevant management systems for domestic insurance group companies, security reviews of foreign investment, etc.

### 4. Promoting the opening-up of the bond market

The semi-annual review by FTSE Russell was facilitated and conducted successfully. FTSE Russell announced that it would, starting from October 29, 2021, add Chinese government bonds to its World Government Bond Index (WGBI) in a time span of 36 months. So far, all three global major bond index providers have included Chinese bonds in their major indexes.

# Part 4 Macroeconomic Overview

## I. Global economic and financial developments

The global economy has gradually recovered, and vaccinations have accelerated. Markets tend to hold optimistic expectations about future economic prospects, with rising inflation expectations. Meanwhile, the imbalance in the process of economic recovery became prominent, as evidenced by enlarging divergences among different countries and regions, industries and enterprises, employment groups, as well as financial and real sectors, while the recent COVID-19 resurgence in multiple countries further increased uncertainties about an economic recovery. In the future, attention should be paid continuously to possible adjustments or shifts in the monetary policies of the major advanced economies and their spillover effects.

### 1. Performance in the economic and financial markets of the major economies

The speed of the vaccination process has accelerated, but the COVID-19 pandemic has reoccurred since late March. By the end of April, more than 1 billion vaccine doses had been administered worldwide. However, while the progress was uneven among regions amid mutations of the virus; with relaxation of pandemic containment measures in some areas, the global pandemic has resurged, with the number of single-day newly confirmed cases returning to over 800,000 at the end of April. Multiple countries in Europe have tightened their pandemic containment measures, among which France, the Czech Republic, Hungary, and other countries have restarted nationwide lock-down policies.

Expectations about global economic growth have improved significantly. In March, the manufacturing purchasing managers' index (PMI) posted 64.7, 62.5, 52.7, and 58.9 in the US, the euro area, Japan and the UK, respectively, all reaching new highs since the outbreak of the pandemic. The International Monetary Fund (IMF) and the Organization for Economic Co-operation and Development (OECD) posted their global economic growth forecasts for 2021 at 6.0 percent and 5.6 percent in April and March respectively, 0.5 percentage points and 1.4 percentage points higher than their previous forecasts.

Recovery of the labor market was relatively slow. The US unemployment rate registered 6.0 percent in March, and the number of jobs was reduced by 7.5 million from the pre-pandemic level. The labor participation rate was 61.5 percent, lower than the pre-pandemic rate of 63.3 percent at the end of 2019. The unemployment rates in the euro area in March and the UK in February was 8.1 and 4.9 percent, respectively, which were still relatively high.

Signs of re-inflation occurred in the major economies. In March 2021, the year-on-year growth rate of the CPI increased to 2.6 percent in the US. In Q1, the HICP in the euro area ended its negative year-on-year growth that had lasted for 5 consecutive months in the second half of last year, and it posted a year-on-year growth rate of 1.3 percent in March. The year-on-year decrease in the CPI in Japan narrowed significantly from that at the end of last year. Inflation pressures increased in some emerging market economies, as the year-on-year growth rate of the IPCA of Brazil and the CPI of Russia moved higher in March, to 6.1 percent and 5.8 percent respectively, increasing by 2.8 percentage points and 3.3 percentage points compared to the same period of last year.

Affected by factors such as expectations of rising economic growth and inflation as well as adjustments of market expectations, the volatility in financial markets increased. Commodity prices surged with the futures prices of Brent crude oil, and tin, copper, and aluminum in the London Metal Exchange (LME) increased by 24.3 percent, 24.0 percent, 13.6 percent, and 11.7 percent in Q1, respectively. Treasury yields went up remarkably in the advanced economies, with the 10-year treasury yields increasing from 0.93 percent and −0.57 percent at the beginning of the year to 1.74 percent and −0.27 percent at the end of March in the US and Germany, respectively. The stock markets in the major economies have generally increased with greater volatility.

**Table 13 Macroeconomic and Financial Indicators in the Major Advanced Economies**

| Economy | Indicator | Q1 2020 | | | Q2 2020 | | | Q3 2020 | | | Q4 2020 | | | Q1 2021 | | |
|---|---|---|---|---|---|---|---|---|---|---|---|---|---|---|---|---|
| | | Jan. | Feb. | Mar. | Apr. | May | Jun. | Jul. | Aug. | Sept. | Oct. | Nov. | Dec. | Jan. | Feb. | Mar. |
| United States | Real GDP growth (annualized quarterly rate, %) | −5.0 | | | −31.4 | | | 33.4 | | | 4.3 | | | 6.4 | | |
| | Unemployment rate (%) | 3.5 | 3.5 | 4.4 | 14.8 | 13.3 | 11.1 | 10.2 | 8.4 | 7.8 | 6.9 | 6.7 | 6.7 | 6.3 | 6.2 | 6.0 |
| | CPI (YOY, %) | 2.5 | 2.3 | 1.5 | 0.3 | 0.1 | 0.6 | 1.0 | 1.3 | 1.4 | 1.2 | 1.2 | 1.4 | 1.4 | 1.7 | 2.6 |
| | DJ Industrial Average (end of the period) | 28,256 | 25,409 | 21,917 | 24,346 | 25,383 | 25,813 | 26,428 | 28,430 | 27,782 | 26,502 | 29,639 | 30,606 | 29,983 | 30,932 | 32,982 |
| Euro Area | Real GDP growth (YOY, %) | −3.3 | | | −14.6 | | | −4.1 | | | −4.9 | | | −1.8 | | |
| | Unemployment rate (%) | 7.5 | 7.3 | 7.1 | 7.3 | 7.5 | 8.0 | 8.5 | 8.7 | 8.7 | 8.5 | 8.3 | 8.2 | 8.2 | 8.2 | 8.1 |
| | HICP (YOY, %) | 1.4 | 1.2 | 0.7 | 0.3 | 0.1 | 0.3 | 0.4 | −0.2 | −0.3 | −0.3 | −0.3 | −0.3 | 0.9 | 0.9 | 1.3 |
| | EURO STOXX 50 (end of the period) | 3,641 | 3,329 | 2,787 | 2,928 | 3,050 | 3,234 | 3,274 | 3,273 | 3,294 | 2,958 | 3,493 | 3,572 | 3,481 | 3,636 | 3,919 |
| United Kingdom | Real GDP growth (YOY, %) | −2.2 | | | −21.4 | | | −8.5 | | | −7.3 | | | — | | |
| | Unemployment rate (%) | 3.9 | 4.0 | 4.0 | 4.0 | 4.1 | 4.1 | 4.3 | 4.5 | 4.8 | 4.9 | 5.0 | 5.1 | 5.0 | 4.9 | — |
| | CPI (YOY, %) | 1.8 | 1.7 | 1.5 | 0.8 | 0.5 | 0.6 | 1.0 | 0.2 | 0.5 | 0.7 | 0.3 | 0.6 | 0.7 | 0.4 | 0.7 |
| | FTSE 100 (end of the period) | 7,286 | 6,581 | 5,672 | 5,901 | 6,077 | 6,170 | 5,898 | 5,964 | 5,866 | 5,577 | 6,266 | 6,461 | 6,407 | 6,483 | 6,714 |
| Japan | Real GDP growth (annualized quarterly rate, %) | −2.2 | | | −29.3 | | | 22.8 | | | 11.7 | | | — | | |
| | Unemployment rate (%) | 2.4 | 2.4 | 2.5 | 2.6 | 2.8 | 2.8 | 2.9 | 3.0 | 3.0 | 3.1 | 3.0 | 3.0 | 2.9 | 2.9 | 2.6 |
| | CPI (YOY, %) | 0.7 | 0.4 | 0.4 | 0.1 | 0.1 | 0.1 | 0.3 | 0.2 | 0.0 | −0.4 | −0.9 | −1.2 | −0.6 | −0.4 | −0.2 |
| | NIKKEI 225 (end of the period) | 23,205 | 21,143 | 18,917 | 20,194 | 21,878 | 22,288 | 21,710 | 2,3140 | 23,185 | 22,977 | 26,434 | 27,444 | 27,663 | 28,966 | 29,179 |

Sources: Statistical bureaus and central banks of the relevant economies.

## *Box 3 Analysis of the Higher US Treasury Yields*

*2021 has seen a rapid rally of US Treasury yields. On January 6, the 10-year Treasury yield rose above 1 percent for the first time since March 2020, and then reached 1.74 percent on March 31, up 120 bps from the record low of 0.51 percent last year and 83 bps from year-end.*

*The rise in US Treasury yields is attributed to both inflation expectations and higher real rates. This year, the real rate as measured by the 10-year US Treasury Inflation-Protected Securities (TIPS) has increased 46 bps to −0.63 percent at end-March, while the spread between the 10-year Treasury yield and the real rate has increased 37 bps, with the latter usually reflecting inflation expectations. Strengthened fiscal support and improved expectations of an economic recovery have both contributed to higher inflation expectations and real rates. With continued vaccination progress, the global economy is generally making a steady recovery. In the World Economic Outlook published in April, the IMF raised its global growth forecast for 2021 from 5.5 percent in January to 6.0 percent, and revised its growth forecast for the US from 5.1 percent to 6.4 percent.*

*As of now, there will continue to be a high issuance of US Treasuries in 2021. From a supply-demand perspective, holding all else constant, the gap between supply and demand of US Treasuries may be bridged by higher yields. On the supply side, in the Budget and Economic Outlook: 2021 to 2031, the Congressional Budget Office projected a deficit of USD 2.3 trillion for the 2021 fiscal year, which would be magnified by the USD 1.9 trillion fiscal stimulus package; meanwhile, in its first quarter refund announcement, the US Treasury expected the cash balance to drop about USD 0.5 trillion to USD 1.2 trillion at end-June. In these three respects,*

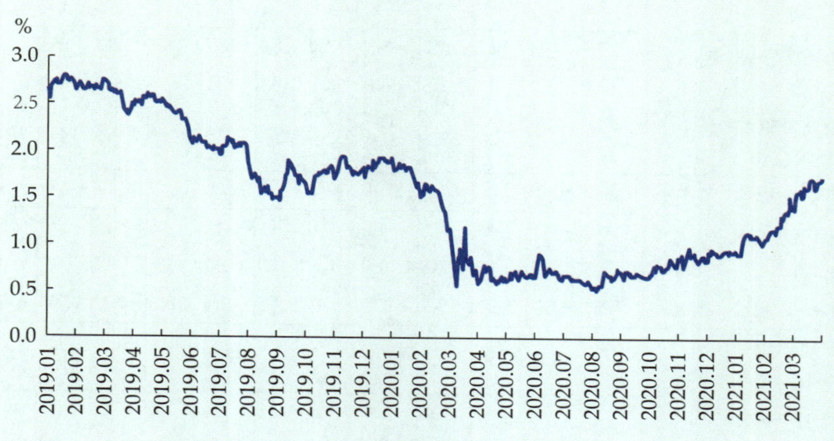


**Figure 5 10-Year US Treasury Yield**

(Source: Bloomberg)

*institutions have projected that new financing needs may exceed USD 2.5 trillion in 2021, and they expect continued high issuance of US Treasuries. On the demand side, if the Federal Reserve (Fed) continues its monthly purchases of USD 80 billion of Treasuries in 2021, it can absorb about USD 1 trillion Treasuries, leaving more than USD 1.5 trillion to other market investors. Recent years have seen a drop in the proportion of foreign-held Treasuries, from 34.4 percent at the beginning of 2015 to around 25 percent at end-2020. Therefore, there will continue to be a large amount of Treasuries for US domestic investors other than the Fed.*

*The subsequent movement of US Treasury yields depends on the economic performance, the inflation level, and the Federal Reserve's response. In August 2020, the Federal Reserve introduced a new policy framework featuring average inflation targeting. How it is implemented is left for further observation. Fed Chair Jerome Powell expressed in an interview that when the economy is near a full recovery, the Fed will pull back its policy support during emergency times "very gradually" and "with great transparency"; and when the Fed makes further substantial progress toward its goals, it will gradually roll back the amount of asset purchases. In the future, if fiscal support is strengthened and a strong economic recovery leads to an excessively rapid rise in inflation expectations, they may trigger actions by the Fed that will affect the trend in US bond yields.*

*The impact of higher US Treasury yields will be transmitted through several channels: first, through asset prices. They will drive up risk-free rates and trigger global asset price adjustments and bring about repricing risks. Second, through capital flows. They may reverse the direction of cross-border capital flows, causing funds to flow back to the US and to increase the risks of capital outflows in the emerging markets. Emerging economies with weak fundamentals may face repayment and refinancing risks. Third, through exchange rates. Higher Treasury yields may boost the dollar and place downward pressures on the currencies in some emerging economies, thereby intensifying debt risks.*

*China has become the second largest economy, with resilience and sufficient policy space as well as sound economic performance. Bracing for the impact of COVID-19, China was the only major economy with positive growth in 2020 and one of the few major economies conducting a normal monetary policy, thus presenting unique performance. Meanwhile, as the market-oriented exchange rate reform has further deepened, the RMB exchange rate has become more flexible and has fulfilled its role as an automatic stabilizer for macroeconomic management and for the balance of payments. Since the beginning of 2021, the Chinese financial market has been stable, with the RMB exchange rate floating in both directions and cross-border capital flows generally in equilibrium. Overall, higher US Treasury yields and future policy adjustments by the Fed will have a limited and controllable impact on China. The key to the next step is to focus on fulfilling the PBC's mandates, prioritize stability in monetary policies, remain proactive, and value the normal policy space. Meanwhile, the PBC will pay close attention to changes in global economic and financial conditions, enhance macro-prudential management of cross-border capital flows, strengthen flexibility of the RMB exchange rate, and carry out international macro policy coordination based on domestic conditions.*

### 2. Monetary policies of the major economies

The central banks in the major advanced economies have generally reiterated their stance of maintaining their loose monetary policies to support a more comprehensive economic recovery. In Q1 2021, both the US Fed and the European Central Bank (ECB) kept their policy rates and scale of asset purchases unchanged, and the minutes of the March FOMC meeting of the US Fed illustrate that the Fed will maintain its accommodative stance until the statutory goals of maximum employment and price stability are reached. The Bank of Japan (BOJ) maintained its JPY 12 trillion upper limit of exchange traded funds (ETFs) purchases and widened its target range for yield curve control, allowing the 10-year treasury yield to move up and down by 0.25 percent around zero.

Monetary policies in the emerging market economies showed signs of divergence. Although most maintained accommodative stances, some economies took early actions to respond to the pressures of inflation, exchange rate depreciations and capital outflows, and marginally tightened their monetary policies. In Q1 2021, the central banks of Indonesia and Mexico lowered interest rates by 25 bps, with the policy rates of the central banks of India, South Africa, Malaysia, and the Philippines remaining unchanged, while the central banks of Turkey, Brazil, Ukraine, and Russia increased their policy rates by 200 bps, 75 bps, 50 bps, and 25 bps, respectively.

### 3. Issues and trends that merit attention

First, the global economic recovery still faces high uncertainties, with increasing divergences and imbalances. For some time in the future, the key determinant of a global economic recovery will still be containment of COVID-19. Currently, the vaccination progress and the outcomes of pandemic prevention and control have been rather divergent across countries amid diversified macroeconomics policies and market recovery capacities, thus resulting in significantly uneven economic development. Some areas are experiencing a marked rebound of new cases and a tightening of their lock-down measures, and their economic recovery processes are facing great challenges.

Second, the influence of the ultra-loose macro policies by the major economies and the risks brought about by monetary policy shifts require close attention. At the end of Q1 2021, the balance sheets of the US Fed, the ECB, and the BOJ expanded by 85 percent, 60 percent and 25 percent, respectively, compared to those at end-2019. The expansions mainly resulted from purchases of government bonds, with over half of the newly issued US treasury bonds purchased by the Fed in 2020. The fiscal and monetary policies of the advanced economies are closely integrated, and their scale is huge, pushing global asset prices to rise, to be separated from the real economy, and causing financial risks continue to increase. Whether these risks will be transferred in the future through sovereign debt risks, high inflation, exchange-rate and interest-rate fluctuations, or valuation adjustments in stock and bond markets needs to be closely watched. In Q1, the rise in long-end interest rates in the US triggered higher volatility in global financial markets and brought about greater pressures of capital outflows and an exchange rate depreciation in some emerging market economies with fragile economic fundamentals. The Bank of Canada (BOC) reduced the scale of asset purchases in April. If the major advanced economies release clear signals of monetary policy shifts in the future, the potential spillover effects will further magnify the fluctuations in global cross-border capital flows.

Third, the level of global inflation may continue to trend up. The global economic recovery has driven up the demand for commodities and raw materials; amid the ultra-loose liquidity environment, the prices of international commodities, such as iron ore, copper, crude oil and soybeans, have increased rapidly. Given the low base effect from last year, the year-on-year readings of the global inflation indices may generally trend up for some time in the future, leading to further increases in inflation expectations.

## II. Macroeconomic developments in China

In Q1 2021, achievements to coordinate pandemic containment and economic and social development in all regions and departments across the country were consolidated and expanded. China's economy continued to recover steadily, and the development momentum became stronger. The national economy got off to a good start as production continued to resume its growth, all three demands, i.e., consumption, investment and export, rebounded steadily, consumption played a greater role in economic growth, and employment and consumer prices were stable. According to preliminary statistics, GDP in Q1 2021 grew by 18.3 percent year on year and increased by 10.3 percent compared to the same period of 2019. The average growth rate of GDP in the past two years was 5 percent and the CPI was basically flat compared with the previous year.

### 1. Consumption gradually improved, investments steadily rebounded, and imports and exports recorded rapid growth

Residents' income rebounded steadily, and people's willingness to consume improved. In Q1, the country's per capita disposable income increased by 13.7 percent year on year in nominal terms, or 13.7 percent in real terms, and its average growth rate in the past two years was 4.5 percent. The structure of income distribution improved, and the income growth of rural residents outpaced that of urban residents. According to the Urban Depositors' Survey conducted by the PBC in Q1, 22.3 percent of residents were inclined to "consume more," up 0.3 percentage point from the same period of 2020. In Q1, total retail sales of consumer goods grew by 33.9 percent year on year, and the average growth rate during the past two years was 4.2 percent. Consumption by urban residents and online retail sales continued to grow rapidly. Final consumption expenditures contributed to 63.4 percent of economic growth, which contributed to the growth of GDP by 11.6 percentage points and a year-on-year increase of 15.9 percentage points.

Investments rebounded steadily, and investments in the high-tech industry and social areas grew rapidly. In Q1 2021, total fixed-asset investments increased by 25.6 percent year on year, and the average growth rate in the past two years registered 2.9 percent. In terms of sectors, the year-on-year growth of investments in social areas registered 31.7 percent, with an average growth rate of 9.6 percent in the past two years. Investments in real estate development and infrastructure increased by 25.6 percent and 29.7 percent respectively, and the average growth rate in the past two years registered 7.6 percent and 2.3 percent, respectively. Investments in the manufacturing sector increased by 29.8 percent and the average growth rate was slightly negative in the past two years. The investment structure was further optimized. Investments in the high-tech industry grew by 37.3 percent year on year, 11.7 percentage points higher than the growth of total investments. Specifically, investments in the high-tech manufacturing sector and the high-tech services sector grew by 41.6 percent and 28.6 percent year on year, respectively.

Export momentum was robust, and the trade structure was more optimized. In Q1 2021, imports and exports of goods denominated in RMB grew by 29.2 percent year on year. Specifically, exports grew by 38.7 percent year on year, while imports grew by 19.3 percent year on year, with the trade surplus in goods posting RMB 759.3 billion, an increase of RMB 663.3 billion year on year. The trade structure continued to improve. The share of imports and exports under general trade reached 61.2 percent, up 1.3 percentage points year on year. Imports and exports by private enterprises accounted for 46.7 percent of total foreign trade, up 4.4 percentage points year on year. Exports of machinery and electronics increased by 43.0 percent year on year, accounting for 60.4 percent of total exports. Exports of high-tech products increased by 38.9 percent year on year, accounting for 29.9 percent of total exports. China's trade partners became more diversified. China's trade with countries along the Belt and Road and with RCEP trade partners grew by 21.4 percent and 22.9 percent, respectively.

The expectations and confidence of foreign direct investment (FDI) were stable with promising signs, and FDI became concentrated in the high-tech industry. In Q1 2021, actually utilized FDI increased by 39.9 percent year on year to RMB 302.5 billion, which was 24.8 percent higher than that in the same period of 2019. Actual utilized FDI in the high-tech industry grew by 32.1 percent year on year, among which FDI in the high-tech service industry grew by 43.9 percent year on year.

### 2. Agricultural production remained stable, industrial production rebounded steadily, and growth of the service industry recovered

In 2020, the value-added of primary, secondary, and tertiary industries grew by 8.1 percent, 24.4 percent and 15.6 percent year on year, respectively, accounting for 4.6 percent, 37.2 percent and 58.3 percent of GDP. The average growth rate of primary, secondary and tertiary industries was 2.3 percent, 6.0 percent and 4.7 percent respectively in the past two years.

Agricultural production was generally stable and hog production witnessed a significant recovery. Climate conditions in the main agricultural areas of China were generally favorable, as spring ploughing and sowing went smoothly, contributing to slightly better growth of winter wheat than in previous years. In Q1 2021, the value-added of agriculture grew by 3.3 percent year on year, and the average growth rate was 3.4 percent during the past two years. Hogs in stock increased by 29.5 percent year on year and hogs available for slaughter increased by 30.6 percent year on year. The output of pork, beef, lamb and poultry grew by 21.4 percent year on year, among which the output of pork increased by 31.9 percent year on year.

Industrial production grew steadily, and business profits improved significantly. In Q1 2021, the value-added of Industrial Enterprises above a Designated Size (IEDS) increased by 24.5 percent year on year and the average growth rate in the last two years registered 6.8 percent. The value-added of IEDS in Q1 increased by a seasonally adjusted 2.01 percent quarter on quarter, which was slightly higher than that in Q4 2020. Specifically, the value-added of the equipment manufacturing and the sector high-tech manufacturing sector increased by 39.9 percent and 31.2 percent respectively year on year, with the average growth rate in these two sectors posting 9.7 percent and 12.3 percent in the past two years respectively, significantly higher than the rates in other sectors. In Q1, total profits of the IEDS increased 1.37 times year on year and the average growth rate registered 22.6 percent during the past two years. According to the *Entrepreneur Survey Report* conducted in Q1 by the PBC, the Business Climate Index posted 56.3 percent, up 0.5 percentage points from Q4 2020 and 26 percentage points from the same period of 2020.

Growth in the service industry recovered, and market expectations improved. In Q1 2021, the value-added of the service industry grew by 15.6 percent year on year, accounting for 58.3 percent of GDP, an acceleration of 3.8 percentage points from 2020, and the average growth rate was 4.7 percent during the past two years. In March, the Index of Service Production (ISP) increased by 25.3 percent year on year, and the average growth rate registered 6.8 percent during the past two years. The Business Activities Index for the railway sector, aviation sector, satellite transmission service of the telecommunication/broadcasting/television sector, internet software and information IT services sector and the financial sector exceeded 60 percent, remaining in an expansion area. The Business Activities Index for accommodations, housing rentals, business services and residents' services, once affected notably by the pandemic in certain regions at the beginning of 2021, rebounded to a prosperous range and operations in these sectors improved significantly. The Expected Business Activities Index for the service industry reached 62.9 percent, remaining above 60 percent for two consecutive months.

### 3. Consumer prices were generally stable, and the growth of producer prices expanded

Consumer prices were generally stable. In Q1 2021, both the CPI and the core CPI (food and energy excluded) were basically flat compared with the previous year. Due to the decline in the base figures from the initial high levels in the previous year, the CPI in January and February decreased by 0.3 percent and 0.2 percent year on year, respectively and rose by 0.4 percent year on year in March. As the capacity for hog production gradually recovered, pork prices declined for six consecutive months and dropped by 12.5 percent year on year in Q1, driving down food prices by 0.2 percentage points. Non-food prices decreased by 0.1 percent year on year.

The growth of producer prices expanded. In Q1 2021, the Producer Price Index (PPI) increased by 2.1 percent year on year, an acceleration of 3.5 percentage points compared with Q4 2020. The growth rate of PPI in January, February and March registered 0.3 percent, 1.7 percent and 4.4 percent, respectively. Due to the steady recovery of domestic needs, the growth of prices of bulk commodities, such as oil, and the relatively low base figures in the previous year, the growth of PPI expanded year on year. Production materials that are highly connected to price trends in bulk commodities, such as oil, steel and nonferrous metals, contributed to the acceleration of PPI by 2.13 percentage points. The Purchasing Price Index for Industrial Products (PPIRM) increased by 2.8 percent year on year, accelerating by 4.2 percentage points from Q4 2020. The Corporate Goods Price Index (CGPI), monitored by the PBC, increased by 3.2 percent year on year, accelerating by 4.4 percentage points compared with that in 2020.

### *Box 4 How to View the Recent Price Movements Both at Home and Abroad*

*The global commodity price and inflation indexes of the major economies have recently shown an upward trend. At end-April 2021, the price indexes of WTI crude oil futures, LME copper futures, and CRB spot commodities registered year-on-year growth of 187 percent, 89 percent, and 51 percent, respectively. In March, the CPI in the US and the HICP in the euro area grew by 2.6 percent and 1.3 percent, respectively, year on year, accelerating by 2.5 percentage points and 1.6 percentage points from the low point in 2020. These figures are higher or at par with the pre-pandemic level in December 2019, and the relevant indexes of inflationary expectations have gone upward to varying degrees. In addition, in March, the Consumer Price Index in Russia and Brazil grew over 5 percent and 6 percent year on year, respectively.*

*The major factors pushing up commodity prices and inflation are as follows. First, the governments of the major economies have introduced large-scale stimulus packages, and it is widely expected that overall demand will tend to be exuberant. Second, as there has been an obvious COVID-19 resurgence overseas and the supply side is still facing constraints, the recovery of demand in global economies will outpace that of supply in the post-pandemic era. Third, central banks in the major economies have adopted ultra-loose monetary policies, and global liquidity continues to remain extremely ample. At present, as the above-mentioned three factors cannot be eliminated in the short run, global inflation is likely to continue its moderate upward trend for some time.*

*As far as China is concerned, the influence of the imported inflation from overseas is mainly reflected in the price rise of industrial products. Combined with the low base in 2020, this is likely to push up the growth of PPI in China in Q2 and Q3 2021. China is the major importer of commodities. In terms of import volume and reliance, the commodities influencing PPI are mainly crude oil, iron ore and copper. In particular, crude oil is the most important factor behind PPI movements, as its down-stream industrial chain is fairly long, and it has an impact on the price of chemical products. The temporary rise in the PPI during this year should be viewed historically and objectively. First, the PPI has, to some extent, registered a "high reading" upon a "low base". In 2020, due to the impact of the pandemic and the considerable drop in commodity prices, PPI growth in China was below -2 percent for 7 consecutive months and it hit a low of -3.7 percent in April 2020. Therefore, PPI movements in 2021 will mainly be affected by the "mirroring effect" of the low base (see Figure 6). On average, annual PPI growth from 2020 to 2021 will still remain within a reasonable range. Second, historically the PPI has witnessed relatively large fluctuations, and it is not rare that the PPI temporarily underwent a considerable drop or a surge within a few months. During the past 20 years, the average year-on-year PPI growth posted about 1.2 percent on a monthly basis, with the standard deviation reaching 4.2 percentage points. Large swings in the PPI are common around the globe. Third, the rise in commodity prices reflects a temporary "mismatch" between supply and demand. If the pandemic is effectively contained and capacity for production and supply in the emerging economies returns to normal, the rise in prices for the means of production is likely to slow down. In general, the PPI is likely to stabilize as the base effect subsides and global production and supply recover.*

*In terms of its impact on China's consumer price index, during recent years the transmission relationship between PPI and CPI in China has been significantly weakened and the fluctuations in international bulk*

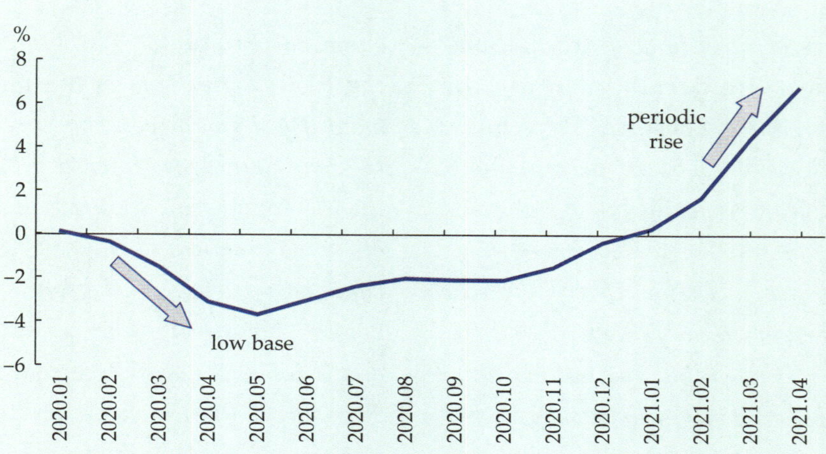


**Figure 6 Year-on-year Growth of the PPI**

*commodity prices have had a correspondingly low impact on China's trends. In addition, hog supply at home has basically stabilized and pork prices are overall tending to go down. China has witnessed consecutive bumper harvests of grain production for several years and its self-sufficiency ratio of agricultural products is fairly high. Therefore, according to preliminary estimates, CPI growth in 2021 will be moderate and will remain within a reasonable range as the overall impact of external factors will be controllable. In fact, considering that China is one of the largest economies, a rise in global commodity prices is not likely to trigger a notable imported inflation, if it does not overlap with rising domestic demand.*

*According to the comprehensive analysis, although the global commodity price hike is likely to push up China's PPI at the current stage, the risk of imported inflation is overall controllable. In response to the pandemic, China has maintained a normal monetary policy and has refrained from adopting a deluge of strong stimulus policies in 2020. Given the steady and sound economic development and the basic equilibrium in aggregate supply and demand, there are no grounds for persistent inflation or deflation. Undoubtedly, efforts should be made to closely watch the differentiated impacts of the rise of commodity prices on different sectors and businesses. Comprehensive measures should be implemented to ensure supply and to stabilize prices, to timely and effectively manage expectations, and to prevent the price fluctuations from getting out of control.*

### 4. The growth of fiscal revenue and expenditures recovered, and, on the whole, employment was stable

The growth of fiscal revenue recovered. In Q1 2021, revenue in the national general public budget increased by 24.2 percent year on year to RMB 5.7115 trillion, accelerating by 38.5 percentage points compared with Q1 2020. Central and local fiscal revenue grew by 27.2 percent and 21.7 percent year on year, respectively. Specifically, tax revenue increased by 24.8 percent year on year, with the domestic value-added tax and the domestic consumption tax growing by 23.9 percent and 18.5 percent year on year, respectively, while non-tax revenue increased by 20.7 percent year on year.

Fiscal expenditures were on the whole stable. In Q1 2021, expenditures in the national general budget saw an increase of 6.2 percent year on year to RMB 5.8703 trillion, accounting for 23.5 percent of annual expenditures in the budget. In terms of the structure of expenditures, expenditures on education and that on science and technology grew by 13.8 percent and 16.3 percent, respectively, expenditures on infrastructure slowed down, while expenditures on agriculture, forestry and water resource projects dropped by 5.5 percent, and expenditures on transportation dropped by 7.8 percent year on year.

The surveyed urban unemployment rate dropped, and the employment situation was generally stable. In Q1 2021, 2.97 million people were newly employed, up 680,000 year on year. As pandemic containment and collective recruitment in the spring were advanced in an orderly manner, the surveyed urban unemployment rate declined on both year-on-year and month-on-month basis. In March, the surveyed urban unemployment rate was 5.3 percent, down 0.2 percentage points month on month and down 0.6 percentage points year on year. Specifically, the surveyed unemployment rate of populations between the ages of 25 and 29 was 4.8 percent, 0.5 percentage point lower than the surveyed urban unemployment rate.

### 5. The balance of payments and the external debt

A basic equilibrium was maintained in the balance of payments. In Q1 2021, China's current account surplus registered USD 75.1 billion. Specifically, trade in goods recorded a surplus of USD 118.7 billion, whereas trade in services recorded a deficit of USD 22.3 billion. The capital and financial account deficit was USD 75.1 billion. At end-2020, the balance in the all-system foreign debt (denominated in both domestic and foreign currencies) posted USD 2.4008 trillion. In particular, the short-term external debt balance was USD 1.3164 trillion, accounting for 55 percent of the total external debt balance. At end-March 2021, foreign exchange reserves posted USD 3.17 trillion, down 1.5 percent, or USD 46.5 billion from end-2020.

### 6. Analysis by sector

#### 6.1 The real estate sector

In Q1 2021, housing prices remained generally stable in China. Due to the low base figure in the previous year, housing sales and investments in real estate development grew remarkably year on year. In March, among the 70 medium and large-sized cities nationwide, newly built and second-hand residential housing prices increased by 4.4 percent and 3.3 percent year on year respectively, accelerating by 0.7 percentage points and 1.2 percentage points from end-2020. In Q1, total floor area of sold units increased by 63.8 percent year on year, registering average growth of 9.9 percent

**Table 14 Floor Area of Real Estate Projects that were Newly Started, Under Construction, and Completed in Q1 2021**

| Item | Floor area (100 million square meters) | Year-on-year growth (%) | Year-on-year acceleration (percentage points) |
|---|---|---|---|
| Floor area of newly started real estate projects | 3.6 | 28.2 | 29.4 |
| Floor area of real estate projects under construction | 79.8 | 11.2 | 7.5 |
| Floor area of completed real estate projects | 1.9 | 22.9 | 27.8 |

Source: National Bureau of Statistics of China.

during the past two years. Housing sales increased by 88.5 percent year on year, registering average growth of 19.1 percent during the past two years. In Q1, investments in real estate development grew by 25.6 percent year on year, registering average growth of 7.6 percent during the past two years. Specifically, investments in residential housing development rose by 28.8 percent year on year, registering average growth of 9.3 percent during the past two years and accounting for 74.8 percent of total investments in real estate development.

Growth of real estate loans on the whole remained stable. At end-March, outstanding real estate loans by major financial institutions (including foreign-funded financial institutions) grew by 10.9 percent year on year to RMB 50.0 trillion, a deceleration of 0.6 percentage points from end-2020. Specifically, outstanding individual housing loans grew by 14.5 percent year on year to RMB 35.7 trillion, a deceleration of 0.1 percentage points from end-2020. Outstanding housing development loans grew by 5.8 percent year on year to RMB 9.5 trillion, a deceleration of 2.4 percentage points from end-2020.

### 6.2 The electricity sector was is transitioning to achieve the targets of peak carbon emissions and carbon neutrality

In 2020, having overcome the impact of the Covid-19 pandemic and the serious domestic and international situations, the electricity sector managed to provide reliable electricity guarantees for pandemic containment and resumption of work and production. Supply and demand for electricity was on the whole balanced, except for short supplies at peak times in some regions. Since the beginning of 2021, electricity production rebounded rapidly, and demand for electricity was strong, mainly due to cold spells and that people were staying put for the Spring Festival. In Q1 2021, electricity generated by power plants above a designated size grew by 19 percent year on year to 1.9051 trillion kWh, registering average growth of 5.3 percent over the past two years. Total electricity consumption grew by 21.2 percent year on year. Specifically, electricity consumed by the primary, secondary and tertiary industries grew by 26.4 percent, 24.1 percent and 28.2 percent year on year respectively, and electricity consumed by residents in urban and rural areas grew by 4.7 percent year on year.

In September 2020, President Xi Jinping delivered a speech at the general debate of the 75th Session of the United Nations General Assembly, announcing that China will scale up its Intended Nationally Determined Contributions and achieve a carbon emissions peak before 2030 and carbon neutrality before 2060. In recent years, the electricity sector has witnessed remarkable achievements in the transition to low carbon and green development. The structure for electricity generation has been continuously improved, and a relatively complete industrial system of renewable energy technologies has been put into place. To be specific, the hydropower sector boasts independent design and manufacturing capability of the largest million kW-level hydraulic turbine in the world; its technology for low-speed wind power ranks in the forefront of the world; the photovoltaic industry takes the lead in the world with its industrial competitiveness continuously on the rise. At end-2020, the installed capacity of China's renewable energy totaled 930 million kW, accounting for 42.4 percent of Gross Installed Capacity (GIC), up 14.6 percentage points from end-2012. The share of installed capacity of coal-fired power in GIC dropped to 49.1 percent, and clean power accounted for over 70 percent of newly installed capacities in 2020. Grid-connected wind and solar power generation grew rapidly by 15.1 percent and 16.6 percent year on year to 466.5 billion and 261.1 billion kWh respectively in 2020. It should also be noted that most of China's power is thermal power. Although the share of installed capacity of coal-fired power in GIC has been cut to below 50 percent, the share of coal-fired power generation in total power generation is as high as about 65 percent. Therefore, there is still a long way to go to shift the power generating structure. In the meantime, the electricity sector faces technological bottlenecks such as the power generation and conservation of renewable energies as well as the flexibility of grid system, and intermittent and fluctuating wind power and photovoltaic consumption problems are becoming more prominent.

To meet the target of achieving carbon emissions peak before 2030 and carbon neutrality before 2060, while ensuring power safety and supply, it is necessary to construct a new type of electricity system mainly composed of new energies. An institutional mechanism and policy system that are conducive to the joint development and utilization of renewable energy by the whole society should be improved. In terms of power production, China should take action to upgrade energy conservation and emission cuts of coal-fired power so as to achieve peak thermal power generation as soon as possible. Action should be taken to optimize the layout of new energy development, to encourage the local development and utilization of new energy, to gradually realize clean replacement of photovoltaic, wind power, hydropower, etc., and to gradually form a key technology system of new power systems with China's independent intellectual property rights. In terms of power transmission, China should accelerate the smart transformation of grid infrastructure and the construction of smart microgrids; build a long-term mechanism for new energy consumption, strengthen the integration of "source, grid, load and storage", and enhance the ability to address idle capacities and conservation of clean energies. At the same time, China should accelerate the construction of a unified, open, competitive and orderly power market system and a national carbon emission trading system, so as to produce effective price signals and to give full play to the decisive role of the market in the distribution of power resources.

# Part 5 Monetary Policy Outlook

## I. Outlook for the Chinese economy

Since the beginning of 2021, the Chinese economy continued recovering, reinforcing and improving steadily. In Q1, GDP saw a year-on-year growth of 18.3 percent, with the growth rate averaging 5.0 percent during the past two years. The economy is off to a good start, and new achievements have been made in high-quality development. The 14th Five-Year Plan period will be the first five years as China embarks on a new journey to build a modern socialist country in all respects. Therefore, China's development is still at an important phase of strategic opportunities, and the fundamentals of steady economic growth in the long run remain unchanged.

The growth momentum of the Chinese economy has been continuously enhanced, and there have been more positive factors in economic performance. In Q1 2021, industrial production steadily picked up, and exports driven by rising external demand maintained fairly fast growth. Investment and consumption sustained the trend of a steady recovery, employment and the people's well-being were secured, and market expectations were generally stable. The quality and efficiency of the financial sector in serving the real economy improved continuously, and the pace of credit supply by financial institutions was appropriate. The macro leverage ratio in Q1 was 276.8 percent, decreasing further by 2.6 percentage points after a drop of 1.6 percentage points in Q4 2020. As a result, the potential momentum to serve high-quality development has been strengthened. Overall financial risks have tended to moderate, and the bottom line that no systemic risk should occur has been firmly defended. The RMB exchange rate has been kept basically stable at an adaptive and equilibrium level, and foreign exchange reserves have remained above USD 3 trillion. The economy has strengthened its capacity to address external shocks.

It should also be noted that as the external environment is still complex and serious, the Chinese economic recovery is imbalanced and its foundation is not solid; social and economic development still faces numerous risks and challenges. The COVID-19 pandemic is still raging around the globe with many regions witnessing a resurgence of infections recently. The global economic recovery is imbalanced and unstable, which has become increasingly apparent, and the spillover effect of the overseas accommodative monetary policies continues to be seen. Meanwhile, the rising inflation expectations in the major economies and the increasing yields of their government bonds have caused some emerging economies to face mounting pressures of currency depreciation and capital outflow as well as rising risks in debt repayments and refinancing. Domestically, the foundation for economic recovery is not yet solid as resident consumption is still constrained, investment growth lacks momentum, micro-, small- and medium-sized enterprises (MSMEs) and self-employed businesses are facing many difficulties, and pressures remain concerning employment. As the contradiction between fiscal revenue and fiscal expenditures is prominent in some regions, there are still potential risks with respect to regional finance. In addition, we must not overlook medium- and long-term challenges, such as an insufficient capacity for technological innovations, the extremely urgent task of green transformation and the accelerating aging of the population. Therefore, it is necessary to enhance awareness of both opportunities and risks. The PBC will focus on fulfilling its responsibilities by properly handling the relationship between reforms and macro management, short-term and long-term considerations, as well as internal and external equilibria in a bid to achieve high-quality development.

Consumer prices overall are stable, and there are no grounds for persistent inflation or deflation. In Q1 2021, the COVID-19 resurgence in some regions during the winter and the spring to some extent affected the recovery of consumption in the service industry. Adding the disruption of short-term factors such as the high base and the late arrival of the Spring Festival, CPI growth remained around zero and turned from negative to positive in March, posting 0.4 percent and 0.9 percent in March and in April, respectively. In the future, the CPI will move stably and stay within a reasonable range. Meanwhile, the steady recovery of domestic demand and the price hikes in commodities such as crude oil have led to rising prices of industrial products and an acceleration of year-on-year PPI growth. Adding the low-base effect, the PPI will witness a rise in 2021. When the base effect subsides and supply gradually recovers, the PPI is likely to stabilize. In the medium- and long- term, the Chinese economy is expected to witness stable growth. Given that aggregate supply and demand are basically in equilibrium, the monetary policy remains sound, and monetary conditions are reasonable and appropriate, there are no grounds for persistent inflation or deflation.

## II. Outlook for monetary policy in the next stage

In the next stage, continuing to follow the guidance of Xi Jinping Thought on Socialism with Chinese Characteristics for a New Era, the PBC will implement the guidelines of the Fifth Plenary Session of the 19th CPC Central Committee and the Central Economic Work Conference, and will put into practice the requirements set forth in the *Report on the Work of the Government*. In line with the decisions and arrangements of the CPC Central Committee and the State Council, it will adhere to the general principle of pursuing progress while ensuring stability view things from the perspective of the new development stage, apply the new development philosophy, and foster a new development paradigm. Giving top priority to ensuring stability, the PBC will focus on what is important, defend the bottom line, and live up to its responsibilities.

Meanwhile, it will attach importance to cross-cycle policy design by taking into account both immediate and long-term concerns, maintaining the continuity, stability and sustainability of macro policies, and keeping up the necessary intensity of support for the economy. Moreover, the PBC will stabilize expectations, implement macro policies in a targeted manner, and consolidate and further the success achieved in pandemic control as well as in economic and social development so as to keep the economic indicators within a reasonable range and achieve a higher level of equilibrium in the course of recovery. With these efforts, the PBC will celebrate the centenary of the CPC with outstanding achievements.

The sound monetary policy will be flexible targeted, reasonable and appropriate. It will place even higher priority on serving the real economy, cherish the space for the conduct of a normal monetary policy, and properly handle the relationship between economic recovery and risk prevention. At the same time, the PBC will build a modern central banking system while improving the modern monetary policy framework and the mechanism for money supply management. It will keep liquidity adequate at a reasonable level so that the growth rates of money supply and aggregate financing to the real economy (AFRE) will be basically in line with nominal economic growth, and the macro leverage ratio will be kept basically stable. Work will be done to further bring into play the guiding role of central bank lending, central bank discounts as well as the monetary policy tools providing direct support for the real economy, to build the systems and mechanisms needed to provide effective financial support for the real economy, and to intensify support for the real economy, key fields and weak links. The PBC will enhance the market-oriented interest rate formation and transmission mechanism, improve the central bank policy rate system, optimize regulation over deposit rates, and continue to unleash the potential of reform in lowering loan rates so as to further bring down loan rates in real terms. While giving play to the decisive role of market supply and demand in the formation of exchange rates and enhancing the flexibility of the RMB exchange rate, it will strengthen macro-prudential management, stabilize market expectations, and guide enterprises and financial institutions to always be risk-neutral, thereby keeping the RMB exchange rate basically stable at an adaptive and equilibrium level and consolidating the basis of the RMB's international credit. More efforts will be put into monitoring and analysis as well as expectation management to keep prices basically stable. With the aim of firmly defending the bottom line that no systemic risk should occur, the PBC will improve the systems of financial risk prevention, early warning, resolution, and accountability, and will set up a long-term mechanism for forestalling and defusing financial risks so as to safeguard and build financial security. Moreover, further steps will be taken to hold all relevant parties accountable and to replenish the capital of small- and medium-sized banks based on their conditions.

First, the PBC will maintain a reasonable

growth in money and credit as well as in AFRE. It will improve the mechanism for money supply management, attach importance to cross-cycle policy design, and properly control the general valve of money supply so that the growth rates of money supply and AFRE will be basically in line with nominal economic growth, and the macro leverage ratio will be kept basically stable. Closely watching the developments of economic and financial situations at home and abroad, it will enhance monitoring and analysis of liquidity supply and demand and financial markets. It will also employ a mix of monetary policy tools, such as the Medium-term Lending Facility, open market operations, central bank lending and central bank discounts, to keep liquidity adequate at a reasonable level and to guide market rates to move around policy rates. Moreover, the PBC will improve the mechanism for sustainable replenishment of bank capital and will step up support for small- and medium-sized banks in their issuances of capital replenishment instruments, such as perpetual bonds, so that banks will be better able to serve the real economy and to forestall and defuse financial risks. Measures will be taken to improve macroeconomic governance, to optimize monetary policy objectives as well as fiscal, employment, industry, investment, consumption, environmental protection, regional and other policy objectives, and to promote a reasonable division of duties and an efficient synergy.

Second, the PBC will promote effective policy implementation to bring into play the guiding role of central bank lending, central bank discounts, and the monetary policy tools providing direct support for the real economy. It will keep central bank lending and central bank discount policies stable, and it will continue to provide inclusive and sustainable funding support for agro-related businesses, micro and small businesses (MSBs), and private enterprises. It will keep up the intensity of financial support for MSBs and further ramp up support for self-employed traders. The structural monetary policy tools providing direct support for the real economy will be used to play an effective role in targeted liquidity provision, and two monetary policy instruments directly supporting the real economy will remain in place for another extended period until the end of 2021. Research is being done on the launch of a central bank support instrument for carbon emissions reduction to support eligible financial institutions providing funding at preferential interest rates to projects that will significantly reduce carbon emissions. The PBC will support green and low-carbon development in line with market-oriented principles to help reach the aims of peaking carbon emissions and achieving carbon neutrality.

Third, the PBC will build the systems and mechanisms needed to provide effective financial support for the real economy. It will improve the system for providing financial support for innovation and will develop fund chains for innovation chains and industrial chains. It will improve the regional financial policy system, boost financial support for major national strategies on regional development, balance regional financial support, and promote coordinated development across regions. Financial support policies will remain generally stable to consolidate and further the achievements of poverty eradication. Moreover, work will be done to step up financial support for the modernization of agriculture and rural areas, to vigorously promote unsecured micro loans for farmers, and to intensify financial support for key fields, such as food security, development of the seed industry, and development of high-quality farmland. The PBC will push further ahead with efforts to enhance the ability of commercial banks to provide financial services and will support them to increase credit supply for the agricultural sector, rural areas, farmers, MSBs, and the manufacturing sector. Firmly adhering to the principle that housing is for living in, not for speculation, and that the real estate market shall not be used to provide a short-term stimulus to the economy, the PBC will remain committed to stabilizing land prices, housing prices, and expectations, and it will maintain the continuity, consistency and stability of real estate finance policies. It will also implement rules for prudential management of real estate finance and step up financial support for the rental of housing.

Fourth, the PBC will deepen the market-oriented interest rate and exchange rate reforms to smooth the channels of monetary policy transmission. It will enhance the market-oriented interest rate formation and transmission mechanism by improving the central bank policy rate system and continuing to deepen the loan prime rate (LPR) reform. In the meantime, it will unleash the potential of reform in lowering loan rates, optimize regulation over deposit rates, further bring down loan rates in real terms, and continue guiding the financial system to make interest concessions to the real economy. Taking steady steps to deepen the market-oriented exchange rate reform, the PBC will improve the managed floating exchange rate regime based on market supply and demand with reference to a basket of currencies, enhance the flexibility of the RMB exchange rate, and bring into play the role of the exchange rate in macroeconomic management and as an automatic stabilizer for the balance of payments. It will guide social expectations and keep the RMB exchange rate basically stable at an adaptive and equilibrium level. Work will be done to accelerate development of the foreign exchange market, to guide enterprises and financial institutions to always be risk-neutral, and to provide services of exchange rate risk management for import and export companies with authentic needs. The PBC will steadily advance convertibility of the RMB under the capital account, improve the policy framework and the infrastructure for cross-border use of the RMB, and facilitate use of the RMB in cross-border trade and investment.

Fifth, the PBC will strengthen fundamental institution building in the financial market to serve the real economy and to guard against market risks. Institution building will be strengthened in the bond market to enhance its abilities to serve the real economy. The PBC will see that intermediary institutions fulfil their responsibilities, and it will push for the implementation of the requirements for information disclosures regarding corporate credit bonds and improve the regulations on credit ratings. The mechanism for risk prevention and resolution of bond defaults will be improved in line with market-oriented and law-based principles, while measures will be taken to crack down on debt evasion. Moreover, the PBC will improve the institutional arrangements of relevant policies to steadily open up the bond market. Continued efforts will be made to enhance fundamental institution building in the capital market so as to better protect the interests of investors and promote the stable and healthy development of the capital market.

Sixth, the PBC will push further ahead with the reform of financial institutions and will continue to improve corporate governance and optimize financial supply. Focusing on strengthening corporate governance, more work will be done to deepen the reform of large commercial banks and to establish a modern financial enterprise system with Chinese characteristics. Large banks will be guided to shift the focus of their services to the primary level and increase efficiency so as to provide better services for MSBs and private enterprises. Through improvements in monetary, regulatory and tax rules, small- and medium-sized banks and rural credit cooperatives will be encouraged to focus on their main duties and businesses and to reassume their roles in serving local needs and their original purposes, while an effective mechanism for checks and balances in governance will be established. Measures will be taken to reform and optimize development finance and policy finance, to stress their respective positioning, and to carry out category-based management of separate accounts so that they will be better able to serve national strategies and planning and to provide financial support for key fields, weak links as well as critical stages in economic and social development.

Seventh, the PBC will improve the systems of financial risk prevention, early warning, resolution, and accountability, and build a long-term mechanism to forestall and defuse financial risks. It will make every effort to defuse existing risks and to contain any possible resurgence of risks. In the meantime, it will further define the respective responsibilities of all concerned parties to see that they truly perform their duties and work together to resolve risks. Efforts will be intensified to write off non-performing assets in the banking system, while the capital of small- and medium-sized banks will be replenished based on their conditions. The PBC will act quickly to shore up the weaknesses in the regulatory framework, accelerate its work to improve the modern financial regulatory system, and strengthen regulatory coordination. It will also improve the mechanism for financial risk accountability and establish a mechanism for fiscal and financial risk resolution led by major local officials so as to hold to account those responsible for major financial risks and effectively prevent moral hazards. While the role of the deposit insurance system will be effectively brought into play, attention will be focused on early rectification. More work needs to be done to improve the mechanism for professional and market-oriented risk resolution under the deposit insurance system. The PBC will work towards financial risk prevention that is more forward-looking, broad-sighted and preemptive so as to firmly defend the bottom line that no systemic risk should occur.

# 附录一　2021年第一季度中国货币政策大事记

1月4日，中国人民银行会同发展改革委、商务部、国资委、银保监会、外汇局联合发布《关于进一步优化跨境人民币政策　支持稳外贸稳外资的通知》（银发〔2020〕330号），进一步完善人民币跨境投融资、交易结算等基础性制度。

1月5日，中国人民银行、外汇局发布《关于调整境内企业境外放款宏观审慎调节系数的通知》（银发〔2021〕2号），将境内企业境外放款的宏观审慎调节系数由0.3调至0.5。

1月6日，中国人民银行与卡塔尔央行续签规模为350亿元人民币/208亿里亚尔的双边本币互换协议。

1月7日，中国人民银行与加拿大央行续签规模为2 000亿元人民币/300亿加元的双边本币互换协议。

1月15日，中国人民银行开展了中期借贷便利（MLF）操作，操作金额为5 000亿元，利率为2.95%。

1月20日，中国人民银行授权全国银行间同业拆借中心公布贷款市场报价利率（LPR），1年期LPR为3.85%，5年期以上LPR为4.65%。

1月29日，中国人民银行面向公开市场业务一级交易商开展了2021年第一期央行票据互换（CBS）操作，费率为0.10%，中标量为50亿元，期限3个月。

2月2日，中国人民银行向全国人大财经委员会汇报2020年货币政策执行情况。

2月8日，发布《2020年第四季度中国货币政策执行报告》。

2月18日，中国人民银行开展了中期借贷便利（MLF）操作，操作金额为2 000亿元，利率为2.95%。

2月19日，中国人民银行在香港成功发行250亿元人民币央行票据，其中3个月期央行票据100亿元，1年期央行票据150亿元，中标利率分别为2.70%和2.74%。

2月20日，中国人民银行授权全国银行间同业拆借中心公布贷款市场报价利率（LPR），1年期LPR为3.85%，5年期以上LPR为4.65%。

2月25日，中国人民银行面向公开市场业务一级交易商开展了2021年第二期央行票据互换（CBS）操作，费率为0.10%，中标量为50亿元，期限3个月。

3月15日，中国人民银行开展了中期借贷便利（MLF）操作，操作金额为1 000亿元，利率为2.95%。

3月19日，中国人民银行与斯里兰卡央行续签规模为100亿元人民币/3 000亿斯里兰卡卢比的双边本币互换协议。

3月22日，中国人民银行授权全国银行间同业拆借中心公布贷款市场报价利率（LPR），1年期LPR为3.85%，5年期以上LPR为4.65%。

3月22日，中国人民银行召开全国主要银行信贷结构优化调整座谈会。

3月24日，中国人民银行货币政策委员会召开2021年第一季度例会。

3月25日，中国人民银行在香港成功发行

50亿元人民币央行票据，期限为6个月，中标利率为2.60%。

**3月26日，**中国人民银行面向公开市场业务一级交易商开展了2021年第三期央行票据互换（CBS）操作，费率为0.10%，中标量为50亿元，期限3个月。

**3月30日，**中国人民银行会同银保监会、财政部、发展改革委、工业和信息化部印发《关于进一步延长普惠小微企业贷款延期还本付息政策和信用贷款支持政策实施期限有关事宜的通知》（银发〔2021〕81号），将普惠小微企业贷款延期还本付息政策和普惠小微企业信用贷款支持政策的实施期限进一步延长至2021年底。

**3月31日，**中国人民银行发布《金融控股公司董事、监事、高级管理人员任职备案管理暂行规定》（中国人民银行令〔2021〕第2号）。

**3月31日，**中国人民银行发布公告〔2021〕第3号，明确所有贷款产品均应明示贷款年化利率。

# Appendix 1 Highlights of Monetay Policies in Q1 2021

**On January 4,** the People's Bank of China (PBC), together with the National Development and Reform Commission (NDRC), the Ministry of Commerce (MOC), the State-owned Assets Supervision and Administration Commission (SASAC), the China Banking and Insurance Regulatory Commission (CBIRC), and the State Administration of Foreign Exchange (SAFE) issued the *Notice on Further Optimizing Cross-Border RMB Policies to Stabilize Foreign Trade and Foreign Investment* (Yinfa No. 330 [2020]) to further improve the institutional arrangements for cross-border RMB investment, financing, transactions and settlement.

**On January 5,** the PBC and the SAFE issued the *Notice on Adjusting the Macro-prudential Adjustment Coefficient for Domestic Companies Making Overseas Loans* (Yinfa No. 2 [2021]), raising the macro-prudential adjustment coefficient for domestic companies making overseas loans from 0.3 to 0.5.

**On January 6,** the PBC and the Qatar Central Bank (QCB) renewed a bilateral local currency swap agreement with a size of RMB 35 billion, or QAR 20.8 billion.

**On January 7,** the PBC renewed a bilateral local currency swap agreement with the Bank of Canada (BOC). The size of the swap facility was RMB 200 billion, or CAD30 billion.

**On January 15,** the PBC conducted MLF operations in the amount of RMB 500 billion, with an interest rate of 2.95 percent.

**On January 20,** with the authorization of the PBC, the National Interbank Funding Center (NIFC) announced the Loan Prime Rate (LPR) as follows: the 1-year and the above-5-year LPR would be 3.85 percent and 4.65 percent, respectively.

**On January 29,** the PBC conducted the first Central Bank Bills Swap (CBS) operation in 2021. Open to primary dealers of open market operations, the operation registered RMB 5 billion, with a term of 3 months and at a rate of 0.10 percent.

**On February 2,** the PBC reported to the Financial and Economic Affairs Committee of the National People's Congress (NPC) on monetary policy implementation in 2020.

**On February 8,** the PBC released the *China Monetary Policy Report (Q4 2020).*

**On February 18,** the PBC conducted MLF operations in the amount of RMB 200 billion, with an interest rate of 2.95 percent.

**On February 19,** the PBC issued RMB 25 billion of RMB-denominated central bank bills in Hong Kong, including RMB 10 billion of 3-month bills and RMB 15 billion of 1-year bills, at a rate of 2.70 percent and 2.74 percent, respectively.

**On February 20,** with the authorization of the PBC, the NIFC announced the LPR as follows: the 1-year and the above-5-year LPR would be 3.85 percent and 4.65 percent, respectively.

**On February 25,** the PBC conducted the second CBS operation in 2021. Open to primary dealers of open market operations, the operation registered RMB 5 billion, with a term of 3 months and at a rate of 0.10 percent.

**On March 15,** the PBC conducted MLF operations in the amount of RMB 100 billion, with an interest rate of 2.95 percent.

**On March 19,** the PBC and the Central Bank of Sri Lanka (CBSL) renewed a bilateral local currency swap agreement with a size of RMB 10 billion, or LKR 300 billion.

**On March 22,** with the authorization of the PBC, the NIFC announced the LPR as follows: the 1-year and the above-5-year LPR would be 3.85 percent and 4.65 percent, respectively.

**On March 22,** the PBC held a symposium on optimizing and adjusting the credit structure for major Chinese banks.

**On March 24,** the PBC Monetary Policy Committee held its first quarterly meeting in 2021.

**On March 25,** the PBC issued RMB 5 billion of RMB-denominated central bank bills in Hong Kong, with a term of 6 months and at a rate of 2.60 percent.

**On March 26,** the PBC conducted the third CBS operation in 2021. Open to primary dealers of open market operations, the operation registered RMB 5 billion, with a term of 3 months and at a rate of 0.10 percent.

**On March 30,** the PBC, together with the CBIRC, the MOF, the NDRC, and the Ministry of Industry and Information Technology (MIIT), issued the *Notice on Further Extending the Policies of Provisional Deferred Repayments of Loan Principals and Interest and Stepping up Support for Unsecured Loans for Inclusive Micro and Small Businesses* (Yinfa No. 81 [2021]), extending the implementation period of the supporting policies to the end of 2021.

**On March 31,** the PBC released the *Interim Regulations on Filing-based Management of Directors, Supervisors, and Senior Executives of Financing Holding Companies* (Order No. 2 [2021]).

**On March 31,** the PBC released the Announcement No. 3[2021], stipulating that all loan products should indicate the annualized interest rates.

# 附录二 2021年第一季度主要经济体中央银行货币政策

## 一、美联储

美联储维持宽松货币政策立场不变。2021年1月26日至27日和3月16日至17日，联邦公开市场委员会（FOMC）两次议息会议均决定维持联邦基金利率目标区间在0～0.25%不变，并将继续每月至少购买800亿美元国债和400亿美元机构抵押支持证券（MBS），以维持市场正常运转并创造宽松的金融环境，并将动用各种工具支持美国经济，从而促进最大就业水平和物价稳定目标的实现。4月7日，美联储公布的议息会议纪要称，理事们认为，对于促进经济复苏和实现平均2%的长期通胀目标而言，目前货币政策立场仍然合适。3月8日，美联储宣布将薪资保护计划流动性便利工具（PPPLF）到期日由3月31日延长至6月30日，旨在为小企业提供持续的信贷支持。

## 二、欧洲中央银行

欧洲中央银行（以下简称欧央行）维持主要政策利率不变，将加快购债速度。2021年1月21日与3月11日例会决定：一是维持1.85万亿欧元的紧急资产购买计划（PEPP）不变，净购买至少至2022年3月底，到期本金全额再投资将至少持续至2023年底。基于对融资环境与通胀前景的综合评估，欧央行理事会预计第二季度PEPP项目下购债速度将明显加快。二是资产购买计划（APP）保持每月200亿欧元净购买的速度不变，并将到期本金进行全额再投资，预计净购买将在欧央行首次加息前才会结束。三是主要再融资操作利率、边际贷款便利利率、存款便利利率将分别维持在0、0.25%和-0.50%不变。四是继续通过第三轮长期定向再融资操作（TLTRO Ⅲ）等工具提供充足的流动性，支持银行向企业和居民放贷。

## 三、日本央行

日本央行维持宽松货币政策，但略有微调。2021年3月18日，日本央行举行议息会议，作出以下决定。一是将短、长期政策利率分别维持在-0.1%和0不变，明确10年期国债收益率波动幅度在正负0.25%之间。二是取消交易所交易基金（ETF）和房地产投资信托基金（J-REITs）每年分别购买6万亿日元和900亿日元的基本目标，但维持各自12万亿日元和1 800亿日元的购买上限不变。继续开展无限额购买国债操作，商业票据和公司债持有总额上限维持在20万亿日元不变。三是继续无限量提供本外币流动性，确保企业资金周转和金融市场稳定。

## 四、英格兰银行

英格兰银行维持货币政策态势不变。2021年2月3日和3月17日，英格兰银行两次例会声明均表示当前货币政策适度，决定维持基准利率在0.1%不变，并保持资产购买规模8 950亿英镑不变，其中购买国债和投资级非金融企业债分别为8 750亿英镑和200亿英镑。

# Appendix 2 Monetary Policies of Major Economies in Q1 2021

## I. The US Federal Reserve

The US Fed maintained an accommodative stance of monetary policy. At its meetings held on January 26-27 and March 16–17, 2021, the Federal Open Market Committee (FOMC) decided to keep the target range for the federal funds rate at 0 to 0.25 percent and continue to increase its holdings of Treasury securities by at least USD 80 billion per month and of agency mortgage-backed securities (MBS) by at least USD 40 billion per month. These asset purchases helped foster smooth market functioning and accommodative financial condition. The Fed was committed to using its full range of tools to support the US economy, thereby promoting its maximum employment and price stability goals. In FOMC minutes released on April 7, members affirmed that the current policy stance remained appropriate to achieve economic recovery and inflation at the rate of 2 percent over the longer run. The Federal Reserve Board on March 8 announced it would extend its Paycheck Protection Program Liquidity Facility (PPPLF) by three months to June 30, 2021. The extension would provide continued support for the flow of credit to small businesses.

## II. European Central Bank

The European Central Bank (ECB) kept main policy rates unchanged and expedited asset purchases. At the meetings on January 21 and March 11, 2021, the Governing Council took the following decisions: First, the Governing Council would continue to conduct net asset purchases under the pandemic emergency purchase programme (PEPP) with a total envelope of EUR 1,850 billion until at least the end of March 2022. The principal payments from maturing securities purchased under the PEPP would be reinvested until at least the end of 2023. Based on a joint assessment of financing conditions and the inflation outlook, the Governing Council expected purchases under the PEPP over the next quarter to be conducted at a significantly higher pace than during the first months of this year. Second, net purchases under the asset purchase programme (APP) would continue at a monthly pace of EUR 20 billion. The Governing Council also intended to continue reinvesting, in full, the principal payments from maturing securities purchased under the APP for an extended period of time past the date when it started raising the key ECB interest rates. Third, the interest rate on the main refinancing operations and the interest rates on the marginal lending facility and the deposit facility would remain unchanged at 0.00 percent, 0.25 percent and −0.50 percent respectively. Fourth, the Governing Council would continue to provide ample liquidity through the third series of targeted longer-term refinancing operations (TLTRO Ⅲ), supporting bank lending to firms and households.

## III. Bank of Japan

The Bank of Japan continued with the policy

framework of monetary easing and made a few adjustments. At the meeting held on March 18, 2021, the Bank of Japan took the following decisions: First, the Bank of Japan would keep the short-term and long-term policy interest rates at −0.1 percent and 0 percent respectively, and clarified that the 10-year Japanese government bond (JGB) yield fluctuations may move around ±0.25 percent. Second, the Bank of Japan dropped the annual target of exchange-traded fund (ETF) purchases at JPY 6 trillion and Japan real estate investment trust (J-REIT) purchases at JPY 90 billion while keeping the upper limits of JPY 12 trillion and JPY 180 billion, respectively, at annual paces. In addition, the Bank of Japan would continue to purchase a necessary amount of JGBs without setting an upper limit, commercial papers and corporate bonds with an upper limit of JPY 20 trillion in total. Third, the Bank would continue to provide ample liquidity in yen and foreign currencies without limits to support capital turnover of enterprises and secure the stability of financial markets.

## IV. Bank of England

The Bank of England maintained its monetary policy stance. At its meetings ending on February 3 and March 17, 2021, the Committee judged that the existing stance of monetary policy remained appropriate. Accordingly, it decided to maintain Bank Rate at 0.1 percent, and to maintain the stock of non-financial investment-grade corporate bond purchases at GBP 20 billion and the target for the stock of government bond purchases at GBP 875 billion and so the total target stock of asset purchases at GBP 895 billion.

# 附录三 中国主要经济和金融指标

# Appendix 3 China's Major Economic and Financial Indicators

## 一、经济发展与就业（Economic development and employment）

### 1.1 概览（Overview）

1978年以来中国经济增长与宏观经济政策

China's economic growth and macroeconomic policies since 1978

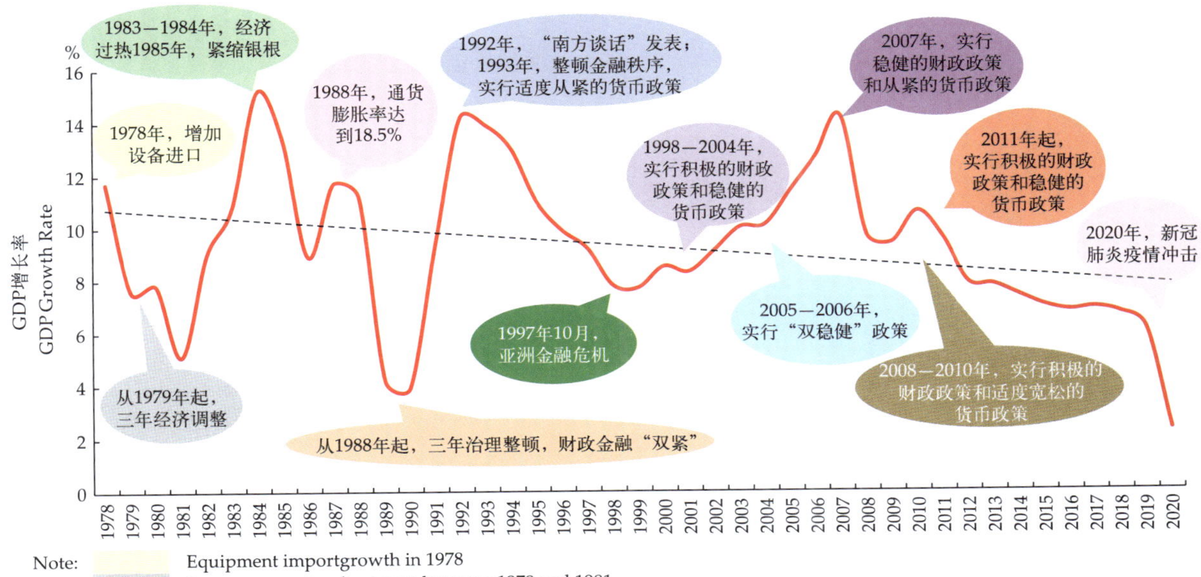


Note:
- Equipment importgrowth in 1978
- 3-year economic adjustment between 1979 and 1981
- Over-heated economy between 1983 and 1984, tight monetary policy in 1985
- Inflation of 18.5% in 1988
- 3-year rectification from 1988 to 1991, “double tightening” of fiscal and monetary policy
- Deng Xiaoping's remarks on economic reform during his 1992 trip to South China, rectification of financial order and adoption of appropriately tight monetary policy in 1993
- Asian financial crisis in October 1997
- Proactive fiscal policy and sound monetary policy from 1998 to 2004
- “Double sound” fiscal and monetary policy in 2005 and 2006
- Sound fiscal policy and tight monetary policy in 2007
- Proactive financial policy and moderately loose monetary policy in 2008 to 2010
- Proactive financial policy and sound monetary policy since 2011
- COVID-19 pandemic shockin 2020

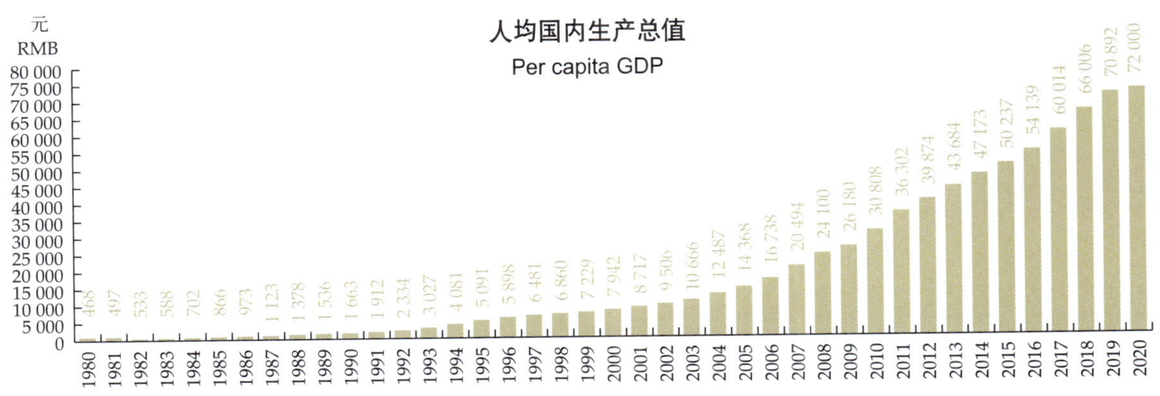


注：图中数据根据国家统计局最新数据修订。

Note: Data are revised by National Bureau of Statistics of China.

## 1.2 国民经济核算（GDP）

### 1978年以来我国GDP及其增长率
GDP and its annual growth rate since 1978

| 年<br>Year | GDP（万亿元）<br>GDP (RMB 1 trillion) | GDP 增长率 (%)<br>GDP growth rate (%) |
|---|---|---|
| 1978 | 0.4 | 11.7 |
| 1979 | 0.4 | 7.6 |
| 1980 | 0.5 | 7.8 |
| 1981 | 0.5 | 5.1 |
| 1982 | 0.5 | 9.0 |
| 1983 | 0.6 | 10.8 |
| 1984 | 0.7 | 15.2 |
| 1985 | 0.9 | 13.4 |
| 1986 | 1.0 | 8.9 |
| 1987 | 1.2 | 11.7 |
| 1988 | 1.5 | 11.2 |
| 1989 | 1.7 | 4.2 |
| 1990 | 1.9 | 3.9 |
| 1991 | 2.2 | 9.3 |
| 1992 | 2.7 | 14.2 |
| 1993 | 3.6 | 13.9 |
| 1994 | 4.9 | 13.0 |
| 1995 | 6.1 | 11.0 |
| 1996 | 7.2 | 9.9 |
| 1997 | 8.0 | 9.2 |
| 1998 | 8.5 | 7.8 |
| 1999 | 9.1 | 7.7 |
| 2000 | 10.0 | 8.5 |
| 2001 | 11.1 | 8.3 |
| 2002 | 12.2 | 9.1 |
| 2003 | 13.7 | 10.0 |
| 2004 | 16.2 | 10.1 |
| 2005 | 18.7 | 11.4 |
| 2006 | 21.9 | 12.7 |
| 2007 | 27.0 | 14.2 |
| 2008 | 31.9 | 9.7 |
| 2009 | 34.9 | 9.4 |
| 2010 | 41.2 | 10.6 |
| 2011 | 48.8 | 9.6 |
| 2012 | 53.9 | 7.9 |
| 2013 | 59.3 | 7.8 |
| 2014 | 64.4 | 7.4 |
| 2015 | 68.9 | 7.0 |
| 2016 | 74.6 | 6.8 |
| 2017 | 83.2 | 6.9 |
| 2018 | 91.9 | 6.7 |
| 2019 | 98.7 | 6.0 |
| 2020 | 101.6 | 2.3 |

### GDP及其增长率
GDP and its annual growth rate

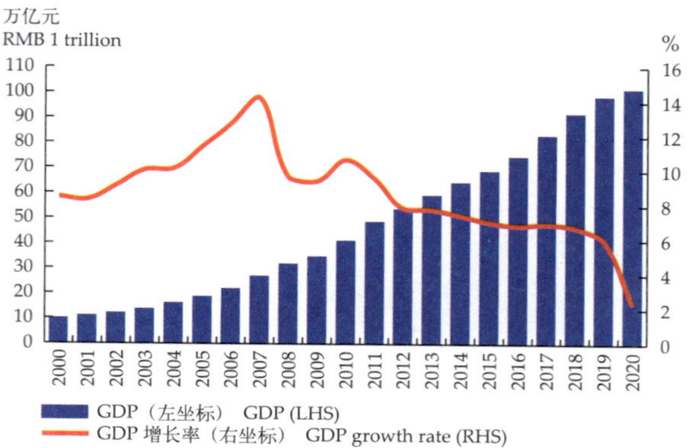


### 生产法现价GDP与支出法现价GDP及其增长率比较
Comparison between production-based GDP and expenditure-based GDP at current price

| 年<br>Year | (1) 生产法现价 GDP<br>Production-based GDP | | (2) 支出法现价 GDP<br>Expenditure-based GDP | | (1) − (2) | |
|---|---|---|---|---|---|---|
| | 绝对量(亿元)<br>Absolute value (RMB 100 million) | 现价增速 (%)<br>Growth rate at current price (%) | 绝对量(亿元)<br>Absolute value (RMB 100 million) | 现价增速 (%)<br>Growth rate at current price (%) | 绝对量（亿元）<br>Absolute value (RMB 100 million) | 现价增速 (%)<br>Growth rate at current price (%) |
| 1991 | 22 006 | 16.6 | 21 997 | 16.0 | 8 | 0.60 |
| 1992 | 27 195 | 23.6 | 27 140 | 23.4 | 54 | 0.20 |
| 1993 | 35 673 | 31.2 | 35 576 | 31.1 | 97 | 0.10 |
| 1994 | 48 637 | 36.3 | 48 410 | 36.1 | 227 | 0.27 |
| 1995 | 61 340 | 26.1 | 61 050 | 26.1 | 290 | 0.01 |
| 1996 | 71 814 | 17.1 | 71 541 | 17.2 | 272 | −0.11 |
| 1997 | 79 715 | 11.0 | 79 416 | 11.0 | 299 | 0.00 |
| 1998 | 85 196 | 6.9 | 84 791 | 6.8 | 405 | 0.11 |
| 1999 | 90 564 | 6.3 | 90 095 | 6.3 | 469 | 0.05 |
| 2000 | 100 280 | 10.7 | 99 799 | 10.8 | 481 | −0.04 |
| 2001 | 110 863 | 10.6 | 110 388 | 10.6 | 475 | −0.06 |
| 2002 | 121 717 | 9.8 | 121 327 | 9.9 | 391 | −0.12 |
| 2003 | 137 422 | 12.9 | 137 147 | 13.0 | 275 | −0.14 |
| 2004 | 161 840 | 17.8 | 161 356 | 17.7 | 485 | 0.12 |
| 2005 | 187 319 | 15.7 | 187 658 | 16.3 | −339 | −0.56 |
| 2006 | 219 438 | 17.1 | 219 598 | 17.0 | −159 | 0.13 |
| 2007 | 270 092 | 23.1 | 270 499 | 23.2 | −407 | −0.10 |
| 2008 | 319 245 | 18.2 | 318 068 | 17.6 | 1 177 | 0.61 |
| 2009 | 348 518 | 9.2 | 347 650 | 9.3 | 867 | −0.13 |
| 2010 | 412 119 | 18.2 | 408 505 | 17.5 | 3 614 | 0.74 |
| 2011 | 487 940 | 18.4 | 484 109 | 18.5 | 3 831 | −0.11 |
| 2012 | 538 580 | 10.4 | 539 040 | 11.3 | −460 | −0.97 |
| 2013 | 592 963 | 10.1 | 596 344 | 10.6 | −3 381 | −0.53 |
| 2014 | 643 563 | 8.5 | 646 548 | 8.4 | −2 985 | 0.11 |
| 2015 | 688 858 | 7.0 | 692 094 | 7.0 | −3 235 | −0.01 |
| 2016 | 746 395 | 8.4 | 745 981 | 7.8 | 415 | 0.57 |
| 2017 | 832 036 | 11.5 | 828 983 | 11.1 | 3 053 | 0.35 |
| 2018 | 919 281 | 10.5 | 915 774 | 10.5 | 3 507 | 0.02 |
| 2019 | 986 515 | 7.3 | 994 927 | 8.6 | −8 412 | −1.33 |
| 2020 | 1 015 986 | 3.0 | 1 025 917 | 3.1 | −9 930 | −0.13 |

注：表中数据根据国家统计局最新数据修订。
Note: Data are revised by National Bureau of Statistics of China.

## 1.2.1　按生产法计算的国内生产总值 (Production-based GDP)

### 按生产法计算的国内生产总值
Production-based gross domestic product

| 年 / 季度 Year/ Quarter | | 国内生产总值 GDP | | 第一产业 Primary industry | | 第二产业 Secondary industry | | 第三产业 Tertiary industry | |
|---|---|---|---|---|---|---|---|---|---|
| | | 绝对值（亿元）Absolute value (RMB 100 million) | 增长（%）Growth (%) | 比重（%）Share (%) | 增长（%）Growth (%) | 比重（%）Share (%) | 增长（%）Growth (%) | 比重（%）Share (%) | 增长（%）Growth (%) |
| 2014 | I | 140 760 | 7.5 | 5.3 | 3.2 | 42.1 | 7.3 | 52.6 | 8.1 |
| | I-II | 297 250 | 7.6 | 6.5 | 3.7 | 43.3 | 7.5 | 50.2 | 8.2 |
| | I-III | 462 734 | 7.5 | 8.0 | 4.1 | 43.1 | 7.3 | 48.9 | 8.1 |
| | I-IV | 643 563 | 7.4 | 9.1 | 4.1 | 43.1 | 7.2 | 47.8 | 8.3 |
| 2015 | I | 151 138 | 7.1 | 5.2 | 3.1 | 40.3 | 6.2 | 54.5 | 8.4 |
| | I-II | 319 688 | 7.1 | 6.4 | 3.4 | 41.3 | 6.0 | 52.3 | 8.7 |
| | I-III | 496 285 | 7.1 | 7.8 | 3.8 | 41.0 | 5.9 | 51.2 | 8.8 |
| | I-IV | 688 858 | 7.0 | 8.9 | 3.9 | 40.9 | 5.9 | 50.2 | 8.8 |
| 2016 | I | 162 410 | 6.9 | 5.5 | 2.9 | 37.9 | 5.8 | 56.6 | 8.0 |
| | I-II | 343 818 | 6.9 | 6.5 | 3.0 | 39.4 | 6.0 | 54.1 | 7.9 |
| | I-III | 534 829 | 6.8 | 7.7 | 3.5 | 39.5 | 6.0 | 52.8 | 8.0 |
| | I-IV | 746 395 | 6.8 | 8.6 | 3.3 | 39.8 | 6.0 | 51.6 | 8.1 |
| 2017 | I | 181 868 | 7.0 | 4.8 | 3.0 | 38.7 | 6.1 | 56.5 | 8.0 |
| | I-II | 383 818 | 7.0 | 5.8 | 3.5 | 40.1 | 6.2 | 54.1 | 8.0 |
| | I-III | 596 607 | 7.0 | 7.0 | 3.7 | 40.1 | 6.0 | 52.9 | 8.2 |
| | I-IV | 832 036 | 6.9 | 7.9 | 4.0 | 40.5 | 5.9 | 51.6 | 8.3 |
| 2018 | I | 202 036 | 6.9 | 4.5 | 3.2 | 39.0 | 6.2 | 56.5 | 7.8 |
| | I-II | 425 998 | 6.9 | 5.3 | 3.3 | 40.4 | 6.1 | 54.3 | 7.9 |
| | I-III | 660 472 | 6.8 | 6.5 | 3.4 | 40.4 | 5.8 | 53.1 | 8.1 |
| | I-IV | 919 281 | 6.7 | 7.2 | 3.5 | 40.6 | 5.8 | 52.2 | 8.0 |
| 2019 | I | 217 168 | 6.3 | 4.1 | 2.7 | 38.6 | 5.3 | 57.3 | 7.2 |
| | I-II | 458 671 | 6.1 | 5.1 | 3.1 | 39.9 | 5.0 | 54.9 | 7.2 |
| | I-III | 709 717 | 6.0 | 6.2 | 2.9 | 39.8 | 4.8 | 54.0 | 7.3 |
| | I-IV | 986 515 | 6.0 | 7.1 | 3.1 | 39.0 | 4.9 | 53.9 | 7.2 |
| 2020 | I | 205 727 | −6.8 | 4.9 | -3.2 | 35.7 | −9.6 | 59.4 | −5.2 |
| | I-II | 454 712 | −1.6 | 5.7 | 0.9 | 37.8 | −1.90 | 56.5 | −1.6 |
| | I-III | 719 688 | 0.7 | 6.7 | 2.3 | 37.9 | 0.90 | 55.4 | 0.4 |
| | I-IV | 1 015 986 | 2.3 | 7.7 | 3.0 | 37.8 | 2.60 | 54.5 | 2.1 |
| 2021 | I | 249 310 | 18.3 | 4.6 | 8.1 | 37.2 | 24.4 | 58.3 | 15.6 |

注：1.表中绝对数按当年价格计算，“比上年同期增长”按不变价格计算。
　　2.表中数据根据国家统计局最新数据修订。
Notes: 1. Absolute figures in this table are calculated at current prices, and the year-on-year growth rates are calculated at constant prices.
　　2. Data are revised by National Bureau of Statistics of China.

### GDP季度累计增长率
Quarterly accumulated GDP growth rates

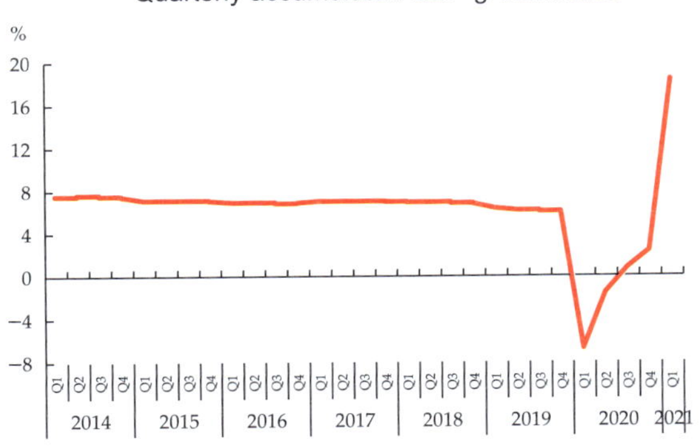


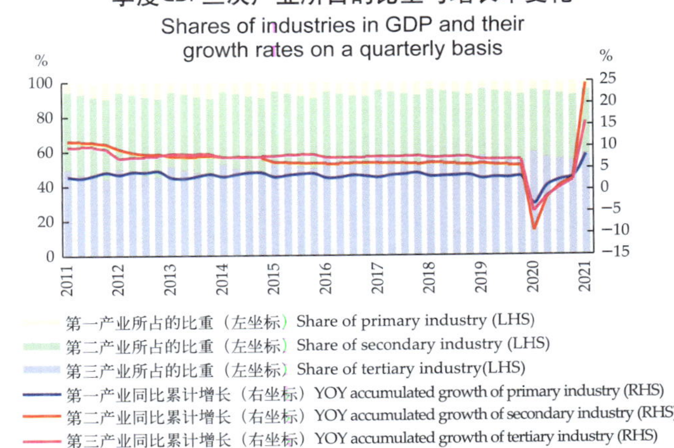

## 工业增加值当月同比增长率
Monthly growth rate (YOY) of value added of industry

单位：% Unit: %

| 年 / 月 Year/Month | | 工业增加值 Value added | 采矿业 Mining | 制造业 Manufacturing | 电力、热力、燃气及水生产和供应业 Electricity, gas & water production and supply | 国有及国有控股企业 State-owned and state-holding enterprises | 股份制企业 Joint-stock enterprises | 外商及港澳台投资企业 Enterprises with foreign, Hongkong, Macau,and Taiwan investment | 私营企业 Private enterprises |
|---|---|---|---|---|---|---|---|---|---|
| 2019 | 1 | 6.8 | — | — | — | — | — | — | — |
| | 2 | 3.4 | — | — | — | — | — | — | — |
| | 3 | 8.5 | 4.6 | 9.0 | 7.7 | 4.7 | 10.0 | 4.2 | 14.2 |
| | 4 | 5.4 | 2.9 | 5.3 | 9.5 | 6.0 | 6.3 | 2.5 | 5.1 |
| | 5 | 5.0 | 3.9 | 5.0 | 5.9 | 3.7 | 6.6 | −0.3 | 7.8 |
| | 6 | 6.3 | 7.3 | 6.2 | 6.6 | 6.2 | 7.6 | 1.8 | 8.3 |
| | 7 | 4.8 | 6.6 | 4.5 | 6.9 | 3.7 | 6.1 | −0.2 | 7.3 |
| | 8 | 4.4 | 3.7 | 4.3 | 5.9 | 4.1 | 5.3 | 1.3 | 6.0 |
| | 9 | 5.8 | 8.1 | 5.6 | 5.9 | 4.9 | 6.9 | 2.9 | 6.7 |
| | 10 | 4.7 | 3.9 | 4.6 | 6.6 | 4.8 | 5.4 | 2.1 | 5.4 |
| | 11 | 6.2 | 5.7 | 6.3 | 6.7 | 3.7 | 7.0 | 3.2 | 8.9 |
| | 12 | 6.9 | 5.6 | 7.0 | 6.8 | 7.0 | 7.5 | 4.8 | 7.1 |
| 2020 | 1 | −4.3 | — | — | — | — | — | — | — |
| | 2 | −25.9 | — | — | — | — | — | — | — |
| | 3 | −1.1 | 4.2 | −1.8 | −1.6 | −2.5 | −0.2 | −5.4 | −0.5 |
| | 4 | 3.9 | 0.3 | 5.0 | 0.2 | 0.5 | 4.0 | 3.9 | 7.0 |
| | 5 | 4.4 | 1.1 | 5.2 | 3.6 | 2.1 | 4.8 | 3.4 | 7.1 |
| | 6 | 4.8 | 1.7 | 5.1 | 5.5 | 4.9 | 5.0 | 4.2 | 4.8 |
| | 7 | 4.8 | −2.6 | 6.0 | 1.7 | 4.1 | 4.2 | 7.6 | 4.2 |
| | 8 | 5.6 | 1.6 | 6.0 | 5.8 | 5.2 | 5.8 | 5.3 | 5.7 |
| | 9 | 6.9 | 2.2 | 7.6 | 4.5 | 6.5 | 6.8 | 7.1 | 7.9 |
| | 10 | 6.9 | 3.5 | 7.5 | 4.0 | 5.4 | 6.9 | 7.0 | 8.2 |
| | 11 | 7.0 | 2.0 | 7.7 | 5.4 | 5.9 | 6.8 | 8.3 | 6.8 |
| | 12 | 7.3 | 4.9 | 7.7 | 6.1 | 6.4 | 7.0 | 8.5 | 7.6 |
| 2021 | 1 | 25.4 | — | — | — | — | — | — | — |
| | 2 | 52.3 | — | — | — | — | — | — | — |
| | 3 | 14.1 | 2.9 | 15.2 | 13.9 | 10.9 | 13.4 | 17.4 | 16.8 |

## 工业增加值累计同比增长率
Accumulative growth rate (YOY) of value added of industry

单位：% Unit: %

| 年 / 月 Year/Month | | 工业增加值 Value added | 采矿业 Mining | 制造业 Manufacturing | 电力、热力、燃气及水生产和供应业 Electricity, gas & water production and supply | 国有及国有控股企业 State-owned and state-holding enterprises | 股份制企业 Joint-stock enterprises | 外商及港澳台投资企业 Enterprises with foreign, Hongkong, Macau,and Taiwan investment | 私营企业 Private enterprises |
|---|---|---|---|---|---|---|---|---|---|
| 2019 | 1~2 | 5.3 | 0.3 | 5.6 | 6.8 | 4.4 | 6.4 | −0.3 | 8.3 |
| | 1~3 | 6.5 | 2.2 | 7.2 | 7.1 | 4.5 | 7.8 | 1.4 | 10.6 |
| | 1~4 | 6.2 | 2.4 | 6.7 | 7.7 | 4.9 | 7.4 | 1.7 | 9.1 |
| | 1~5 | 6.0 | 2.6 | 6.4 | 7.5 | 4.7 | 7.2 | 1.3 | 8.8 |
| | 1~6 | 6.0 | 3.5 | 6.4 | 7.3 | 5.0 | 7.3 | 1.4 | 8.7 |
| | 1~7 | 5.8 | 4.0 | 6.1 | 7.3 | 4.8 | 7.1 | 1.2 | 8.5 |
| | 1~8 | 5.6 | 4.0 | 5.9 | 7.1 | 4.7 | 6.9 | 1.2 | 8.2 |
| | 1~9 | 5.6 | 4.6 | 5.9 | 7.0 | 4.7 | 6.9 | 1.4 | 8.0 |
| | 1~10 | 5.6 | 4.5 | 5.8 | 7.0 | 4.7 | 6.7 | 1.5 | 7.7 |
| | 1~11 | 5.6 | 4.9 | 5.9 | 7.0 | 4.6 | 6.7 | 1.7 | 7.8 |
| | 1~12 | 5.7 | 5.0 | 6.0 | 7.0 | 4.8 | 6.8 | 2.0 | 7.7 |
| 2020 | 1~2 | −13.5 | −6.5 | −15.7 | −7.1 | −7.9 | −14.2 | −21.4 | −20.2 |
| | 1~3 | −8.4 | −1.7 | −10.2 | −5.2 | −6.0 | −8.4 | −14.5 | −11.3 |
| | 1~4 | −4.9 | −0.8 | −5.4 | −3.9 | −4.2 | −4.9 | −8.9 | −5.6 |
| | 1~5 | −2.8 | −1.8 | −2.8 | −2.4 | −3.0 | −2.2 | −5.3 | −1.4 |
| | 1~6 | −1.3 | −1.1 | −1.4 | −0.9 | −1.5 | −0.8 | −3.4 | −0.1 |
| | 1~7 | −0.4 | −1.3 | 0.1 | −0.5 | −0.7 | 0.0 | −1.6 | 0.6 |
| | 1~8 | 0.4 | −1.0 | 0.9 | 0.3 | 0.1 | 0.8 | −0.7 | 1.3 |
| | 1~9 | 1.2 | −0.6 | 1.7 | 0.8 | 0.9 | 1.5 | 0.3 | 2.1 |
| | 1~10 | 1.8 | −0.2 | 2.4 | 1.1 | 1.4 | 2.1 | 1.0 | 2.8 |
| | 1~11 | 2.3 | 0.0 | 2.9 | 1.5 | 1.8 | 2.6 | 1.7 | 3.2 |
| | 1~12 | 2.8 | 0.5 | 3.4 | 2.0 | 2.2 | 3.0 | 2.4 | 3.7 |
| 2021 | 1~2 | 35.1 | 17.5 | 39.5 | 19.8 | 23.0 | 34.2 | 41.4 | 43.8 |
| | 1~3 | 24.5 | 10.1 | 27.3 | 15.9 | 16.9 | 23.7 | 29.2 | 29.7 |

注：本表中“比上年同期增长”按可比价格计算。
Notes: The year-on-year changes in this table are calculated at comparable prices.

## 工业增加值及工业企业利润
Growth rate of industrial value added and profits of industrial companies

单位：% Unit: %

| 年 / 月 Year/Month | | 当月工业增加值同比增长 YOY growth of monthly industrial value added | 工业增加值月度累计同比增长 YOY growth of monthly accumulated industrial value added | 当月工业企业利润同比增长 YOY growth of monthly profits of industrial companies |
|---|---|---|---|---|
| 2019 | 1 | — | — | — |
| | 2 | 5.3 | 5.3 | -14.0 |
| | 3 | 8.5 | 6.5 | 13.9 |
| | 4 | 5.4 | 6.2 | -3.7 |
| | 5 | 5.0 | 6.0 | 1.1 |
| | 6 | 6.3 | 6.0 | -3.1 |
| | 7 | 4.8 | 5.8 | 2.6 |
| | 8 | 4.4 | 5.6 | -2.0 |
| | 9 | 5.8 | 5.6 | -5.3 |
| | 10 | 4.7 | 5.6 | -9.9 |
| | 11 | 6.2 | 5.6 | 5.4 |
| | 12 | 6.9 | 5.7 | -6.3 |
| 2020 | 1 | — | — | — |
| | 2 | -13.5 | -13.5 | -38.3 |
| | 3 | -1.1 | -8.4 | -34.9 |
| | 4 | 3.9 | -4.9 | -4.3 |
| | 5 | 4.4 | -2.8 | 6.0 |
| | 6 | 4.8 | -1.3 | 11.5 |
| | 7 | 4.8 | -0.4 | 19.6 |
| | 8 | 5.6 | 0.4 | 19.1 |
| | 9 | 6.9 | 1.2 | 10.1 |
| | 10 | 6.9 | 1.8 | 28.2 |
| | 11 | 7.0 | 2.3 | 15.5 |
| | 12 | 7.3 | 2.8 | 20.1 |
| 2021 | 1 | — | — | — |
| | 2 | 35.1 | 35.1 | 178.9 |
| | 3 | 14.1 | 24.5 | 92.3 |

注：由于春节错位因素，1月不公布当月工业增加值同比增速，公布的2月数据为1~2月的合计数，公布的2月工业企业利润为1~2月的合计数。
Note: The year-on-year growth rate of the added value of industries in January is not released, and the data released in February is the total from January to February, so as for the profits of industrial enterprises.

## 工业增加值及工业企业利润
Growth rate of industrial value added and profits of industrial companies

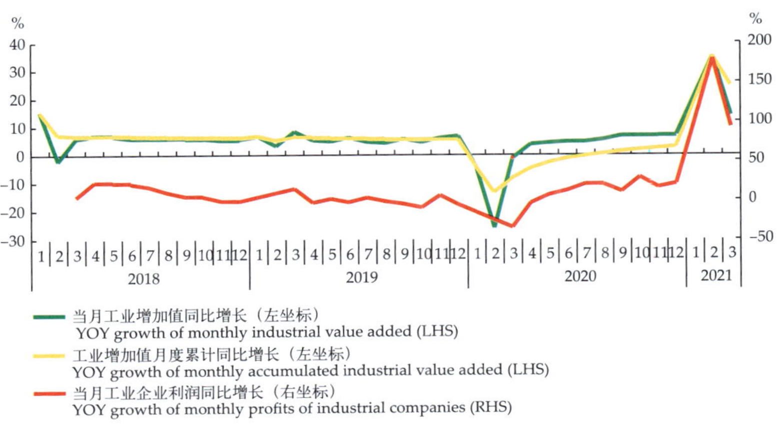

## 1.2.2 按支出法计算的国内生产总值 (Expenditure-based GDP)

**按支出法计算的国内生产总值及其构成**
Expenditure-based GDP and its composition

| 年 Year | 按支出法计算的国内生产总值 Expenditure-based GDP | 最终消费 Final consumption | 居民消费 Household consumption | 城镇居民 Urban | 农村居民 Rural | 政府消费 Government consumption | 资本形成总额 Total capital formation | 固定资本形成 Fixed capital formation | 存货增加 Increased inventory | 货物和服务净出口 Net exports of goods and services |
|---|---|---|---|---|---|---|---|---|---|---|
| | 绝对值（亿元） Absolute value (RMB 100 million) | | | | | | | | | |
| 2001 | 110 388 | 68 661 | 50 465 | 34 167 | 16 298 | 18 197 | 39 403 | 37 088 | 2 315 | 2 325 |
| 2002 | 121 327 | 74 228 | 54 667 | 37 650 | 17 017 | 19 561 | 44 005 | 42 672 | 1 333 | 3 094 |
| 2003 | 137 147 | 79 735 | 58 690 | 40 915 | 17 775 | 21 045 | 54 447 | 52 575 | 1 872 | 2 965 |
| 2004 | 161 356 | 89 394 | 65 725 | 46 492 | 19 233 | 23 670 | 67 726 | 63 975 | 3 751 | 4 236 |
| 2005 | 187 658 | 101 873 | 74 154 | 53 242 | 20 912 | 27 719 | 75 576 | 73 852 | 1 724 | 10 209 |
| 2006 | 219 598 | 115 364 | 82 842 | 60 203 | 22 640 | 32 522 | 87 579 | 84 979 | 2 600 | 16 655 |
| 2007 | 270 499 | 137 737 | 98 231 | 72 643 | 25 589 | 39 506 | 109 339 | 102 345 | 6 995 | 23 423 |
| 2008 | 318 068 | 158 899 | 112 655 | 84 414 | 28 241 | 46 245 | 134 942 | 124 701 | 10 241 | 24 227 |
| 2009 | 347 650 | 174 539 | 123 122 | 93 198 | 29 924 | 51 417 | 158 075 | 152 691 | 5 383 | 15 037 |
| 2010 | 408 505 | 201 581 | 141 466 | 108 909 | 32 556 | 60 116 | 191 867 | 181 041 | 10 826 | 15 057 |
| 2011 | 484 109 | 244 747 | 170 391 | 131 026 | 39 365 | 74 357 | 227 674 | 214 017 | 13 656 | 11 689 |
| 2012 | 539 040 | 275 444 | 190 585 | 147 770 | 42 815 | 84 859 | 248 960 | 238 321 | 10 639 | 14 636 |
| 2013 | 596 345 | 306 664 | 212 477 | 165 106 | 47 372 | 94 186 | 275 129 | 263 980 | 11 149 | 14 552 |
| 2014 | 646 548 | 338 031 | 236 239 | 183 605 | 52 633 | 101 793 | 294 906 | 282 242 | 12 664 | 13 611 |
| 2015 | 692 094 | 371 921 | 260 202 | 203 687 | 56 515 | 111 718 | 297 827 | 289 970 | 7 856 | 22 347 |
| 2016 | 745 981 | 410 806 | 288 668 | 226 791 | 61 878 | 122 138 | 318 199 | 310 145 | 8 054 | 16 976 |
| 2017 | 828 983 | 456 518 | 320 690 | 251 844 | 68 846 | 135 829 | 357 886 | 348 300 | 9 586 | 14 578 |
| 2018 | 915 774 | 506 135 | 354 124 | 276 916 | 77 209 | 152 011 | 402 585 | 393 848 | 8 737 | 7 054 |
| 2019 | 994 927 | 551 495 | 385 896 | — | — | 165 599 | 428 628 | 422 019 | 6 609 | 14 805 |
| 2020 | 1 025 917 | 556 986 | 387 176 | — | — | 169 810 | 442 401 | 435 683 | 6 718 | 26 530 |
| | 构成（%） Composition (%) | | | | | | | | | |
| 2001 | 100 | 62.2 | 45.7 | 31.0 | 14.8 | 16.5 | 35.7 | 33.6 | 2.1 | 2.1 |
| 2002 | 100 | 61.2 | 45.1 | 31.0 | 14.0 | 16.1 | 36.3 | 35.2 | 1.1 | 2.6 |
| 2003 | 100 | 58.1 | 42.8 | 29.8 | 13.0 | 15.3 | 39.7 | 38.3 | 1.4 | 2.2 |
| 2004 | 100 | 55.4 | 40.7 | 28.8 | 11.9 | 14.7 | 42.0 | 39.6 | 2.3 | 2.6 |
| 2005 | 100 | 54.3 | 39.5 | 28.4 | 11.1 | 14.8 | 40.3 | 39.4 | 0.9 | 5.4 |
| 2006 | 100 | 52.5 | 37.7 | 27.4 | 10.3 | 14.8 | 39.9 | 38.7 | 1.2 | 7.6 |
| 2007 | 100 | 50.9 | 36.3 | 26.9 | 9.5 | 14.6 | 40.4 | 37.8 | 2.6 | 8.7 |
| 2008 | 100 | 50.0 | 35.4 | 26.5 | 8.9 | 14.5 | 42.4 | 39.2 | 3.2 | 7.6 |
| 2009 | 100 | 50.2 | 35.4 | 26.8 | 8.6 | 14.8 | 45.5 | 43.9 | 1.5 | 4.3 |
| 2010 | 100 | 49.3 | 34.6 | 26.7 | 8.0 | 14.7 | 47.0 | 44.3 | 2.7 | 3.7 |
| 2011 | 100 | 50.6 | 35.2 | 27.1 | 8.1 | 15.4 | 47.0 | 44.2 | 2.8 | 2.4 |
| 2012 | 100 | 51.1 | 35.4 | 27.4 | 7.9 | 15.7 | 46.2 | 44.2 | 2.0 | 2.7 |
| 2013 | 100 | 51.4 | 35.6 | 27.7 | 7.9 | 15.8 | 46.1 | 44.3 | 1.9 | 2.4 |
| 2014 | 100 | 52.3 | 36.5 | 28.4 | 8.1 | 15.7 | 45.6 | 43.7 | 2.0 | 2.1 |
| 2015 | 100 | 53.7 | 37.6 | 29.4 | 8.2 | 16.1 | 43.0 | 41.9 | 1.1 | 3.2 |
| 2016 | 100 | 55.1 | 38.7 | 30.4 | 8.3 | 16.4 | 42.7 | 41.6 | 1.1 | 2.3 |
| 2017 | 100 | 55.1 | 38.7 | 30.4 | 8.3 | 16.4 | 43.2 | 42.0 | 1.2 | 1.8 |
| 2018 | 100 | 55.3 | 38.7 | 30.2 | 8.4 | 16.6 | 44.0 | 43.0 | 1.0 | 0.8 |
| 2019 | 100 | 55.4 | 38.8 | — | — | 16.6 | 43.1 | 42.4 | 0.7 | 1.5 |
| 2020 | 100 | 54.3 | 37.7 | — | — | 16.6 | 43.1 | 42.5 | 0.7 | 2.6 |

注：表中数据根据国家统计局最新数据修订。
Note: Data are revised by National Bureau of Statistics of China.

**按支出法计算的国内生产总值构成变化**
Changes in the composition of GDP (based on expenditures)

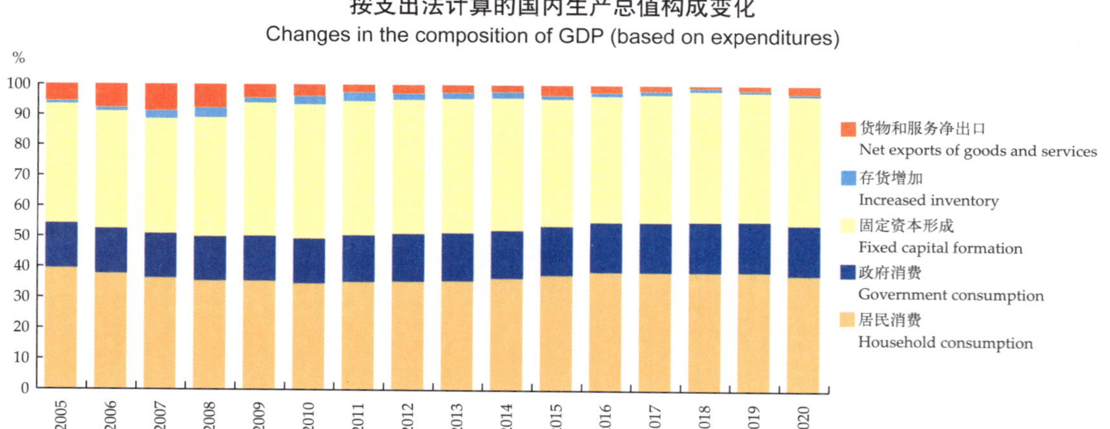

## 投资率和消费率
## Investment ratio and consumption ratio

单位：% Unit: %

| 年<br>Year | 资本形成率（投资率）<br>Capital formation ratio<br>(investment ratio) | 最终消费率（消费率）<br>Final consumption ratio<br>(consumption ratio) |
|---|---|---|
| 1986 | 37.7 | 64.8 |
| 1987 | 37.3 | 62.7 |
| 1988 | 39.0 | 62.0 |
| 1989 | 37.1 | 64.0 |
| 1990 | 34.0 | 63.3 |
| 1991 | 35.3 | 61.9 |
| 1992 | 39.2 | 59.8 |
| 1993 | 43.4 | 58.5 |
| 1994 | 40.2 | 58.5 |
| 1995 | 39.0 | 59.3 |
| 1996 | 37.7 | 60.3 |
| 1997 | 35.7 | 59.9 |
| 1998 | 35.0 | 60.7 |
| 1999 | 34.3 | 62.9 |
| 2000 | 33.7 | 63.9 |
| 2001 | 35.7 | 62.2 |
| 2002 | 36.3 | 61.2 |
| 2003 | 39.7 | 58.1 |
| 2004 | 42.0 | 55.4 |
| 2005 | 40.3 | 54.3 |
| 2006 | 39.9 | 52.5 |
| 2007 | 40.4 | 50.9 |
| 2008 | 42.4 | 50.0 |
| 2009 | 45.5 | 50.2 |
| 2010 | 47.0 | 49.4 |
| 2011 | 47.0 | 50.6 |
| 2012 | 46.2 | 51.1 |
| 2013 | 46.1 | 51.4 |
| 2014 | 45.6 | 52.3 |
| 2015 | 43.0 | 53.7 |
| 2016 | 42.7 | 55.1 |
| 2017 | 43.2 | 55.1 |
| 2018 | 44.0 | 55.3 |
| 2019 | 43.1 | 55.4 |
| 2020 | 43.1 | 54.3 |

注：表中数据根据国家统计局最新数据修订。
Note: Data are revised by National Bureau of Statistics of China.

## 主要经济指标环比增速
## MOM growth rates of main economic indicators

单位：% Unit: %

| 年／季度<br>Year/<br>Quarter | | 国内生产总值<br>Gross domestic product | 年／月<br>Year/<br>Month | | 规模以上工业增加值<br>Value added of industry | 固定资产投资（不含农户）<br>Completed investment in fixed assets (excluding rural households) | 社会消费品零售总额<br>Retail sales of consumer goods |
|---|---|---|---|---|---|---|---|
| 2019 | | | 2019 | 1 | 0.45 | 0.43 | 0.83 |
| | | | | 2 | 0.47 | 0.44 | 0.49 |
| | I | 1.8 | | 3 | 0.83 | 0.44 | 0.79 |
| | | | | 4 | 0.25 | 0.42 | 0.81 |
| | | | | 5 | 0.50 | 0.42 | 0.48 |
| | II | 1.0 | | 6 | 0.67 | 0.45 | 0.57 |
| | | | | 7 | 0.36 | 0.43 | 0.59 |
| | | | | 8 | 0.45 | 0.40 | 0.56 |
| | III | 1.3 | | 9 | 0.80 | 0.42 | 0.89 |
| | | | | 10 | 0.38 | 0.40 | 0.80 |
| | | | | 11 | 0.84 | 0.38 | 0.82 |
| | IV | 1.6 | | 12 | 0.60 | 0.38 | 0.70 |
| 2020 | | | 2020 | 1 | −2.32 | −5.85 | −10.77 |
| | | | | 2 | −22.10 | −20.86 | 0.94 |
| | I | −9.3 | | 3 | 36.56 | 1.92 | 0.87 |
| | | | | 4 | 1.89 | 1.81 | 0.44 |
| | | | | 5 | 1.25 | 0.10 | 4.55 |
| | II | 10.1 | | 6 | 1.29 | 0.11 | 1.02 |
| | | | | 7 | 0.90 | 0.16 | 0.21 |
| | | | | 8 | 1.02 | 0.17 | 0.93 |
| | III | 3.1 | | 9 | 1.09 | 0.94 | 4.47 |
| | | | | 10 | 0.78 | 0.11 | 0.27 |
| | | | | 11 | 0.60 | 1.04 | 1.13 |
| | IV | 3.2 | | 12 | 0.65 | 1.99 | 0.93 |
| 2021 | | | 2021 | 1 | 0.66 | 1.61 | −0.31 |
| | | | | 2 | 0.69 | 1.62 | 0.86 |
| | I | 0.6 | | 3 | 0.60 | 2.10 | 0.94 |

## 投资率和消费率
## Investment ratio and consumption ratio

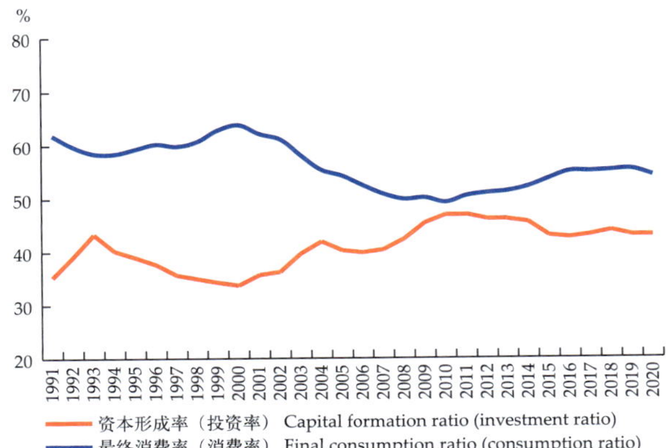

### 社会消费品零售总额与最终消费增长率的比较

Comparison of growth rate at current prices between retail sales of consumer goods and final consumption expenditure

| 年 Year | 社会消费品零售总额（万亿元）Retail sales of consumer goods (RMB 1 trillion) | 最终消费（万亿元）Final consumption (RMB 1 trillion) | 社会消费品零售总额现价增长率(%) Growth rate at current prices of retail sales of consumer goods (%) | 最终消费现价增长率(%) Growth rate at current prices of final consumption expenditure (%) |
|---|---|---|---|---|
| 1991 | 0.94 | 1.36 | 13.4 | 13.4 |
| 1992 | 1.10 | 1.62 | 16.8 | 19.2 |
| 1993 | 1.43 | 2.08 | 29.8 | 28.2 |
| 1994 | 1.86 | 2.83 | 30.5 | 35.9 |
| 1995 | 2.36 | 3.62 | 26.8 | 28.0 |
| 1996 | 2.84 | 4.31 | 20.1 | 19.0 |
| 1997 | 3.13 | 4.75 | 10.2 | 10.3 |
| 1998 | 3.34 | 5.15 | 6.8 | 8.3 |
| 1999 | 3.56 | 5.67 | 6.8 | 10.0 |
| 2000 | 3.42 | 6.37 | 9.7 | 12.5 |
| 2001 | 3.76 | 6.87 | 10.1 | 7.7 |
| 2002 | 4.09 | 7.42 | 8.8 | 8.1 |
| 2003 | 4.58 | 7.97 | 9.1 | 7.4 |
| 2004 | 5.40 | 8.94 | 13.3 | 12.1 |
| 2005 | 6.72 | 10.19 | 12.9 | 14.0 |
| 2006 | 7.64 | 11.54 | 13.7 | 13.2 |
| 2007 | 8.92 | 13.77 | 16.8 | 19.4 |
| 2008 | 10.85 | 15.89 | 21.6 | 15.4 |
| 2009 | 12.53 | 17.45 | 15.9 | 9.8 |
| 2010 | 15.46 | 20.16 | 18.8 | 15.5 |
| 2011 | 18.12 | 24.47 | 18.5 | 21.4 |
| 2012 | 20.72 | 27.54 | 14.5 | 12.5 |
| 2013 | 23.44 | 30.67 | 13.1 | 11.3 |
| 2014 | 26.24 | 33.80 | 12.0 | 10.2 |
| 2015 | 30.09 | 37.19 | 10.7 | 10.0 |
| 2016 | 33.23 | 41.08 | 10.4 | 10.5 |
| 2017 | 36.63 | 45.65 | 10.2 | 11.1 |
| 2018 | 38.10 | 50.61 | 9.0 | 10.9 |
| 2019 | 41.16 | 55.15 | 8.0 | 9.0 |
| 2020 | 39.20 | 55.70 | -3.9 | 1.0 |

注：表中数据根据国家统计局最新数据修订。
Note: Data are revised by National Bureau of Statistics of China.

### 社会消费品零售总额

Retail sales of consumer goods

| 年／月 Year/Month | 当月社会消费品零售总额（亿元）Monthly retail sales of consumer goods (RMB 100 million) | 当月同比增长率(%) Monthly growth rate (YOY)(%) | 社会消费品零售总额累计（亿元）Accumulative retail sales of consumer goods (RMB 100 million) | 累计同比增长率(%) Accumulative growth rate (YOY)(%) |
|---|---|---|---|---|
| 2019.01 | — | — | — | — |
| 2019.02 | — | — | 66 064 | 8.2 |
| 2019.03 | 31 726 | 8.7 | 97 790 | 8.3 |
| 2019.04 | 30 586 | 7.2 | 128 376 | 8.0 |
| 2019.05 | 32 956 | 8.6 | 161 332 | 8.1 |
| 2019.06 | 33 878 | 9.8 | 195 210 | 8.4 |
| 2019.07 | 33 073 | 7.6 | 228 283 | 8.3 |
| 2019.08 | 33 896 | 7.5 | 262 179 | 8.2 |
| 2019.09 | 34 495 | 7.8 | 296 674 | 8.2 |
| 2019.10 | 38 104 | 7.2 | 334 779 | 8.1 |
| 2019.11 | 38 094 | 8.0 | 372 872 | 8.0 |
| 2019.12 | 38 777 | 8.0 | 411 649 | 8.0 |
| 2020.01 | — | — | — | — |
| 2020.02 | — | — | 52 130 | -20.5 |
| 2020.03 | 26 450 | -15.8 | 78 580 | -19.0 |
| 2020.04 | 28 178 | -7.5 | 106 758 | -16.2 |
| 2020.05 | 31 973 | -2.8 | 138 730 | -13.5 |
| 2020.06 | 33 526 | -1.8 | 172 256 | -11.4 |
| 2020.07 | 32 203 | -1.1 | 204 459 | -9.9 |
| 2020.08 | 33 571 | 0.5 | 238 029 | -8.6 |
| 2020.09 | 35 295 | 3.3 | 273 324 | -7.2 |
| 2020.10 | 38 577 | 4.3 | 311 901 | -5.9 |
| 2020.11 | 39 514 | 5.0 | 351 415 | -4.8 |
| 2020.12 | 40 566 | 4.6 | 391 981 | -3.9 |
| 2021.01 | — | — | — | — |
| 2021.02 | — | — | 69 737 | 33.8 |
| 2021.03 | 35 484 | 34.2 | 105 221 | 33.9 |

注：为消除春节日期不固定因素带来的影响，增强数据的可比性，按照国家统计制度，历年1~2月数据一起调查、一起发布。
Note: In order to eliminate the impact of the different date of Spring Festival of each year,and enhance the comparability of data, in accordance with the national statistical system,the data in January and February was investigated and released together.

### 社会消费品零售总额及最终消费增长趋势

Growth trend of retail sales of consumer goods and final consumption expenditure

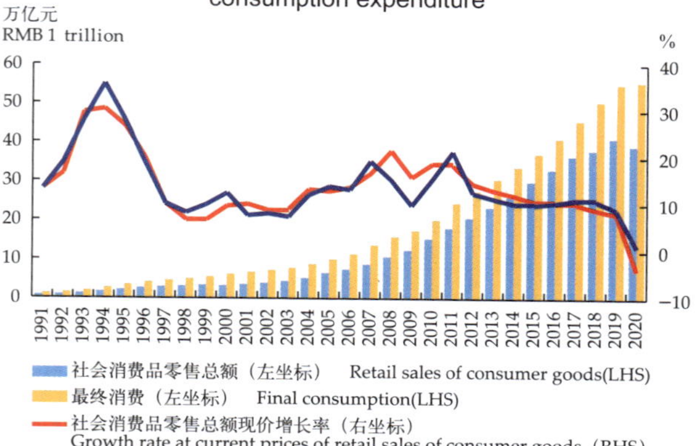


社会消费品零售总额（左坐标） Retail sales of consumer goods(LHS)
最终消费（左坐标） Final consumption(LHS)
社会消费品零售总额现价增长率（右坐标） Growth rate at current prices of retail sales of consumer goods (RHS)
最终消费现价增长率（右坐标） Growth rate at current prices of final consumption expenditure (RHS)

### 当月社会消费品零售总额及其增长率

Monthly retail sales and growth rates of consumer goods

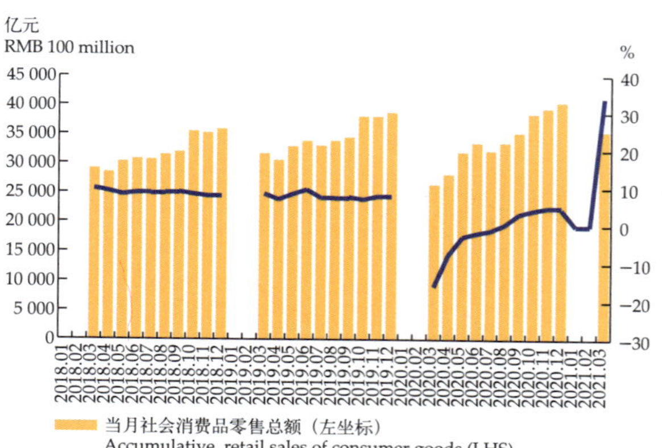


当月社会消费品零售总额（左坐标） Accumulative retail sales of consumer goods (LHS)
当月同比增长率（右坐标） Accumulative growth rate(YOY)(RHS)

## 固定资产投资完成额和固定资本形成总额的比较
Comparision of completed fixed-asset investment and gross capital formation

单位：万亿元
Unit: RMB 1 trillion

| 年 Year | 全社会固定资产投资完成额 Total completed fixed-asset investment | 固定资本形成总额 Gross capital formation | 全社会固定资产投资现价增长率 (%) Growth rate of total fixed-asset investment at current prices (%) | 固定资本形成总额现价增长率 (%) Growth rate of gross capital formation at current prices (%) |
|---|---|---|---|---|
| 1991 | 0.56 | 0.78 | 23.9 | 20.3 |
| 1992 | 0.81 | 1.06 | 44.4 | 37.0 |
| 1993 | 1.31 | 1.54 | 61.8 | 45.3 |
| 1994 | 1.70 | 1.95 | 30.4 | 26.2 |
| 1995 | 2.00 | 2.38 | 17.5 | 22.3 |
| 1996 | 2.29 | 2.70 | 14.5 | 13.2 |
| 1997 | 2.49 | 2.83 | 8.8 | 5.0 |
| 1998 | 2.84 | 2.97 | 13.9 | 4.7 |
| 1999 | 2.99 | 3.09 | 5.1 | 4.2 |
| 2000 | 3.29 | 3.37 | 10.3 | 9.0 |
| 2001 | 3.72 | 3.94 | 13.1 | 17.0 |
| 2002 | 4.35 | 4.40 | 16.9 | 11.7 |
| 2003 | 5.56 | 5.44 | 27.7 | 23.7 |
| 2004 | 7.05 | 6.77 | 26.8 | 24.4 |
| 2005 | 8.88 | 7.56 | 26.0 | 11.6 |
| 2006 | 11.00 | 8.76 | 23.9 | 15.9 |
| 2007 | 13.73 | 10.93 | 24.8 | 24.9 |
| 2008 | 17.28 | 13.49 | 25.9 | 23.4 |
| 2009 | 22.46 | 15.81 | 30.0 | 17.1 |
| 2010 | 25.17 | 19.19 | 12.1 | 21.4 |
| 2011 | 31.15 | 22.77 | 23.8 | 18.7 |
| 2012 | 37.47 | 24.90 | 20.3 | 9.4 |
| 2013 | 44.63 | 27.51 | 19.1 | 10.5 |
| 2014 | 51.20 | 29.49 | 14.7 | 7.2 |
| 2015 | 56.20 | 29.78 | 9.8 | 1.0 |
| 2016 | 60.65 | 31.82 | 7.9 | 6.8 |
| 2017 | 64.12 | 35.79 | 5.7 | 12.5 |
| 2018 | 64.57 | 40.26 | 5.9 | 12.5 |
| 2019 | 56.09 | 42.86 | 5.1 | 6.5 |
| 2020 | 52.73 | 44.24 | 2.7 | 3.2 |

注：表中数据根据国家统计局最新数据修订。
Note: Data are revised by National Bureau of Statistics of China.

## 固定资产投资完成额和固定资本形成总额及增长率
Completed fixed-asset investment and gross capital formation and growth rates

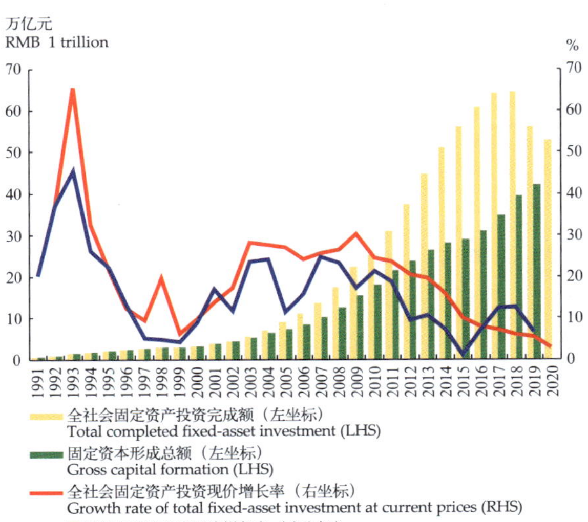


## 固定资产投资完成额及增长率
Completed investment in fixed assets and growth rates

单位：万亿元
Unit: RMB 1 trillion

| 年 / 月 Year/Month | | 投资完成额 Investment completed | 增长率 (%) Growth rate (%) |
|---|---|---|---|
| 2019 | 1-2 | 4.5 | 6.1 |
| | 1-3 | 10.2 | 6.3 |
| | 1-4 | 15.6 | 6.1 |
| | 1-5 | 21.8 | 5.6 |
| | 1-6 | 29.9 | 5.8 |
| | 1-7 | 34.9 | 5.7 |
| | 1-8 | 40.1 | 5.5 |
| | 1-9 | 46.1 | 5.4 |
| | 1-10 | 51.1 | 5.2 |
| | 1-11 | 53.4 | 5.2 |
| | 1-12 | 55.1 | 5.4 |
| 2020 | 1-2 | 3.3 | -24.5 |
| | 1-3 | 8.4 | -16.1 |
| | 1-4 | 13.7 | -10.3 |
| | 1-5 | 19.9 | -6.3 |
| | 1-6 | 28.2 | -3.1 |
| | 1-7 | 32.9 | -1.6 |
| | 1-8 | 37.9 | -0.3 |
| | 1-9 | 43.7 | 0.8 |
| | 1-10 | 48.3 | 1.8 |
| | 1-11 | 50.0 | 2.6 |
| | 1-12 | 51.9 | 2.9 |
| 2021 | 1-2 | 4.5 | 35.0 |
| | 1-3 | 9.6 | 25.6 |

## 固定资产投资完成额及增长率
Completed investment in fixed assets and growth rates

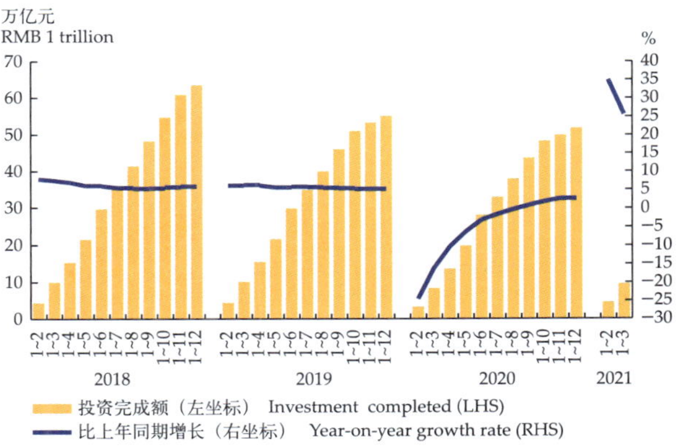

## 固定资产投资完成额累计同比
Accumulated growth rates of completed investment in fixed assets

单位：% Unit: %

| 年 / 月 Year/ Month | 固定资产投资完成额累计同比 Accumulated growth rate of fixed-asset investment | 制造业投资累计同比 Accumulated growth rate of investment in manufacturing industry | 房地产投资累计同比 Accumulated growth rate of investment in real estate industry | 基础设施建设投资累计同比 Accumulated growth rate of infrastructure investment |
|---|---|---|---|---|
| 2019-02 | 6.1 | 5.9 | 10.6 | 2.5 |
| 2019-03 | 6.3 | 4.6 | 11.4 | 3.0 |
| 2019-04 | 6.1 | 2.5 | 11.5 | 3.0 |
| 2019-05 | 5.6 | 2.7 | 10.9 | 2.6 |
| 2019-06 | 5.8 | 3.0 | 11.0 | 3.0 |
| 2019-07 | 5.7 | 3.3 | 10.2 | 2.9 |
| 2019-08 | 5.5 | 2.6 | 10.2 | 3.2 |
| 2019-09 | 5.4 | 2.5 | 10.1 | 3.4 |
| 2019-10 | 5.2 | 2.6 | 9.6 | 3.3 |
| 2019-11 | 5.2 | 2.5 | 9.4 | 3.5 |
| 2019-12 | 5.4 | 3.1 | 9.1 | 3.3 |
| 2020-02 | −24.5 | −31.5 | −18.1 | −26.9 |
| 2020-03 | −16.1 | −25.2 | −9.3 | −16.4 |
| 2020-04 | −10.3 | −18.8 | −4.5 | −8.8 |
| 2020-05 | −6.3 | −14.8 | −1.8 | −3.3 |
| 2020-06 | −3.1 | −11.7 | 0.6 | −0.1 |
| 2020-07 | −1.6 | −10.2 | 2.1 | 1.2 |
| 2020-08 | −0.3 | −8.1 | 3.0 | 2.0 |
| 2020-09 | 0.8 | −6.5 | 3.8 | 2.4 |
| 2020-10 | 1.8 | −5.3 | 4.6 | 3.0 |
| 2020-11 | 2.6 | −3.5 | 5.0 | 3.3 |
| 2020-12 | 2.9 | −2.2 | 5.0 | 3.4 |
| 2021-02 | 35.0 | 37.3 | 36.8 | 35.0 |
| 2021-03 | 25.6 | 29.8 | 24.7 | 26.8 |

## 房地产开发投资及商品房销售
Real estate development investment completed and sales of commercial buildings

单位：亿元、万平方米 Unit: RMB 100 million, 10 000 square metres

| 年 / 月 Year/ Month | 房地产开发投资完成额 Real estate development investment completed | | 商品房销售额 Accumulated sales volume of commercial buildings | | 商品房销售面积 Area sold of commercial buildings | |
|---|---|---|---|---|---|---|
| | 绝对值 Absolute value | 增长率 (%) Growth rate (%) | 绝对值 Absolute value | 同比增长 (%) YOY growth (%) | 绝对值 Absolute value | 同比增长 (%) YOY growth (%) |
| 2019 1~2 | 12 090 | 11.6 | 12 803 | 2.8 | 14 102 | −3.6 |
| 1~3 | 23 803 | 11.8 | 27 039 | 5.6 | 29 829 | −0.9 |
| 1~4 | 34 217 | 11.9 | 39 141 | 8.1 | 42 085 | −0.3 |
| 1~5 | 46 075 | 11.2 | 51 773 | 6.1 | 55 518 | −1.6 |
| 1~6 | 61 609 | 10.9 | 70 698 | 5.6 | 75 786 | −1.8 |
| 1~7 | 72 843 | 10.6 | 83 162 | 6.2 | 88 783 | −1.3 |
| 1~8 | 84 589 | 10.5 | 95 373 | 6.7 | 101 849 | −0.6 |
| 1~9 | 98 008 | 10.5 | 111 491 | 7.1 | 119 179 | −0.1 |
| 1~10 | 109 603 | 10.3 | 124 417 | 7.3 | 133 251 | 0.1 |
| 1~11 | 121 265 | 10.2 | 139 006 | 7.3 | 148 905 | 0.2 |
| 1~12 | 132 194 | 9.9 | 159 725 | 6.5 | 171 558 | −0.1 |
| 2020 1~2 | 10 115 | −16.3 | 8 203 | −35.9 | 8 475 | −39.9 |
| 1~3 | 21 963 | −7.7 | 20 365 | −24.7 | 21 978 | −26.3 |
| 1~4 | 33 103 | −3.3 | 31 863 | −18.6 | 33 973 | −19.3 |
| 1~5 | 45 920 | −0.3 | 46 269 | −10.6 | 48 703 | −12.3 |
| 1~6 | 62 780 | 1.9 | 66 895 | −5.4 | 69 404 | −8.4 |
| 1~7 | 75 325 | 3.4 | 81 422 | −2.1 | 83 631 | −5.8 |
| 1~8 | 88 454 | 4.6 | 96 943 | 1.6 | 98 486 | −3.3 |
| 1~9 | 103 484 | 5.6 | 115 647 | 3.7 | 117 073 | −1.8 |
| 1~10 | 116 556 | 6.3 | 131 665 | 5.8 | 133 294 | 0.0 |
| 1~11 | 129 492 | 6.8 | 148 969 | 7.2 | 150 834 | 1.3 |
| 1~12 | 141 443 | 7.0 | 173 613 | 8.7 | 176 086 | 2.6 |
| 2021 1~2 | 13 986 | 38.3 | 19 151 | 133.4 | 17 363 | 104.9 |
| 1~3 | 27 576 | 25.6 | 38 378 | 88.5 | 36 007 | 63.8 |

## 固定资产投资完成额累计同比
Accumulated growth rates of completed investment in fixed assets

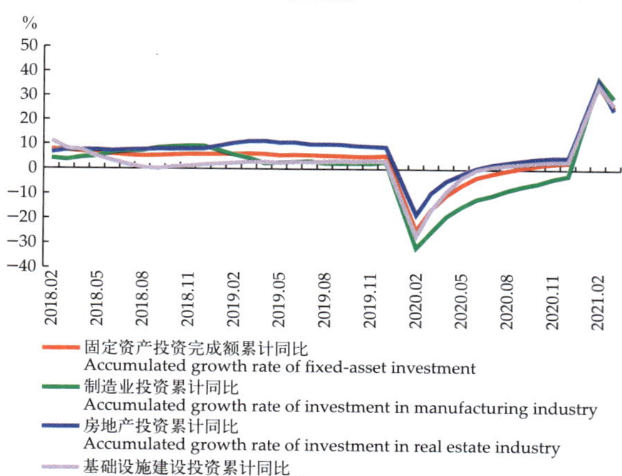


## 房地产开发投资及商品房销售
Real estate development investment completed and sales of commercial buildings

## 商品房建筑情况
Construction of commercial buildings

| 年 / 月 Year/Month | | 新开工面积（亿平方米）Area newly constructed (100 million square meters) | 同比增长（%）YOY growth (%) | 施工面积（亿平方米）Area under construction (100 million square meters) | 同比增长（%）YOY growth (%) | 竣工面积（亿平方米）Area completed (100 million square meters) | 同比增长（%）YOY growth (%) |
|---|---|---|---|---|---|---|---|
| 2019 | 1~2 | 1.9 | 6.0 | 67.5 | 6.8 | 1.2 | -11.9 |
| | 1~3 | 3.9 | 11.9 | 69.9 | 8.2 | 1.8 | -10.8 |
| | 1~4 | 5.9 | 13.1 | 72.3 | 8.8 | 2.3 | -10.3 |
| | 1~5 | 8.0 | 10.5 | 74.5 | 8.8 | 2.7 | -12.4 |
| | 1~6 | 10.6 | 10.1 | 77.2 | 8.8 | 3.2 | -12.7 |
| | 1~7 | 12.6 | 9.5 | 79.4 | 9.0 | 3.7 | -11.3 |
| | 1~8 | 14.5 | 8.9 | 81.3 | 8.8 | 4.2 | -10.0 |
| | 1~9 | 16.6 | 8.6 | 83.4 | 8.7 | 4.7 | -8.6 |
| | 1~10 | 18.6 | 10.0 | 85.5 | 9.0 | 5.4 | -5.5 |
| | 1~11 | 20.5 | 8.6 | 87.5 | 8.7 | 6.4 | -4.5 |
| | 1~12 | 22.7 | 8.5 | 89.4 | 8.7 | 9.6 | 2.6 |
| 2020 | 1~2 | 1.0 | -44.9 | 69.4 | 2.9 | 1.0 | -22.9 |
| | 1~3 | 2.8 | -27.2 | 71.8 | 2.6 | 1.6 | -15.8 |
| | 1~4 | 4.8 | -18.4 | 74.1 | 2.5 | 1.9 | -14.5 |
| | 1~5 | 7.0 | -12.8 | 76.3 | 2.3 | 2.4 | -11.3 |
| | 1~6 | 9.8 | -7.6 | 79.3 | 2.6 | 2.9 | -10.5 |
| | 1~7 | 12.0 | -4.5 | 81.8 | 3.0 | 3.3 | -10.9 |
| | 1~8 | 14.0 | -3.6 | 84.0 | 3.3 | 3.7 | -10.8 |
| | 1~9 | 16.0 | -3.4 | 86.0 | 3.1 | 4.1 | -11.6 |
| | 1~10 | 18.1 | -2.6 | 88.0 | 3.0 | 4.9 | -9.2 |
| | 1~11 | 20.1 | -2.0 | 90.2 | 3.2 | 5.9 | -7.3 |
| | 1~12 | 22.4 | -1.2 | 92.7 | 3.7 | 9.1 | -4.9 |
| 2021 | 1~2 | 1.7 | 64.3 | 77.1 | 11.0 | 1.4 | 40.4 |
| | 1~3 | 3.6 | 28.2 | 79.8 | 11.2 | 1.9 | 22.9 |

## 70个大中城市新建商品住宅价格指数当月同比
YOY growth rate of sales price of newly constructed commercial residential buildings in 70 large- and medium-sized cities

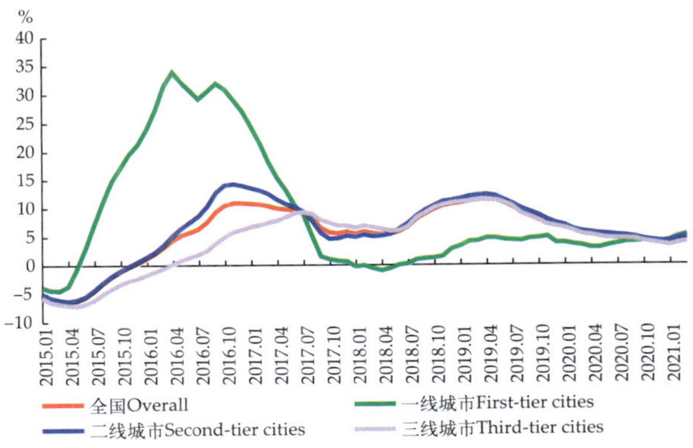


## 70个大中城市二手住宅价格指数当月同比
YOY growth rate of sales price of second-handed residential buildings in 70 large- and medium-sized cities

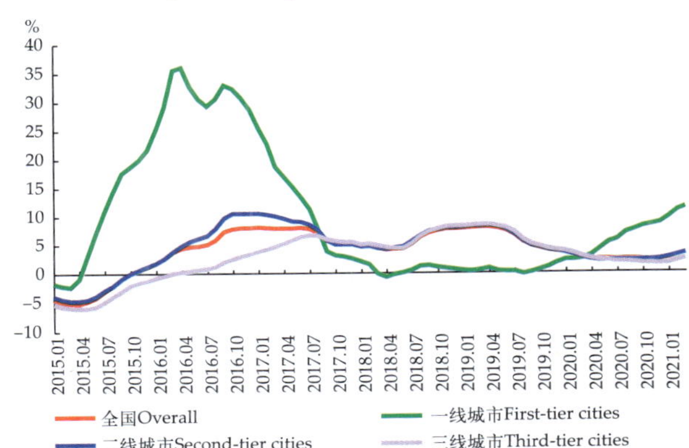


## 商品房建筑情况
Construction of commercial buildings

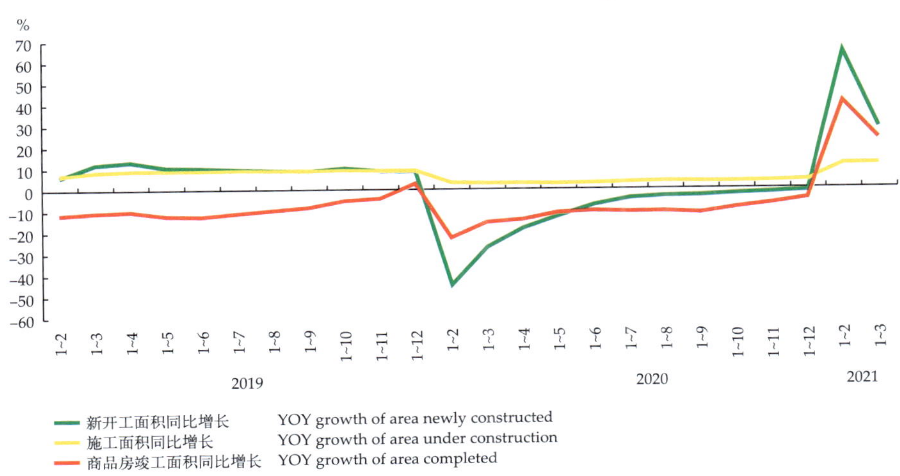

### 1.2.3 进出口与直接投资（Imports, exports and direct investments）

据世界贸易组织统计，2020年，中国货物贸易出口总值为2.59万亿美元，占世界货物贸易出口总值17.58万亿美元的14.7%，比上年提高1.5个百分点，在全球货物贸易出口排名中位居第一。2020年，中国货物贸易进口总值为2.06万亿美元，占世界货物贸易进口总值17.81万亿美元的11.5%，比上年提高0.7个百分点，在全球货物贸易进口中排名第二，位于美国之后。

According to WTO statistics, in 2020, China's export volume of goods totaled USD 2.59 trillion, accounting for 14.7 percent of the world total of USD 17.58 trillion, 1.5 percentage points higher than that in 2019. China's goods export ranked first in the world. China's import volume of goods reached USD 2.06 trillion, accounting for 11.5 percent of the world total of USD 17.81 trillion, 0.7 percentage points higher than that in 2019. China ranked second in the world after the US in terms of goods imports.

**我国出口总值、贸易总额与GDP之比**
Total exports and total trade volume over GDP

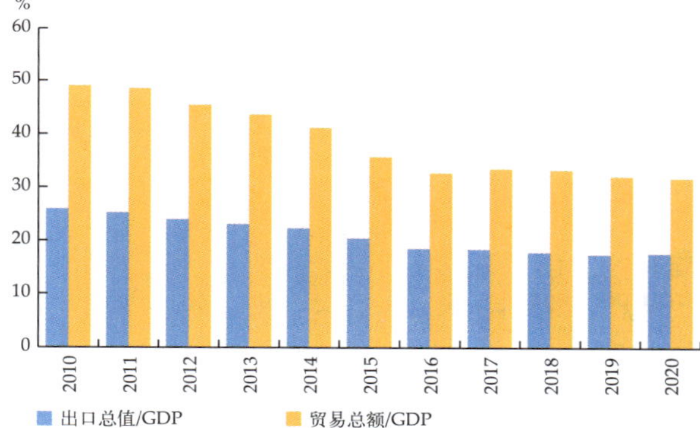


**我国贸易总额及其增长趋势**
Total trade volume and growth rates

**2020年世界货物贸易出口前十位排名**
Top ten economies in the world in terms of goods exported in 2020

| 排名 Rank | 经济体 Economy | | 出口（10 亿美元）Exports (USD 1 billion) | 比重（%）Share (%) |
|---|---|---|---|---|
| 1 | **中　国** | **China** | **2 591** | **14.7** |
| 2 | 美　国 | US | 1 432 | 8.1 |
| 3 | 德　国 | Germany | 1 380 | 7.8 |
| 4 | 荷　兰 | Netherlands | 674 | 3.8 |
| 5 | 日　本 | Japan | 641 | 3.6 |
| 6 | 中国香港 | HK SAR of China | 549 | 3.1 |
| 7 | 韩　国 | Korea | 512 | 2.9 |
| 8 | 意大利 | Italy | 496 | 2.8 |
| 9 | 法　国 | France | 488 | 2.8 |
| 10 | 比利时 | Belgium | 419 | 2.4 |
| — | **世　界** | **World total** | **17 583** | **100.0** |

**2020年世界货物贸易进口前十位排名**
Top ten economies in the world in terms of goods imported in 2020

| 排名 Rank | 经济体 Economy | | 进口（10 亿美元）Imports (USD 1 billion) | 比重（%）Share (%) |
|---|---|---|---|---|
| 1 | 美　国 | US | 2 408 | 13.5 |
| 2 | **中　国** | **China** | **2 056** | **11.5** |
| 3 | 德　国 | Germany | 1 171 | 6.6 |
| 4 | 英　国 | UK | 635 | 3.6 |
| 5 | 日　本 | Japan | 635 | 3.6 |
| 6 | 荷　兰 | Netherlands | 597 | 3.4 |
| 7 | 法　国 | France | 582 | 3.3 |
| 8 | 中国香港 | HK SAR of China | 570 | 3.2 |
| 9 | 韩　国 | Korea | 468 | 2.6 |
| 10 | 意大利 | Italy | 423 | 2.4 |
| — | **世　界** | **World total** | **17 812** | **100.0** |

## 我国年度进出口额及其增长率
Annual imports & exports and growth rates

单位：亿美元
Unit: USD 100 million

| 年 Year | 进出口 Imports & Exports 总额 Total value | 进出口 Imports & Exports 增长率 (%) Growth rate (%) | 出口 Exports 总额 Total value | 出口 Exports 增长率 (%) Growth rate (%) | 进口 Imports 总额 Total value | 进口 Imports 增长率 (%) Growth rate (%) | 进出口差额 Trade balance |
|---|---|---|---|---|---|---|---|
| 2000 | 4 743 | 31.5 | 2 492 | 27.8 | 2 251 | 35.8 | 241 |
| 2001 | 5 097 | 7.5 | 2 661 | 6.8 | 2 436 | 8.2 | 225 |
| 2002 | 6 208 | 21.8 | 3 256 | 22.4 | 2 952 | 21.2 | 304 |
| 2003 | 8 510 | 37.1 | 4 382 | 34.6 | 4 128 | 39.8 | 255 |
| 2004 | 11 546 | 35.7 | 5 933 | 35.4 | 5 612 | 36.0 | 321 |
| 2005 | 14 219 | 23.2 | 7 620 | 28.4 | 6 600 | 17.6 | 1 020 |
| 2006 | 17 604 | 23.8 | 9 690 | 27.2 | 7 915 | 19.9 | 1 775 |
| 2007 | 21 762 | 23.6 | 12 201 | 25.9 | 9 561 | 20.8 | 2 639 |
| 2008 | 25 633 | 17.8 | 14 307 | 17.3 | 11 326 | 18.5 | 2 981 |
| 2009 | 22 075 | −13.9 | 12 016 | −16.0 | 10 059 | −11.2 | 1 957 |
| 2010 | 29 740 | 34.7 | 15 778 | 31.3 | 13 962 | 38.8 | 1 815 |
| 2011 | 36 419 | 22.5 | 18 984 | 20.3 | 17 435 | 24.9 | 1 549 |
| 2012 | 38 671 | 6.2 | 20 487 | 7.9 | 18 184 | 4.3 | 2 303 |
| 2013 | 41 590 | 7.5 | 22 090 | 7.8 | 19 500 | 7.2 | 2 590 |
| 2014 | 43 015 | 3.4 | 23 423 | 6.0 | 19 592 | 0.5 | 3 831 |
| 2015 | 39 530 | −8.1 | 22 735 | −2.9 | 16 796 | −14.3 | 5 939 |
| 2016 | 36 856 | −6.8 | 20 976 | −7.7 | 15 879 | −5.5 | 5 097 |
| 2017 | 41 071 | 11.4 | 22 633 | 7.9 | 18 438 | 16.1 | 4 196 |
| 2018 | 46 224 | 12.5 | 24 867 | 9.9 | 21 357 | 15.8 | 3 509 |
| 2019 | 45 779 | −1.0 | 24 995 | 0.5 | 20 784 | −2.7 | 4 211 |
| 2020 | 46 534 | 1.6 | 25 902 | 3.6 | 20 632 | −0.7 | 5 269 |

注：表中数据根据海关总署最新数据修订。
Note: Data are revised by General Administration of Customs of the People's Republic of China.

## 当月进出口总值及其增长率
Total monthly imports, exports, and growth rates

单位：亿美元
Unit: USD 100 million

| 年 / 月 Year/Month | 出口总值 Total exports | 进口总值 Total imports | 出口同比增长率（%）Growth rate of exports (YOY)(%) | 进口同比增长率（%）Growth rate of imports (YOY) (%) | 当月差额 Monthly trade balance |
|---|---|---|---|---|---|
| 2019.01 | 2 180 | 1 797 | 9.3 | −0.8 | 383 |
| 2019.02 | 1 353 | 1 324 | −20.7 | −4.3 | 30 |
| 2019.03 | 1 982 | 1 669 | 14.0 | −7.1 | 314 |
| 2019.04 | 1 936 | 1 805 | −2.7 | 4.5 | 131 |
| 2019.05 | 2 139 | 1 728 | 1.1 | −8.2 | 411 |
| 2019.06 | 2 125 | 1 628 | −1.5 | −6.8 | 496 |
| 2019.07 | 2 218 | 1 778 | 3.4 | −4.9 | 440 |
| 2019.08 | 2 149 | 1 802 | −1.0 | −5.5 | 347 |
| 2019.09 | 2 182 | 1 791 | −3.2 | −8.2 | 391 |
| 2019.10 | 2 130 | 1 707 | −0.8 | −6.1 | 423 |
| 2019.11 | 2 214 | 1 843 | −1.3 | 1.0 | 372 |
| 2019.12 | 2 386 | 1 914 | 8.1 | 16.7 | 472 |
| 2020.01 | 2 116 | 1 569 | −2.9 | −12.7 | 547 |
| 2020.02 | 804 | 1 425 | −40.6 | 7.7 | −621 |
| 2020.03 | 1 846 | 1 648 | −6.9 | −1.3 | 198 |
| 2020.04 | 1 995 | 1 546 | 3.1 | −14.4 | 449 |
| 2020.05 | 2 065 | 1 439 | −3.5 | −16.7 | 626 |
| 2020.06 | 2 129 | 1 666 | 0.2 | 2.3 | 463 |
| 2020.07 | 2 369 | 1 750 | 6.8 | −1.6 | 619 |
| 2020.08 | 2 344 | 1 759 | 9.1 | −2.3 | 585 |
| 2020.09 | 2 387 | 2 020 | 9.4 | 12.7 | 368 |
| 2020.10 | 2 362 | 1 782 | 10.9 | 4.4 | 581 |
| 2020.11 | 2 670 | 1 915 | 20.6 | 3.9 | 755 |
| 2020.12 | 2 819 | 2 038 | 18.1 | 6.5 | 782 |
| 2021.01 | 2 639 | 1 997 | 24.7 | 27.3 | 642 |
| 2021.02 | 2 048 | 1 675 | 154.8 | 17.6 | 373 |
| 2021.03 | 2 411 | 2 275 | 30.6 | 38.2 | 136 |

## 当月进出口增长率及贸易差额
Total monthly imports, exports and growth rates

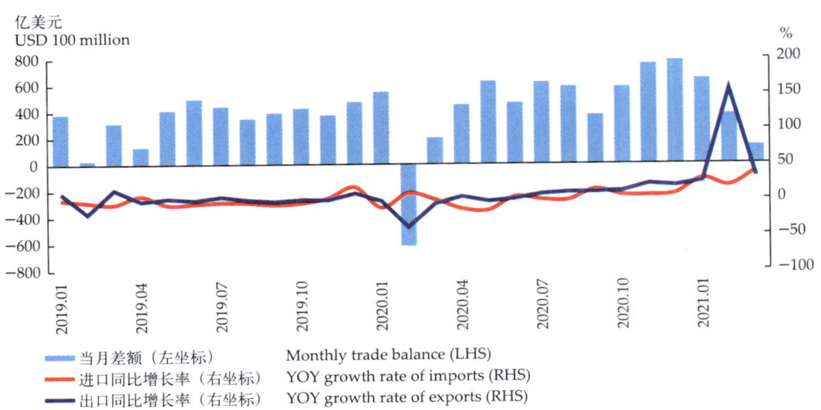

**中国对其他经济体出口金额累计同比**
Accumulated growth rate of value of China's exports to other economies

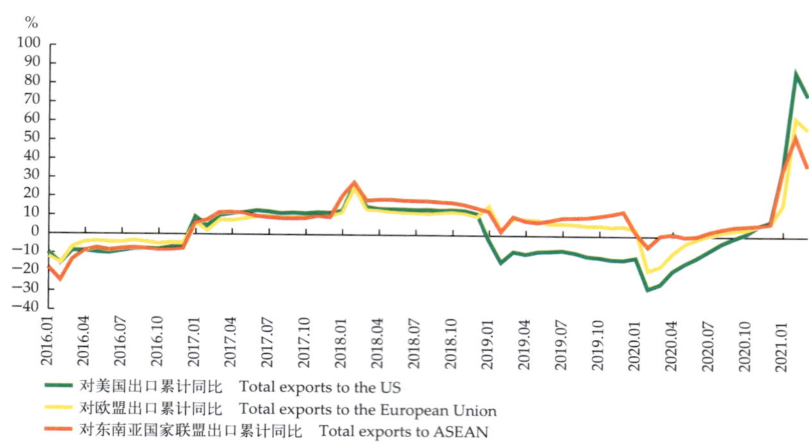


**中国从其他经济体进口金额累计同比**
Accumulated growth rate of value of China's imports from other economies

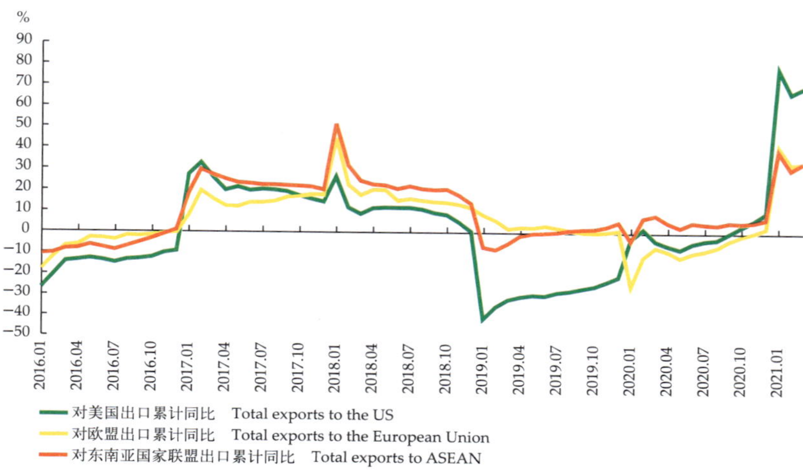


**中国对其他经济体贸易差额**
China's trade balance with other economies

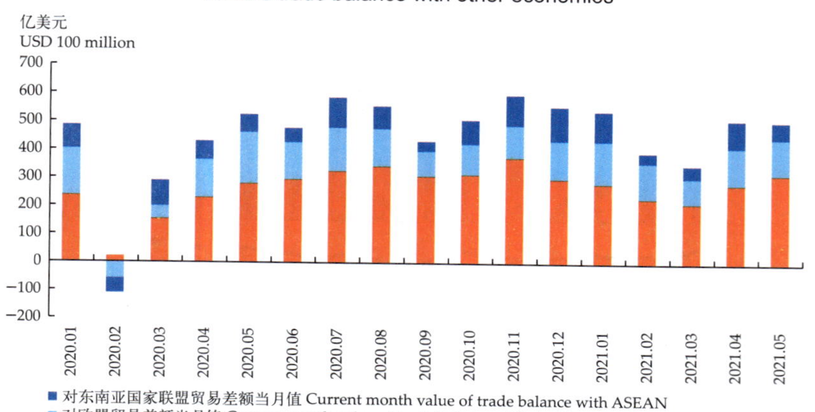

## 实际利用外商直接投资及其增长趋势
Actual utilized foreign direct investments and growth rates

| 年<br>Year | 年度数（亿美元）<br>Absolute value<br>(USD 100 million) | 同比增速（%）<br>YOY Growth rates（%） |
|---|---|---|
| 2008 | 924.0 | 23.6 |
| 2009 | 900.3 | -2.6 |
| 2010 | 1 057.4 | 17.4 |
| 2011 | 1 160.1 | 9.7 |
| 2012 | 1 117.2 | -3.7 |
| 2013 | 1 175.9 | 5.3 |
| 2014 | 1 195.6 | 1.7 |
| 2015 | 1 262.7 | 5.6 |
| 2016 | 1 260.0 | -0.2 |
| 2017 | 1 310.4 | 4.0 |
| 2018 | 1 349.7 | 3.0 |
| 2019 | 1 381.3 | 2.3 |
| 2020 | 1 444.0 | 4.5 |

## 非金融类对外直接投资及其增长趋势
Non-financial outbound direct investment and growth rates

| 年<br>Year | 年度数（亿美元）<br>Absolute value<br>(USD 100 million) | 同比增速（%）<br>YOY Growth rates（%） |
|---|---|---|
| 2008 | 406.5 | 63.6 |
| 2009 | 438.0 | 6.5 |
| 2010 | 590.0 | 36.3 |
| 2011 | 600.7 | 1.8 |
| 2012 | 772.2 | 28.6 |
| 2013 | 901.7 | 16.8 |
| 2014 | 1 028.9 | 14.1 |
| 2015 | 1 180.2 | 14.7 |
| 2016 | 1 701.1 | 44.1 |
| 2017 | 1 200.8 | -29.4 |
| 2018 | 1 205.0 | 0.3 |
| 2019 | 1 106.0 | -8.2 |
| 2020 | 1 101.5 | -0.4 |

## 实际利用外商直接投资及其增长趋势
Actual utilized foreign direct investments and growth rates

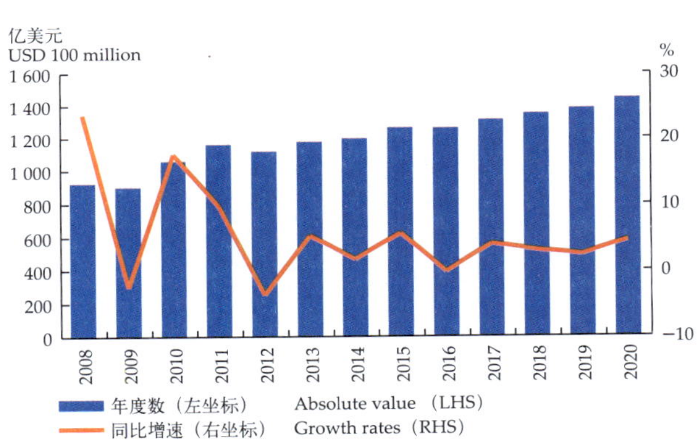


## 非金融类对外直接投资及其增长趋势
Non-financial outbound direct investment and growth rates

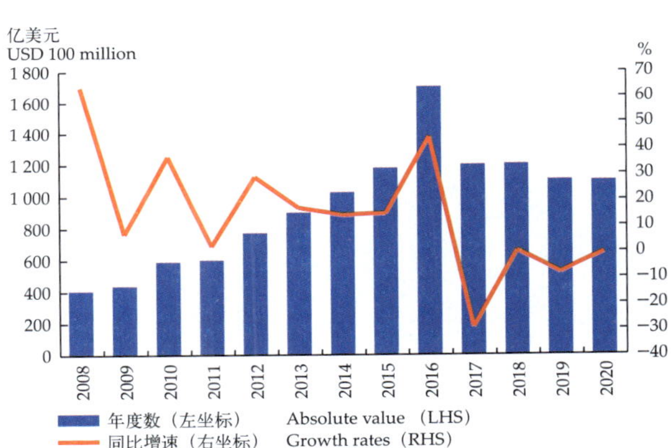

## 1.3 价格（Price）

### 主要价格指数
Main price indices

单位：% Unit: %

| 年 / 月 Year/Month | | 居民消费价格指数 Comsumer price indices | | | 工业生产者出厂价格指数 Producer price index for manufactured goods | | 进出口同比价格指数 Import-export price index (YOY) | |
|---|---|---|---|---|---|---|---|---|
| | | 月环比 MOM | 当月同比 YOY | 累计同比 Accumulated YOY | 当月同比 YOY | 累计同比 Accumulated YOY | 出口 Exports | 进口 Imports |
| 2018 | 1 | 0.6 | 1.5 | 1.5 | 4.3 | 4.3 | 0.5 | 5.1 |
| | 2 | 1.2 | 2.9 | 2.2 | 3.7 | 4.0 | -1.9 | -1.4 |
| | 3 | -1.1 | 2.1 | 2.1 | 3.1 | 3.7 | 2.7 | 1.1 |
| | 4 | -0.2 | 1.8 | 2.1 | 3.4 | 3.6 | 0.2 | 0.5 |
| | 5 | -0.2 | 1.8 | 2.0 | 4.1 | 3.7 | 0.6 | 2.0 |
| | 6 | -0.1 | 1.9 | 2.0 | 4.7 | 3.9 | 0.4 | 4.4 |
| | 7 | 0.3 | 2.1 | 2.0 | 4.6 | 4.0 | 1.0 | 6.9 |
| | 8 | 0.7 | 2.3 | 2.0 | 4.1 | 4.0 | 4.1 | 5.8 |
| | 9 | 0.7 | 2.5 | 2.1 | 3.6 | 4.0 | 7.0 | 10.9 |
| | 10 | 0.2 | 2.5 | 2.1 | 3.3 | 3.9 | 9.4 | 10.4 |
| | 11 | -0.3 | 2.2 | 2.1 | 2.7 | 3.8 | 7.5 | 11.3 |
| | 12 | 0.0 | 1.9 | 2.1 | 0.9 | 3.5 | 5.3 | 12.6 |
| 2019 | 1 | 0.5 | 1.7 | 1.7 | 0.1 | 0.1 | 3.2 | 3.8 |
| | 2 | 1.0 | 1.5 | 1.6 | 0.1 | 0.1 | 9.6 | 5.0 |
| | 3 | -0.4 | 2.3 | 1.8 | 0.4 | 0.2 | 2.2 | 2.0 |
| | 4 | 0.1 | 2.5 | 2.0 | 0.9 | 0.3 | 3.9 | 1.6 |
| | 5 | 0.0 | 2.7 | 2.2 | 0.6 | 0.4 | 3.4 | 7.9 |
| | 6 | -0.1 | 2.7 | 2.2 | 0.0 | 0.3 | 5.1 | 5.9 |
| | 7 | 0.4 | 2.8 | 2.3 | -0.3 | 0.2 | 3.8 | 3.0 |
| | 8 | 0.7 | 2.8 | 2.4 | -0.8 | 0.1 | 3.0 | 0.5 |
| | 9 | 0.9 | 3.0 | 2.5 | -1.2 | 0.0 | 2.0 | -1.4 |
| | 10 | 0.9 | 3.8 | 2.6 | -1.6 | -0.2 | 1.1 | -3.6 |
| | 11 | 0.4 | 4.5 | 2.8 | -1.4 | -0.3 | 1.4 | -3.9 |
| | 12 | 0.0 | 4.5 | 2.9 | -0.5 | -0.3 | -1.4 | -2.1 |
| 2020 | 1 | 1.4 | 5.4 | 5.4 | 0.1 | 0.1 | 0.0 | 0.0 |
| | 2 | 0.8 | 5.2 | 5.3 | -0.4 | -0.2 | -1.3 | 0.3 |
| | 3 | -1.2 | 4.3 | 4.9 | -1.5 | -0.6 | 1.2 | -2.6 |
| | 4 | -0.9 | 3.3 | 4.5 | -3.1 | -1.2 | 7.7 | -5.6 |
| | 5 | -0.8 | 2.4 | 4.1 | -3.7 | -1.7 | 8.4 | -9.4 |
| | 6 | -0.1 | 2.5 | 3.8 | -3.0 | -1.9 | 4.3 | -8.3 |
| | 7 | 0.6 | 2.7 | 3.7 | -2.4 | -2.0 | 4.3 | -6.7 |
| | 8 | 0.4 | 2.4 | 3.5 | -2.0 | -2.0 | 1.3 | -3.6 |
| | 9 | 0.2 | 1.7 | 3.3 | -2.1 | -2.0 | -3.8 | -3.0 |
| | 10 | -0.3 | 0.5 | 3.0 | -2.1 | -2.0 | -2.2 | -4.6 |
| | 11 | -0.6 | -0.5 | 2.7 | -1.5 | -2.0 | -0.1 | -5.8 |
| | 12 | 0.7 | 0.2 | 2.5 | -0.4 | -1.8 | 0.5 | -4.6 |
| 2021 | 1 | 1.0 | -0.3 | -0.3 | 0.3 | 0.3 | | |
| | 2 | 0.6 | -0.2 | -0.3 | 1.7 | 1.0 | | |
| | 3 | -0.5 | 0.4 | 0.0 | 4.4 | 2.1 | | |

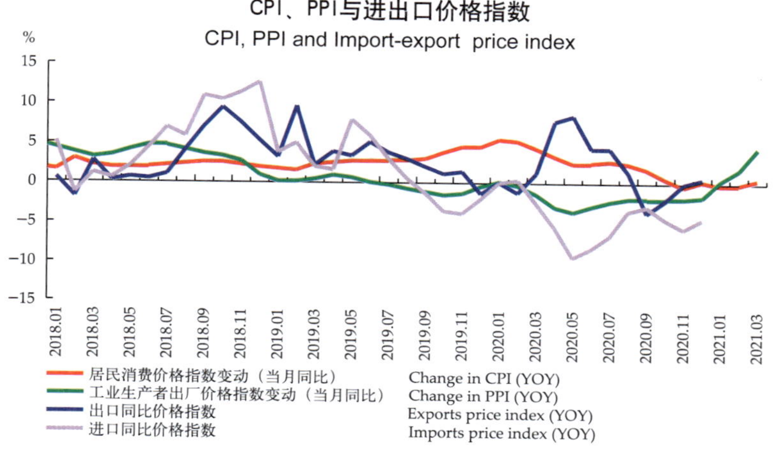

### CPI同比指数变动
### Change in CPI (YOY)

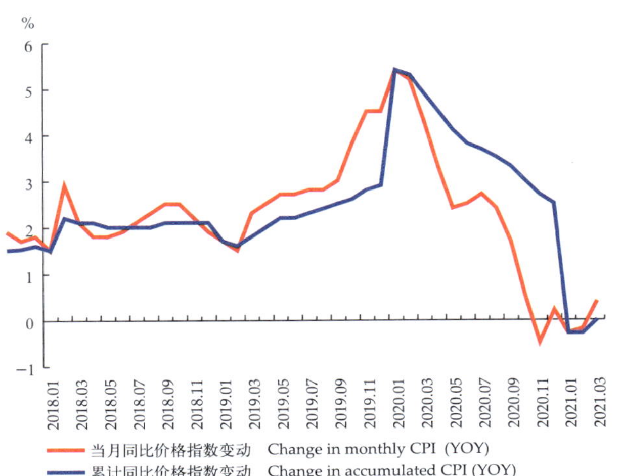


### PPI同比指数变动
### Change in PPI (YOY)

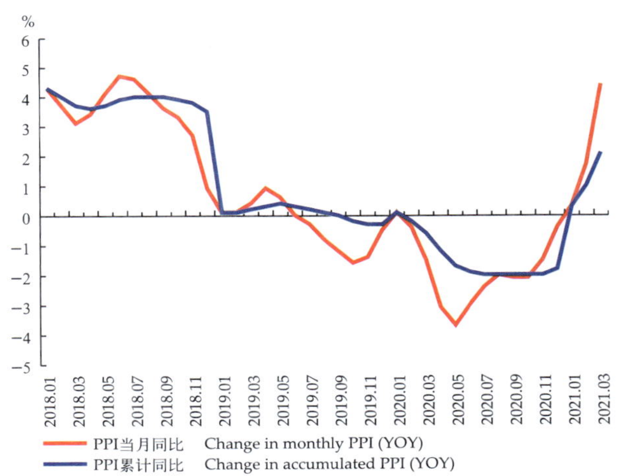


### CPI当月同比分类指数变动
### Breakdown of changes in CPI (YOY)

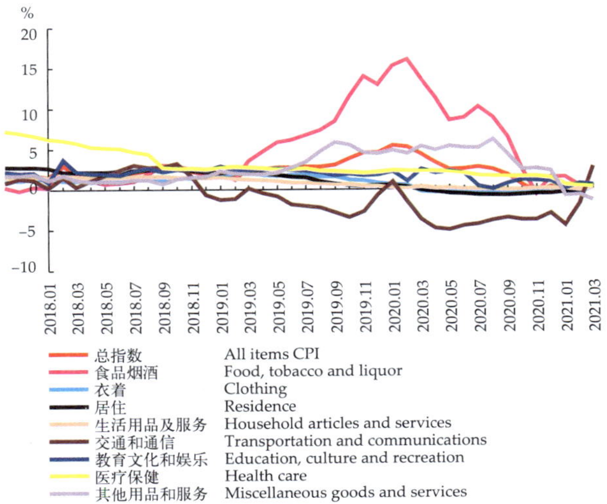


### PPI当月同比分类指数变动
### Breakdown of changes in PPI (YOY)

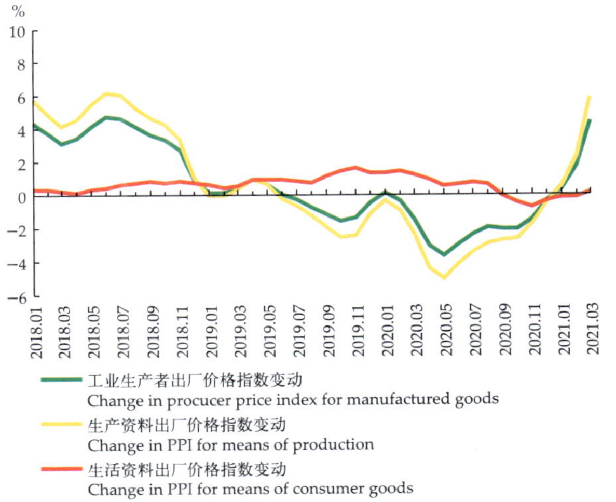

## 1.4 就业与居民收入（Employment and household income）

### 人口与就业基本情况
Population and employment

| 年<br>Year | 年底总人口（亿人）<br>Population at the end of the year (100 million people) | | | | | 15~64 岁人口数（亿人）<br>Population between 15~64 years of age (100 million people) | 就业人员（亿人）<br>Employment (100 million people) |
|---|---|---|---|---|---|---|---|
| | | 城镇<br>Urban | 比重（%）<br>Share (%) | 乡村<br>Rural | 比重（%）<br>Share (%) | | |
| 2000 | 12.7 | 4.6 | 36 | 8.1 | 64 | | 7.2 |
| 2001 | 12.8 | 4.8 | 38 | 8.0 | 62 | | 7.3 |
| 2002 | 12.8 | 5.0 | 39 | 7.8 | 61 | 9.0 | 7.3 |
| 2003 | 12.9 | 5.2 | 41 | 7.7 | 59 | 9.1 | 7.4 |
| 2004 | 13.0 | 5.4 | 42 | 7.6 | 58 | 9.2 | 7.4 |
| 2005 | 13.1 | 5.6 | 43 | 7.5 | 57 | 9.4 | 7.5 |
| 2006 | 13.1 | 5.8 | 44 | 7.3 | 56 | 9.5 | 7.5 |
| 2007 | 13.2 | 6.1 | 46 | 7.1 | 54 | 9.6 | 7.5 |
| 2008 | 13.3 | 6.2 | 47 | 7.0 | 53 | 9.7 | 7.6 |
| 2009 | 13.3 | 6.5 | 48 | 6.9 | 52 | 9.7 | 7.6 |
| 2010 | 13.4 | 6.7 | 50 | 6.7 | 50 | 10.0 | 7.6 |
| 2011 | 13.5 | 6.9 | 51 | 6.6 | 49 | 10.0 | 7.6 |
| 2012 | 13.5 | 7.1 | 53 | 6.4 | 47 | 10.0 | 7.7 |
| 2013 | 13.6 | 7.3 | 54 | 6.3 | 46 | 10.1 | 7.7 |
| 2014 | 13.7 | 7.5 | 55 | 6.2 | 45 | 10.0 | 7.7 |
| 2015 | 13.7 | 7.7 | 56 | 6.0 | 44 | 10.0 | 7.7 |
| 2016 | 13.8 | 7.9 | 57 | 5.9 | 43 | 10.0 | 7.8 |
| 2017 | 13.9 | 8.1 | 59 | 5.8 | 41 | 10.0 | 7.8 |
| 2018 | 14.0 | 8.3 | 60 | 5.6 | 40 | 9.9 | 7.8 |
| 2019 | 14.0 | 8.5 | 61 | 5.5 | 39 | 9.9 | 7.7 |
| 2020 | 14.0 | 8.5 | 61 | 5.5 | 39 | 9.9 | 7.7 |

注：表中数据根据第六次人口普查数据重新修订。
Note:Data are revised according to the sixth National Population Census.

### 就业人口按城乡和产业分类
Employment in urban and rural areas and in industries

| 年<br>Year | 就业人员（亿人）Employment (100 million people) | 按城乡分 Urban & rural | | | | 按产业分 Industries | | | | | |
|---|---|---|---|---|---|---|---|---|---|---|---|
| | | 城镇<br>Urban | 比重（%）<br>Share (%) | 乡村<br>Rural | 比重（%）<br>Share (%) | 第一产业<br>Primary industry | 比重（%）<br>Share (%) | 第二产业<br>Secondary industry | 比重（%）<br>Share (%) | 第三产业<br>Tertiary industry | 比重（%）<br>Share (%) |
| 2000 | 7.21 | 2.32 | 32.1 | 4.89 | 67.9 | 3.60 | 50.0 | 1.62 | 22.5 | 1.98 | 27.5 |
| 2001 | 7.28 | 2.41 | 33.1 | 4.87 | 66.9 | 3.64 | 50.0 | 1.62 | 22.3 | 2.02 | 27.7 |
| 2002 | 7.33 | 2.52 | 34.3 | 4.81 | 65.7 | 3.66 | 50.0 | 1.57 | 21.4 | 2.10 | 28.6 |
| 2003 | 7.37 | 2.62 | 35.6 | 4.75 | 64.4 | 3.62 | 49.1 | 1.59 | 21.6 | 2.16 | 29.3 |
| 2004 | 7.43 | 2.73 | 36.8 | 4.70 | 63.2 | 3.48 | 46.9 | 1.67 | 22.5 | 2.27 | 30.6 |
| 2005 | 7.46 | 2.84 | 38.0 | 4.63 | 62.0 | 3.34 | 44.8 | 1.78 | 23.8 | 2.34 | 31.4 |
| 2006 | 7.50 | 2.96 | 39.5 | 4.53 | 60.5 | 3.19 | 42.6 | 1.89 | 25.2 | 2.41 | 32.2 |
| 2007 | 7.53 | 3.10 | 41.1 | 4.44 | 58.9 | 3.07 | 40.8 | 2.02 | 26.8 | 2.44 | 32.4 |
| 2008 | 7.56 | 3.21 | 42.5 | 4.35 | 57.5 | 2.99 | 39.6 | 2.06 | 27.2 | 2.51 | 33.2 |
| 2009 | 7.58 | 3.33 | 43.9 | 4.25 | 56.1 | 2.89 | 38.1 | 2.11 | 27.8 | 2.59 | 34.1 |
| 2010 | 7.61 | 3.47 | 45.6 | 4.14 | 54.4 | 2.79 | 36.7 | 2.18 | 28.7 | 2.63 | 34.6 |
| 2011 | 7.64 | 3.59 | 47.0 | 4.05 | 53.0 | 2.66 | 34.8 | 2.25 | 29.5 | 2.73 | 35.7 |
| 2012 | 7.67 | 3.71 | 48.4 | 3.96 | 51.6 | 2.58 | 33.6 | 2.32 | 30.3 | 2.77 | 36.1 |
| 2013 | 7.70 | 3.82 | 49.7 | 3.87 | 50.3 | 2.42 | 31.4 | 2.32 | 30.1 | 2.96 | 38.5 |
| 2014 | 7.73 | 3.93 | 50.9 | 3.79 | 49.1 | 2.28 | 29.5 | 2.31 | 29.9 | 3.14 | 40.6 |
| 2015 | 7.75 | 4.04 | 52.2 | 3.70 | 47.8 | 1.14 | 28.3 | 1.18 | 29.3 | 3.28 | 42.4 |
| 2016 | 7.76 | 4.14 | 53.4 | 3.62 | 46.6 | 2.15 | 27.7 | 2.23 | 28.8 | 3.38 | 43.5 |
| 2017 | 7.76 | 4.25 | 54.7 | 3.52 | 45.3 | 2.09 | 27.0 | 2.18 | 28.1 | 3.49 | 44.9 |
| 2018 | 7.76 | 4.34 | 56.0 | 3.42 | 44.0 | 2.03 | 26.1 | 2.14 | 27.6 | 3.59 | 46.3 |
| 2019 | 7.75 | 4.42 | 57.1 | 3.32 | 42.9 | 1.94 | 25.1 | 2.13 | 27.5 | 3.67 | 47.4 |
| 2020 | 7.51 | 4.63 | 61.6 | — | — | 1.77 | 23.6 | 2.15 | 28.7 | 3.58 | 47.1 |

注：表中数据根据第六次人口普查数据重新修订。
Note: Data are revised according to the sixth National Population Census.

## 城镇失业人数和失业率
## Unemployed urban population and unemployment rate

| 年 / 季度末 Year/End of quarter | | 城镇登记失业人数（万人）Registered unemployment in urban areas (10 000 people) | 城镇登记失业率 (%) Registered unemployment rate in urban areas (%) | 城镇调查失业率 (%) Surveyed unemployment rate in urban areas (%) |
|---|---|---|---|---|
| 2017 | I | 976 | 4.0 | — |
| | II | 976 | 4.0 | — |
| | III | 979 | 4.0 | — |
| | IV | 972 | 3.9 | — |
| 2018 | I | 971 | 3.9 | 5.1 |
| | II | 969 | 3.8 | 4.8 |
| | III | 975 | 3.8 | 4.9 |
| | IV | 974 | 3.8 | 4.9 |
| 2019 | I | 959 | 3.7 | 5.2 |
| | II | 947 | 3.6 | 5.1 |
| | III | 948 | 3.6 | 5.2 |
| | IV | 945 | 3.6 | 5.2 |
| 2020 | I | 957 | 3.7 | 5.9 |
| | II | 1 005 | 3.8 | 5.7 |
| | III | 1 126 | 4.2 | 5.4 |
| | IV | 1 160 | 4.2 | 5.2 |
| 2021 | I | 1 060.00 | 3.9 | 5.3 |

## 居民人均可支配收入
## Per capita disposable income

| 年 / 季度 Year/ Quarter | | 农村居民人均可支配收入 Per capita disposable income in rural area | | 城镇居民人均可支配收入 Per capita disposable income in urban area | |
|---|---|---|---|---|---|
| | | 绝对值（元）Absolute value (RMB) | 同比实际增长 (%) Growth in real terms (YOY) (%) | 绝对值（元）Absolute value (RMB) | 同比实际增长 (%) Growth in real terms (YOY) (%) |
| 2017 | I | 3 880 | 7.2 | 9 986 | 6.3 |
| | I~II | 6 562 | 7.4 | 18 322 | 6.5 |
| | I~III | 9 778 | 7.5 | 27 430 | 6.6 |
| | I~IV | 13 432 | 7.3 | 36 396 | 6.5 |
| 2018 | I | 4 226 | 6.8 | 10 781 | 5.7 |
| | I~II | 7 142 | 6.8 | 19 770 | 5.8 |
| | I~III | 10 645 | 6.8 | 29 599 | 5.7 |
| | I~IV | 14 617 | 6.6 | 39 251 | 5.6 |
| 2019 | I | 4 600 | 6.9 | 11 633 | 5.9 |
| | I~II | 7 778 | 6.6 | 21 342 | 5.7 |
| | I~III | 11 622 | 6.4 | 31 939 | 5.4 |
| | I~IV | 16 021 | 6.2 | 42 359 | 5.0 |
| 2020 | I | 4 641 | -4.7 | 11 691 | -3.9 |
| | I~II | 8 069 | -1.0 | 21 655 | -2.0 |
| | I~III | 12 297 | 1.6 | 32 821 | -0.3 |
| | I~IV | 17 131 | 3.8 | 43 834 | 1.2 |
| 2021 | I | 5 398 | 16.3 | 13 120 | 12.3 |

## 城镇调查失业率
## Unemployment rate

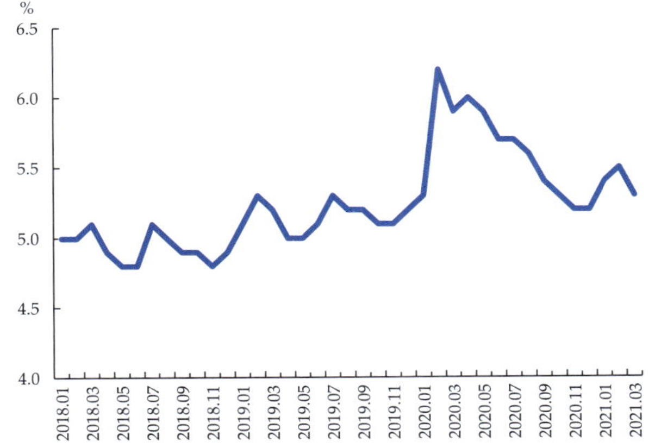


## 人均可支配收入
## Per capita disposable income of residents

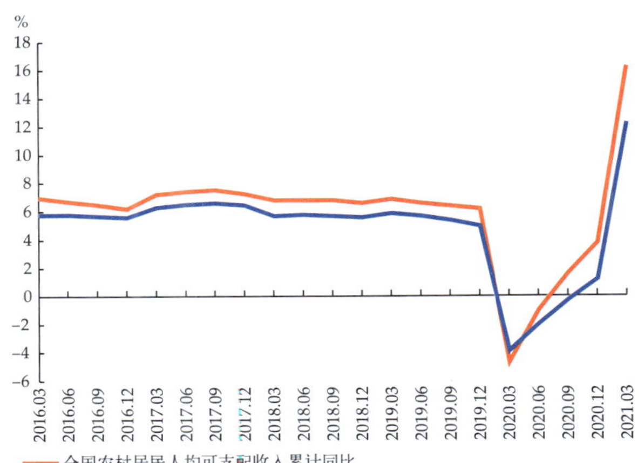

# 二、货币与存贷款（Money, deposits and loans）

## 2.1 基础货币与中央银行资产负债表（Monetary base and balance sheet of central banks）

### 基础货币余额及其增长趋势
Monetary base and its growth

| 年 / 月 Year/Month | 余额（万亿元）Outstanding amounts (RMB 1 trillion) | 同比增长率 (%) Growth rate (YOY)(%) |
|---|---|---|
| 2018.01 | 30.75 | 0.6 |
| 2018.02 | 31.83 | 5.9 |
| 2018.03 | 32.14 | 7.0 |
| 2018.04 | 30.73 | 3.4 |
| 2018.05 | 30.45 | 2.4 |
| 2018.06 | 31.85 | 4.8 |
| 2018.07 | 31.19 | 4.3 |
| 2018.08 | 31.11 | 3.1 |
| 2018.09 | 31.79 | 3.9 |
| 2018.10 | 29.82 | −2.3 |
| 2018.11 | 30.58 | −0.4 |
| 2018.12 | 33.10 | 2.8 |
| 2019.01 | 31.32 | 1.9 |
| 2019.02 | 30.36 | −4.6 |
| 2019.03 | 30.37 | −5.5 |
| 2019.04 | 29.88 | −2.8 |
| 2019.05 | 30.41 | −0.1 |
| 2019.06 | 31.31 | −1.7 |
| 2019.07 | 30.13 | −3.4 |
| 2019.08 | 30.03 | −3.5 |
| 2019.09 | 30.59 | −3.8 |
| 2019.10 | 29.88 | 0.2 |
| 2019.11 | 30.40 | −0.6 |
| 2019.12 | 32.42 | −2.1 |
| 2020.01 | 32.16 | 2.7 |
| 2020.02 | 30.87 | 1.7 |
| 2020.03 | 31.78 | 4.6 |
| 2020.04 | 31.17 | 4.3 |
| 2020.05 | 30.87 | 1.5 |
| 2020.06 | 30.83 | −1.5 |
| 2020.07 | 29.72 | −1.4 |
| 2020.08 | 29.82 | −0.7 |
| 2020.09 | 31.56 | 3.2 |
| 2020.10 | 30.24 | 1.2 |
| 2020.11 | 31.45 | 3.5 |
| 2020.12 | 33.04 | 1.9 |
| 2021.01 | 31.68 | −1.5 |
| 2021.02 | 32.16 | 4.2 |
| 2021.03 | 32.70 | 2.9 |

### 基础货币余额及其增长趋势
Monetary base and its growth

万亿元 RMB 1 trillion; %

余额（左坐标） Outstanding amounts (LHS)
同比增长率（右坐标） Growth rate (YOY)(RHS)

### 基础货币构成
Composition of monetary base

单位：亿元
Unit: RMB 100 million

| 年 / 季度 Year/Quarter | 货币发行 Currency issue | 金融机构存款 Deposits of depository corporations |
|---|---|---|
| 2018Q1 | 79 453 | 238 740 |
| 2018Q2 | 75 658 | 237 805 |
| 2018Q3 | 78 117 | 231 051 |
| 2018Q4 | 79 146 | 235 511 |
| 2019Q1 | 81 311 | 209 648 |
| 2019Q2 | 78 237 | 221 817 |
| 2019Q3 | 80 218 | 212 230 |
| 2019Q4 | 82 859 | 226 024 |
| 2020Q1 | 90 751 | 212 681 |
| 2020Q2 | 85 413 | 207 203 |
| 2020Q3 | 88 063 | 209 650 |
| 2020Q4 | 89 823 | 222 906 |
| 2021Q1 | 92 459 | 216 683 |

### 金融机构准备金和超额准备金率
Reserves and excess reserve ratio of financial institutions

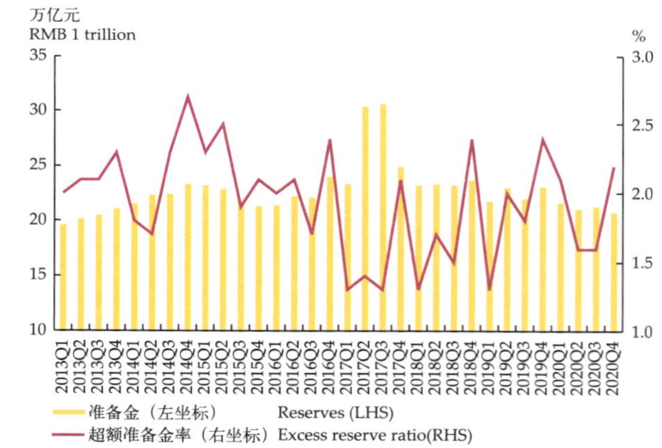

## 金融机构法定人民币存款准备金率①
## Official RMB reserve requirement ratios of financial institutions[1]

单位：%
Unit: %

| 日期<br>Date | 中资全国性大型银行②<br>Chinese-funded large banks operating nationwide[2] | 中小金融机构③<br>Medium-and small-sized financial institutions[3] | 农村信用社和村镇银行<br>Rural credit cooperatives and township and village banks |
|---|---|---|---|
| 2003.09.21 | 7.0 | 7.0 | 6.0 |
| 2004.04.25 | 7.5 | 7.5 | 6.0 |
| 2006.07.05 | 8.0 | 8.0 | 6.0 |
| 2006.08.15 | 8.5 | 8.5 | 6.0 |
| 2006.11.15 | 9.0 | 9.0 | 6.5 |
| 2007.01.15 | 9.5 | 9.5 | 7.0 |
| 2007.02.25 | 10.0 | 10.0 | 7.5 |
| 2007.04.16 | 10.5 | 10.5 | 8.0 |
| 2007.05.15 | 11.0 | 11.0 | 8.5 |
| 2007.06.05 | 11.5 | 11.5 | 9.0 |
| 2007.08.15 | 12.0 | 12.0 | 9.5 |
| 2007.09.25 | 12.5 | 12.5 | 10.0 |
| 2007.10.25 | 13.0 | 13.0 | 10.5 |
| 2007.11.26 | 13.5 | 13.5 | 11.0 |
| 2007.12.25 | 14.5 | 14.5 | 12.0 |
| 2008.01.25 | 15.0 | 15.0 | 12.5 |
| 2008.03.25 | 15.5 | 15.5 | 13.0 |
| 2008.04.25 | 16.0 | 16.0 | 13.5 |
| 2008.05.20 | 16.5 | 16.5 | 14.0 |
| 2008.06.15 | 17.0 | 17.0 | 14.5 |
| 2008.06.25 | 17.5 | 17.5 | 15.0 |
| 2008.09.25 | 17.5 | 16.5 | 14.0 |
| 2008.10.15 | 17.0 | 16.0 | 13.5 |
| 2008.12.05 | 16.0 | 14.0 | 11.5 |
| 2008.12.25 | 15.5 | 13.5 | 11.0 |
| 2010.01.18 | 16.0 | 14.0 | 11.0 |
| 2010.02.25 | 16.5 | 14.5 | 11.0 |
| 2010.05.10 | 17.0 | 15.0 | 11.0 |
| 2010.11.16 | 17.5 | 15.5 | 11.5 |
| 2010.11.29 | 18.0 | 16.0 | 12.0 |
| 2010.12.20 | 18.5 | 16.5 | 12.5 |
| 2011.01.20 | 19.0 | 17.0 | 13.0 |
| 2011.02.24 | 19.5 | 17.5 | 13.5 |
| 2011.03.25 | 20.0 | 18.0 | 14.0 |
| 2011.04.21 | 20.5 | 18.5 | 14.5 |
| 2011.05.18 | 21.0 | 19.0 | 15.0 |
| 2011.06.20 | 21.5 | 19.5 | 15.5 |
| 2011.12.05 | 21.0 | 19.0 | 15.0 |
| 2012.02.24 | 20.5 | 18.5 | 14.5 |
| 2012.05.18 | 20.0 | 18.0 | 14.0 |
| 2015.02.05 | 19.5 | 17.5 | 13.5 |
| 2015.04.20 | 18.5 | 16.5 | 11.5 |
| 2015.09.06 | 18.0 | 16.0 | 10.5 |
| 2015.10.24 | 17.5 | 15.5 | 9.5 |
| 2016.03.01 | 17.0 | 15.0 | 9.0 |
| 2018.04.25 | 16.0 | 14.0 | 9.0 |
| 2018.07.05 | 15.5 | 13.5 | 9.0 |
| 2018.10.15 | 14.5 | 12.5 | 9.0 |
| 2019.01.15 | 14.0 | 12.0 | 8.5 |
| 2019.01.25 | 13.5 | 11.5 | 8.0 |
| 2019.09.16 | 13.0 | 11.0 | 7.5 |
| 2020.01.06 | 12.5 | 10.5 | 7.0 |
| 2020.04.15 | 12.5 | 10.5 | 6.5 |
| 2020.05.15 | 12.5 | 10.5 | 6.0 |

注：①表中数据为基准档存款准备金率。
②包括中国工商银行、中国农业银行、中国银行、中国建设银行、交通银行和中国邮政储蓄银行。
③包括股份制商业银行、城市商业银行、有关外资金融机构。

Notes: 1. Statistics in the table are baseline required reserve ratio.
2. Including Industrial and Commercial Bank of China, Agricultural Bank of China, Bank of China, China Construction Bank, Bank of Communications, Postal Savings Bank of China.
3. Including joint-stock commercial banks, city commercial banks and foreign-funded financial institutions.

## 中国人民银行资产负债表
Balance sheet of the PBC

单位：亿元
Unit: RMB 100 million

| 年 / 月 Year/ Month | 总资产 Total assets | 国外资产 Foreign assets | 对政府债权 Claims on government | 对其他存款性公司债权 Claims on other depository corporations | 对其他金融性公司债权 Claims on other financial corporations | 对非金融性公司债权 Claims on non-financial corporation | 其他资产 Other assets | 总负债 Total liabilities | 储备货币（基础货币）Reserve money | 货币发行 Currency issue | 金融性公司存款 Deposits of financial corporations | 非金融机构存款 Deposits of non-financial corporation | 不计入储备货币的金融性公司存款 Deposits of financial corporations excluded from reserve money | 发行债券 Bond issue | 国外负债 Foreign libilities | 政府存款 Deposits of government | 自有资金 Own capital | 其他负债 Other liabilities |
|---|---|---|---|---|---|---|---|---|---|---|---|---|---|---|---|---|---|---|
| 2019.04 | 348 592 | 218 245 | 15 250 | 94 096 | 4 707 | | 16 294 | 348 592 | 298 771 | 79 783 | 206 202 | 12 787 | 4 730 | 315 | 1 277 | 36 061 | 220 | 7 219 |
| 2019.05 | 359 015 | 218 422 | 15 250 | 100 016 | 4 692 | | 20 635 | 359 015 | 304 115 | 78 415 | 213 074 | 12 626 | 4 334 | 415 | 1 352 | 39 345 | 220 | 9 233 |
| 2019.06 | 363 595 | 218 522 | 15 250 | 101 860 | 4 842 | | 23 121 | 363 595 | 313 086 | 78 237 | 221 817 | 13 032 | 4 237 | 740 | 904 | 35 683 | 220 | 8 727 |
| 2019.07 | 357 953 | 218 681 | 15 250 | 103 112 | 5 042 | | 15 869 | 357 953 | 301 260 | 78 122 | 210 260 | 12 878 | 4 443 | 540 | 967 | 41 754 | 220 | 8 768 |
| 2019.08 | 360 353 | 218 800 | 15 250 | 104 772 | 5 043 | | 16 488 | 360 353 | 300 321 | 78 753 | 207 945 | 13 623 | 4 819 | 790 | 1 128 | 41 885 | 220 | 11 191 |
| 2019.09 | 361 967 | 218 768 | 15 250 | 106 775 | 5 168 | | 16 007 | 361 967 | 305 882 | 80 218 | 212 230 | 13 435 | 4 775 | 940 | 1 106 | 38 527 | 220 | 10 517 |
| 2019.10 | 359 640 | 218 729 | 15 250 | 104 374 | 5 437 | | 15 850 | 359 640 | 298 841 | 78 990 | 205 824 | 14 027 | 4 602 | 1 000 | 1 070 | 43 658 | 220 | 10 250 |
| 2019.11 | 363 075 | 218 659 | 15 250 | 108 158 | 5 534 | | 15 474 | 363 075 | 304 008 | 79 335 | 209 883 | 14 789 | 4 649 | 1 010 | 1 106 | 42 064 | 220 | 10 019 |
| 2019.12 | 371 130 | 218 639 | 15 250 | 117 749 | 4 623 | | 14 869 | 371 130 | 324 175 | 82 859 | 226 024 | 15 292 | 4 574 | 1 020 | 842 | 32 415 | 220 | 7 884 |
| 2020.01 | 373 495 | 218 650 | 15 250 | 120 824 | 4 741 | | 14 030 | 373 495 | 321 598 | 101 157 | 202 608 | 17 833 | 4 716 | 1 020 | 1 137 | 36 788 | 220 | 8 017 |
| 2020.02 | 361 021 | 218 452 | 15 250 | 108 535 | 4 742 | | 14 042 | 361 021 | 308 676 | 96 497 | 197 359 | 14 820 | 4 614 | 995 | 935 | 37 167 | 220 | 8 415 |
| 2020.03 | 365 375 | 218 316 | 15 250 | 113 014 | 4 735 | | 14 059 | 365 375 | 317 807 | 90 751 | 212 681 | 14 375 | 5 016 | 985 | 1 896 | 30 775 | 220 | 8 675 |
| 2020.04 | 360 348 | 218 311 | 15 250 | 107 996 | 4 741 | | 14 049 | 360 348 | 311 688 | 88 074 | 208 741 | 14 874 | 5 049 | 975 | 1 185 | 32 316 | 220 | 8 914 |
| 2020.05 | 367 871 | 218 333 | 15 250 | 115 525 | 4 747 | | 14 015 | 367 871 | 308 695 | 85 688 | 207 935 | 15 071 | 4 958 | 975 | 1 251 | 42 278 | 220 | 9 494 |
| 2020.06 | 363 931 | 218 333 | 15 250 | 111 619 | 4 747 | | 13 982 | 363 931 | 308 339 | 85 413 | 207 203 | 15 723 | 4 750 | 950 | 1 198 | 38 253 | 220 | 10 222 |
| 2020.07 | 357 925 | 218 375 | 15 250 | 106 615 | 4 762 | | 12 922 | 357 925 | 297 173 | 85 167 | 196 061 | 15 945 | 4 877 | 950 | 1 080 | 42 558 | 220 | 11 068 |
| 2020.08 | 365 052 | 218 362 | 15 250 | 113 773 | 4 766 | | 12 901 | 365 052 | 298 170 | 85 435 | 196 502 | 16 233 | 5 031 | 950 | 1 138 | 47 793 | 220 | 11 750 |
| 2020.09 | 374 728 | 218 213 | 15 250 | 123 620 | 4 742 | | 12 903 | 374 728 | 315 643 | 88 063 | 209 650 | 17 929 | 5 293 | 950 | 1 081 | 39 774 | 220 | 11 767 |
| 2020.10 | 371 813 | 218 185 | 15 250 | 120 745 | 4 740 | | 12 892 | 371 813 | 302 380 | 86 358 | 198 214 | 17 808 | 5 276 | 950 | 981 | 49 894 | 220 | 12 111 |
| 2020.11 | 381 989 | 218 209 | 15 250 | 130 987 | 4 754 | | 12 788 | 381 989 | 314 519 | 86 885 | 210 364 | 17 269 | 5 106 | 900 | 1 010 | 47 772 | 220 | 12 463 |
| 2020.12 | 387 676 | 218 040 | 15 250 | 133 355 | 4 447 | | 16 583 | 387 676 | 330 428 | 89 823 | 222 906 | 17 699 | 4 882 | 900 | 930 | 38 682 | 220 | 11 635 |
| 2021.01 | 389 131 | 218 074 | 15 250 | 132 072 | 4 432 | | 19 304 | 389 131 | 316 822 | 95 835 | 203 007 | 17 981 | 4 643 | 900 | 1 060 | 53 529 | 220 | 11 957 |
| 2021.02 | 383 093 | 219 329 | 15 250 | 124 384 | 4 451 | | 19 679 | 383 093 | 321 556 | 99 829 | 202 352 | 19 376 | 4 907 | 1 000 | 1 056 | 42 406 | 220 | 11 949 |
| 2021.03 | 382 773 | 219 214 | 15 250 | 124 657 | 4 427 | | 19 224 | 382 773 | 326 956 | 92 459 | 216 683 | 17 814 | 4 948 | 900 | 1 039 | 36 719 | 220 | 11 991 |

## 主要经济体央行资产负债表规模
Balance sheet size of major central banks

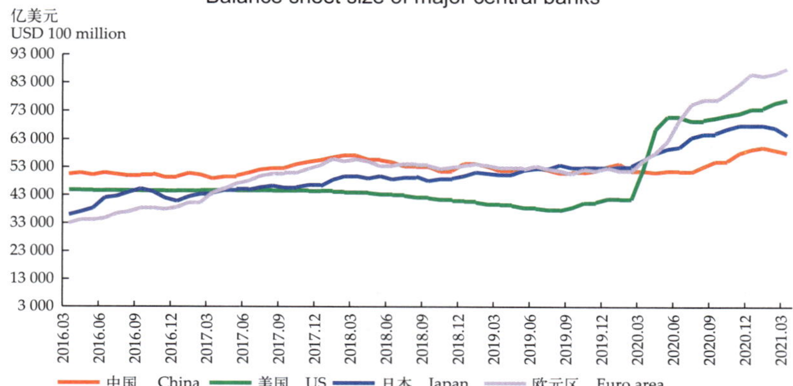


数据来源：各经济体中央银行官方统计网站，Wind。
Source: Official statistical websites of the major central banks,Wind.

## 2.2 货币供应量（Money supply）

**货币供应量构成**

Composition of money supply

单位：亿元
Unit: RMB 100 million

| 年 / 月 Year/Month | 广义货币 Money & quasi-money M2 | M2 同比增长率 (%) Growth rate of M2 (YOY)(%) | 货币 Money M1 | M1 同比增长率 (%) Growth rate of M1 (YOY)(%) | 流通中现金 Currency in circulation M0 | M0 同比增长率 (%) Growth rate of M0 (YOY)(%) | 单位活期存款 Corporate demand deposits | 准货币 Quasi-money | 单位定期存款 Corporate time deposits | 个人存款 Personal deposits | 其他存款 Other deposits |
|---|---|---|---|---|---|---|---|---|---|---|---|
| 2019.04 | 1 884 670 | 8.5 | 540 615 | 2.9 | 73 966 | 3.5 | 466 649 | 1 344 056 | 365 305 | 776 276 | 202 474 |
| 2019.05 | 1 891 154 | 8.5 | 544 356 | 3.4 | 72 798 | 4.3 | 471 557 | 1 346 798 | 364 891 | 778 726 | 203 182 |
| 2019.06 | 1 921 360 | 8.5 | 567 696 | 4.4 | 72 581 | 4.3 | 495 115 | 1 353 664 | 362 163 | 790 201 | 201 300 |
| 2019.07 | 1 919 411 | 8.1 | 553 043 | 3.1 | 72 689 | 4.5 | 480 354 | 1 366 368 | 363 148 | 789 111 | 214 108 |
| 2019.08 | 1 935 492 | 8.2 | 556 798 | 3.4 | 73 153 | 4.8 | 483 645 | 1 378 694 | 366 889 | 791 892 | 219 913 |
| 2019.09 | 1 952 250 | 8.4 | 557 138 | 3.4 | 74 130 | 4.0 | 483 008 | 1 395 113 | 374 318 | 807 437 | 213 357 |
| 2019.10 | 1 945 601 | 8.4 | 558 144 | 3.3 | 73 395 | 4.7 | 484 749 | 1 387 457 | 365 733 | 801 412 | 220 312 |
| 2019.11 | 1 961 430 | 8.2 | 562 487 | 3.5 | 73 974 | 4.8 | 488 513 | 1 398 943 | 367 311 | 803 868 | 227 764 |
| 2019.12 | 1 986 489 | 8.7 | 576 009 | 4.4 | 77 189 | 5.4 | 498 820 | 1 410 480 | 363 486 | 819 162 | 227 832 |
| 2020.01 | 2 023 066 | 8.4 | 545 532 | 0.0 | 93 249 | 6.6 | 452 283 | 1 477 535 | 383 921 | 861 177 | 232 437 |
| 2020.02 | 2 030 830 | 8.8 | 552 701 | 4.8 | 88 187 | 10.9 | 464 514 | 1 478 130 | 379 784 | 860 504 | 237 842 |
| 2020.03 | 2 080 923 | 10.1 | 575 050 | 5.0 | 83 022 | 10.8 | 492 028 | 1 505 873 | 390 275 | 884 279 | 231 319 |
| 2020.04 | 2 093 534 | 11.1 | 570 150 | 5.5 | 81 485 | 10.2 | 488 665 | 1 523 383 | 405 776 | 876 294 | 241 313 |
| 2020.05 | 2 100 184 | 11.1 | 581 111 | 6.8 | 79 707 | 9.5 | 501 404 | 1 519 073 | 404 645 | 881 205 | 233 223 |
| 2020.06 | 2 134 949 | 11.1 | 604 318 | 6.5 | 79 459 | 9.5 | 524 859 | 1 530 631 | 399 040 | 903 188 | 228 403 |
| 2020.07 | 2 125 458 | 10.7 | 591 193 | 6.9 | 79 867 | 9.9 | 511 325 | 1 534 266 | 397 801 | 895 926 | 240 538 |
| 2020.08 | 2 136 837 | 10.4 | 601 289 | 8.0 | 80 043 | 9.4 | 521 246 | 1 535 548 | 400 254 | 899 950 | 235 344 |
| 2020.09 | 2 164 085 | 10.9 | 602 312 | 8.1 | 82 371 | 11.1 | 519 941 | 1 561 773 | 407 659 | 919 507 | 234 606 |
| 2020.10 | 2 149 720 | 10.5 | 609 182 | 9.1 | 81 036 | 10.4 | 528 146 | 1 540 538 | 393 030 | 909 851 | 237 658 |
| 2020.11 | 2 172 003 | 10.7 | 618 632 | 10.0 | 81 594 | 10.3 | 537 039 | 1 553 370 | 391 959 | 916 265 | 245 147 |
| 2020.12 | 2 186 796 | 10.1 | 625 581 | 8.6 | 84 315 | 9.2 | 541 266 | 1 561 215 | 383 837 | 932 966 | 244 411 |
| 2021.01 | 2 213 047 | 9.4 | 625 564 | 14.7 | 89 625 | -3.9 | 535 939 | 1 587 484 | 398 889 | 947 858 | 240 737 |
| 2021.02 | 2 236 030 | 10.1 | 593 487 | 7.4 | 91 925 | 4.2 | 501 563 | 1 642 543 | 402 758 | 980 469 | 259 316 |
| 2021.03 | 2 276 488 | 9.4 | 616 113 | 7.1 | 86 544 | 4.2 | 529 570 | 1 660 375 | 401 307 | 1 000 039 | 259 030 |

**2021年第一季度末货币供应量构成**

Composition of money supply at the end of Q1 2021

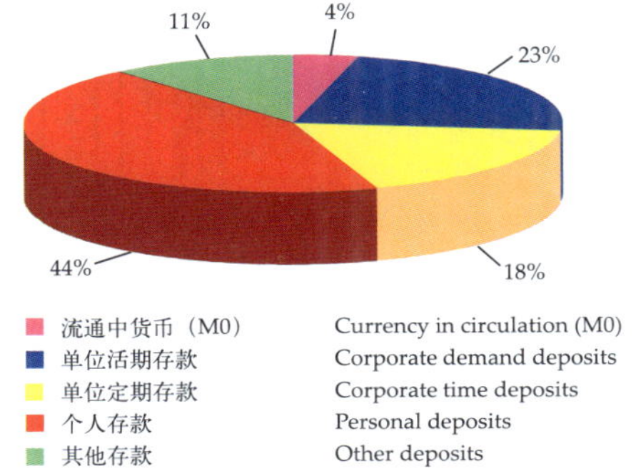

## 年度M0、M1、M2及其变化趋势
Annual M0, M1, and M2 and their changes

单位：万亿元 Unit: RMB 1 trillion

| 年 Year | M0 | M1 | M2 | M0 同比增长率 (%) Growth rate of M0 (YOY)(%) | M1 同比增长率 (%) Growth rate of M1 (YOY)(%) | M2 同比增长率 (%) Growth rate of M2 (YOY)(%) |
|---|---|---|---|---|---|---|
| 2000 | 1.5 | 5.3 | 13.8 | 8.9 | 16.0 | 14.0 |
| 2001 | 1.6 | 6.0 | 15.8 | 7.1 | 12.7 | 14.4 |
| 2002 | 1.7 | 7.1 | 18.5 | 10.1 | 16.8 | 16.8 |
| 2003 | 2.0 | 8.4 | 22.1 | 14.3 | 18.7 | 19.6 |
| 2004 | 2.1 | 9.6 | 25.3 | 8.7 | 13.6 | 14.6 |
| 2005 | 2.4 | 10.7 | 29.9 | 11.9 | 11.8 | 17.6 |
| 2006 | 2.7 | 12.6 | 34.6 | 12.7 | 17.5 | 16.9 |
| 2007 | 3.0 | 15.3 | 40.3 | 12.2 | 21.0 | 16.7 |
| 2008 | 3.4 | 16.6 | 47.5 | 12.7 | 9.1 | 17.8 |
| 2009 | 3.8 | 22.1 | 61.0 | 11.8 | 33.2 | 28.5 |
| 2010 | 4.5 | 26.7 | 72.6 | 16.7 | 21.2 | 19.7 |
| 2011 | 5.1 | 29.0 | 85.2 | 13.8 | 7.9 | 13.6 |
| 2012 | 5.5 | 30.9 | 97.4 | 7.7 | 6.5 | 13.8 |
| 2013 | 5.9 | 33.7 | 110.7 | 7.2 | 9.3 | 13.6 |
| 2014 | 6.0 | 34.8 | 122.8 | 2.9 | 3.2 | 12.2 |
| 2015 | 6.3 | 40.1 | 139.2 | 4.9 | 15.2 | 13.3 |
| 2016 | 6.8 | 48.7 | 155.0 | 8.1 | 21.4 | 11.3 |
| 2017 | 7.1 | 54.4 | 169.0 | 3.4 | 11.8 | 8.1 |
| 2018 | 7.3 | 55.2 | 182.7 | 3.6 | 1.5 | 8.1 |
| 2019 | 7.7 | 57.6 | 198.6 | 5.4 | 4.4 | 8.7 |
| 2020 | 8.4 | 62.6 | 218.7 | 9.2 | 8.6 | 10.1 |

## 月度M0、M1、M2及其变化趋势
Monthly M0, M1, and M2 and their changes

单位：万亿元 Unit: RMB 1 trillion

| 年 / 月 Year/Month | M0 | M1 | M2 | M0 同比增长率 (%) Growth rate of M0 (YOY)(%) | M1 同比增长率 (%) Growth rate of M1 (YOY)(%) | M2 同比增长率 (%) Growth rate of M2 (YOY)(%) |
|---|---|---|---|---|---|---|
| 2019.01 | 8.8 | 54.6 | 186.6 | 17.2 | 0.4 | 8.4 |
| 2019.02 | 8.0 | 52.7 | 186.7 | −2.4 | 2.0 | 8.0 |
| 2019.03 | 7.5 | 54.8 | 188.9 | 3.1 | 4.6 | 8.6 |
| 2019.04 | 7.4 | 54.1 | 188.5 | 3.5 | 2.9 | 8.5 |
| 2019.05 | 7.3 | 54.4 | 189.1 | 4.3 | 3.4 | 8.5 |
| 2019.06 | 7.3 | 56.8 | 192.1 | 4.3 | 4.4 | 8.5 |
| 2019.07 | 7.3 | 55.3 | 191.9 | 4.5 | 3.1 | 8.1 |
| 2019.08 | 7.3 | 55.7 | 193.6 | 4.8 | 3.4 | 8.2 |
| 2019.09 | 7.4 | 55.7 | 195.2 | 4.0 | 3.4 | 8.4 |
| 2019.10 | 7.3 | 55.8 | 194.6 | 4.7 | 3.3 | 8.4 |
| 2019.11 | 7.4 | 56.3 | 196.1 | 4.8 | 3.5 | 8.2 |
| 2019.12 | 7.7 | 57.6 | 198.7 | 5.4 | 4.4 | 8.7 |
| 2020.01 | 9.3 | 54.6 | 202.3 | 6.6 | 0.0 | 8.4 |
| 2020.02 | 8.8 | 55.3 | 203.1 | 10.9 | 4.8 | 8.8 |
| 2020.03 | 8.3 | 57.5 | 208.1 | 10.8 | 5.0 | 10.1 |
| 2020.04 | 8.2 | 57.0 | 209.4 | 10.2 | 5.5 | 11.1 |
| 2020.05 | 8.0 | 58.1 | 210.0 | 9.5 | 6.8 | 11.1 |
| 2020.06 | 8.0 | 60.4 | 213.5 | 9.5 | 6.5 | 11.1 |
| 2020.07 | 8.0 | 59.1 | 212.6 | 9.9 | 6.9 | 10.7 |
| 2020.08 | 8.0 | 60.1 | 213.7 | 9.4 | 8.0 | 10.4 |
| 2020.09 | 8.2 | 60.2 | 216.4 | 11.1 | 8.1 | 10.9 |
| 2020.10 | 8.1 | 60.9 | 215.0 | 10.4 | 9.1 | 10.5 |
| 2020.11 | 8.2 | 61.9 | 217.2 | 10.3 | 10.0 | 10.7 |
| 2020.12 | 8.4 | 62.6 | 218.7 | 9.2 | 8.6 | 10.1 |
| 2021.01 | 9.0 | 62.6 | 221.3 | −3.9 | 14.7 | 9.4 |
| 2021.02 | 9.2 | 59.4 | 223.6 | 4.2 | 7.4 | 10.1 |
| 2021.03 | 8.7 | 61.6 | 227.7 | 4.2 | 7.1 | 9.4 |

## 年度M0、M1、M2及其变化趋势
Annual M0, M1, and M2 and their changes

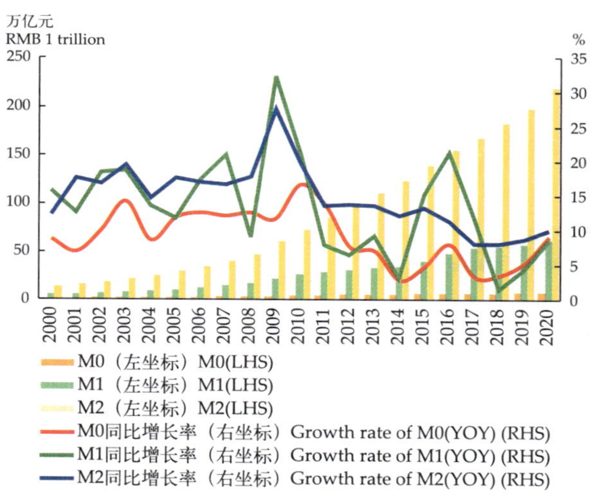


## 月度M0、M1、M2及其变化趋势
Monthly M0, M1, and M2 and their changes

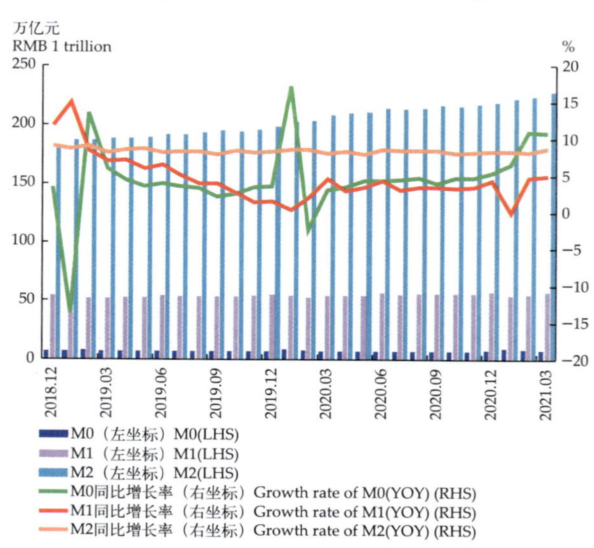

## 存款性公司概览
Depository corporations survey

单位：万亿元
Unit: RMB 1 trillion

| 年 / 月 Year/ Month | 国外净资产 Net foreign assets | 国内信贷 Domestic credits | 对政府债权（净）Claims on government (net) | 对非金融部门债权 Claims on non-financial sectors | 对其他金融部门债权 Claims on other financial sectors | 货币和准货币 Money & Quasi Money | 货币 Money | 准货币 Quasi Money | 不纳入广义货币的存款 Deposits Excluded from Broad Money | 债券 Bonds | 实收资本 Paid-in Capital | 其他（净）Other Items (net) |
|---|---|---|---|---|---|---|---|---|---|---|---|---|
| 2018.01 | 25.62 | 181.47 | 20.12 | 131.58 | 29.77 | 172.08 | 54.32 | 117.76 | 4.81 | 22.53 | 5.20 | 2.46 |
| 2018.02 | 25.58 | 182.56 | 20.77 | 132.60 | 29.19 | 172.91 | 51.70 | 121.20 | 4.81 | 22.77 | 5.21 | 2.45 |
| 2018.03 | 25.54 | 184.18 | 21.50 | 133.88 | 28.79 | 173.99 | 52.35 | 121.63 | 4.81 | 23.01 | 5.21 | 2.71 |
| 2018.04 | 25.54 | 183.99 | 21.23 | 134.74 | 28.03 | 173.77 | 52.54 | 121.22 | 4.71 | 23.00 | 5.22 | 2.82 |
| 2018.05 | 25.54 | 184.45 | 21.02 | 135.49 | 27.95 | 174.31 | 52.63 | 121.68 | 4.69 | 23.52 | 5.24 | 2.24 |
| 2018.06 | 25.71 | 187.32 | 22.04 | 137.31 | 27.98 | 177.02 | 54.39 | 122.62 | 4.77 | 23.69 | 5.31 | 2.26 |
| 2018.07 | 25.80 | 188.53 | 21.94 | 139.11 | 27.48 | 177.62 | 53.66 | 123.96 | 4.75 | 23.84 | 5.33 | 2.79 |
| 2018.08 | 25.72 | 190.52 | 22.71 | 140.89 | 26.92 | 178.87 | 53.83 | 125.03 | 4.75 | 23.97 | 5.34 | 3.30 |
| 2018.09 | 25.67 | 192.77 | 23.90 | 142.37 | 26.51 | 180.17 | 53.86 | 126.31 | 4.67 | 24.27 | 5.36 | 3.97 |
| 2018.10 | 25.64 | 193.09 | 23.43 | 143.22 | 26.44 | 179.56 | 54.01 | 125.54 | 4.67 | 24.60 | 5.37 | 4.53 |
| 2018.11 | 25.57 | 194.70 | 23.88 | 144.32 | 26.50 | 181.32 | 54.35 | 126.97 | 4.61 | 25.04 | 5.39 | 3.92 |
| 2018.12 | 25.57 | 196.55 | 25.14 | 145.07 | 26.33 | 182.67 | 55.17 | 127.51 | 4.52 | 25.54 | 5.44 | 3.94 |
| 2019.01 | 25.65 | 200.58 | 24.87 | 148.74 | 26.97 | 186.59 | 54.56 | 132.03 | 4.50 | 25.85 | 5.49 | 3.79 |
| 2019.02 | 25.83 | 200.85 | 25.01 | 149.42 | 26.43 | 186.74 | 52.72 | 134.02 | 4.65 | 26.06 | 5.49 | 3.74 |
| 2019.03 | 26.01 | 203.92 | 26.06 | 151.43 | 26.43 | 188.94 | 54.76 | 134.18 | 4.69 | 26.38 | 5.50 | 4.40 |
| 2019.04 | 25.91 | 203.77 | 25.77 | 152.31 | 25.68 | 188.47 | 54.06 | 134.41 | 4.68 | 26.55 | 5.55 | 4.42 |
| 2019.05 | 26.02 | 204.64 | 25.76 | 153.46 | 25.42 | 189.12 | 54.44 | 134.68 | 4.69 | 26.94 | 5.57 | 4.35 |
| 2019.06 | 26.17 | 207.49 | 26.63 | 155.04 | 25.83 | 192.14 | 56.77 | 135.37 | 4.74 | 26.89 | 5.74 | 4.16 |
| 2019.07 | 26.14 | 207.53 | 26.59 | 155.95 | 24.98 | 191.94 | 55.30 | 136.64 | 4.66 | 26.86 | 5.89 | 4.31 |
| 2019.08 | 26.25 | 210.28 | 27.13 | 158.25 | 24.90 | 193.55 | 55.68 | 137.87 | 4.68 | 27.03 | 5.91 | 5.36 |
| 2019.09 | 26.30 | 212.45 | 27.69 | 160.15 | 24.62 | 195.23 | 55.71 | 139.51 | 4.68 | 27.26 | 6.19 | 5.39 |
| 2019.10 | 26.34 | 212.36 | 27.31 | 160.67 | 24.38 | 194.56 | 55.81 | 138.75 | 4.80 | 27.48 | 6.23 | 5.64 |
| 2019.11 | 26.38 | 214.61 | 27.58 | 162.18 | 24.86 | 196.14 | 56.25 | 139.89 | 4.79 | 27.63 | 6.29 | 6.14 |
| 2019.12 | 26.46 | 217.28 | 29.01 | 163.16 | 25.11 | 198.65 | 57.60 | 141.05 | 4.82 | 28.04 | 6.48 | 5.76 |
| 2020.01 | 26.59 | 221.14 | 29.20 | 166.94 | 25.00 | 202.31 | 54.55 | 147.75 | 4.92 | 27.89 | 6.48 | 6.13 |
| 2020.02 | 26.59 | 222.95 | 29.40 | 168.18 | 25.37 | 203.08 | 55.27 | 147.81 | 5.03 | 28.04 | 6.52 | 6.87 |
| 2020.03 | 26.23 | 228.87 | 30.52 | 171.85 | 26.50 | 208.09 | 57.51 | 150.59 | 4.93 | 28.24 | 6.64 | 7.20 |
| 2020.04 | 26.27 | 231.22 | 30.72 | 173.81 | 26.70 | 209.35 | 57.02 | 152.34 | 4.82 | 28.41 | 6.72 | 8.18 |
| 2020.05 | 26.52 | 232.29 | 30.79 | 175.63 | 25.87 | 210.02 | 58.11 | 151.91 | 4.82 | 28.54 | 6.82 | 8.61 |
| 2020.06 | 26.65 | 235.18 | 31.50 | 177.47 | 26.21 | 213.49 | 60.43 | 153.06 | 5.02 | 28.96 | 6.84 | 7.51 |
| 2020.07 | 26.80 | 235.52 | 31.44 | 179.03 | 25.05 | 212.55 | 59.12 | 153.43 | 5.09 | 29.62 | 6.89 | 8.16 |
| 2020.08 | 26.85 | 237.69 | 31.80 | 180.90 | 24.98 | 213.68 | 60.13 | 153.55 | 5.17 | 30.25 | 6.95 | 8.48 |
| 2020.09 | 26.96 | 240.69 | 33.12 | 182.58 | 24.99 | 216.41 | 60.23 | 156.18 | 5.28 | 30.76 | 7.08 | 8.13 |
| 2020.10 | 27.01 | 239.68 | 32.33 | 183.26 | 24.09 | 214.97 | 60.92 | 154.05 | 5.35 | 30.94 | 7.10 | 8.33 |
| 2020.11 | 26.87 | 242.08 | 32.67 | 184.74 | 24.66 | 217.20 | 61.86 | 155.34 | 5.39 | 31.16 | 7.21 | 7.98 |
| 2020.12 | 26.95 | 244.00 | 34.02 | 185.35 | 24.63 | 218.68 | 62.56 | 156.12 | 5.35 | 31.22 | 7.36 | 8.35 |
| 2021.01 | 27.07 | 245.83 | 32.77 | 189.21 | 23.85 | 221.30 | 62.56 | 158.75 | 5.64 | 31.30 | 7.36 | 7.30 |
| 2021.02 | 27.32 | 248.53 | 33.95 | 190.49 | 24.08 | 223.60 | 59.35 | 164.25 | 5.77 | 31.41 | 7.36 | 7.71 |
| 2021.03 | 27.58 | 253.15 | 34.77 | 193.23 | 25.15 | 227.65 | 61.61 | 166.04 | 5.82 | 32.07 | 7.38 | 7.80 |

## 2.3 存贷款（Deposits and loans）

金融机构人民币各项存贷款余额及其增长趋势
Outstanding amounts of total deposits & loans and their growth in financial institutions

| 年 / 月<br>Year/month | 各项存款（万亿元）<br>Total deposits (RMB 1 trillion) | 各项贷款（万亿元）<br>Total loans (RMB 1 trillion) | 各项存款同比增长率 (%)<br>Growth rate of deposits (YOY)(%) | 各项贷款同比增长率 (%)<br>Growth rate of loans (YOY)(%) |
|---|---|---|---|---|
| 2019.01 | 180.8 | 139.5 | 7.6 | 13.4 |
| 2019.02 | 182.1 | 140.4 | 8.6 | 13.4 |
| 2019.03 | 183.8 | 142.1 | 8.7 | 13.7 |
| 2019.04 | 184.1 | 143.1 | 8.5 | 13.5 |
| 2019.05 | 185.3 | 144.3 | 8.4 | 13.4 |
| 2019.06 | 187.6 | 146.0 | 8.4 | 13.0 |
| 2019.07 | 188.2 | 147.0 | 8.1 | 12.6 |
| 2019.08 | 190.0 | 148.2 | 8.4 | 12.4 |
| 2019.09 | 190.7 | 149.9 | 8.3 | 12.5 |
| 2019.10 | 191.0 | 150.6 | 8.2 | 12.4 |
| 2019.11 | 192.3 | 152.0 | 8.4 | 12.4 |
| 2019.12 | 192.9 | 153.1 | 8.7 | 12.3 |
| 2020.01 | 195.8 | 156.5 | 8.3 | 12.1 |
| 2020.02 | 196.8 | 157.4 | 8.1 | 12.1 |
| 2020.03 | 201.0 | 160.2 | 9.3 | 12.7 |
| 2020.04 | 202.3 | 161.9 | 9.9 | 13.1 |
| 2020.05 | 204.6 | 163.4 | 10.4 | 13.2 |
| 2020.06 | 207.5 | 165.2 | 10.6 | 13.2 |
| 2020.07 | 207.6 | 166.2 | 10.3 | 13.0 |
| 2020.08 | 209.5 | 167.5 | 10.3 | 13.0 |
| 2020.09 | 211.1 | 169.4 | 10.7 | 13.0 |
| 2020.10 | 210.7 | 170.1 | 10.3 | 12.9 |
| 2020.11 | 212.8 | 171.5 | 10.7 | 12.8 |
| 2020.12 | 212.6 | 172.8 | 10.2 | 12.8 |
| 2021.01 | 216.1 | 176.3 | 10.4 | 12.7 |
| 2021.02 | 217.3 | 177.7 | 10.4 | 12.9 |
| 2021.03 | 220.9 | 180.4 | 9.9 | 12.6 |

金融机构人民币各项存贷款余额及其增长趋势
Outstanding amounts of total deposits & loans and their growth in financial institutions

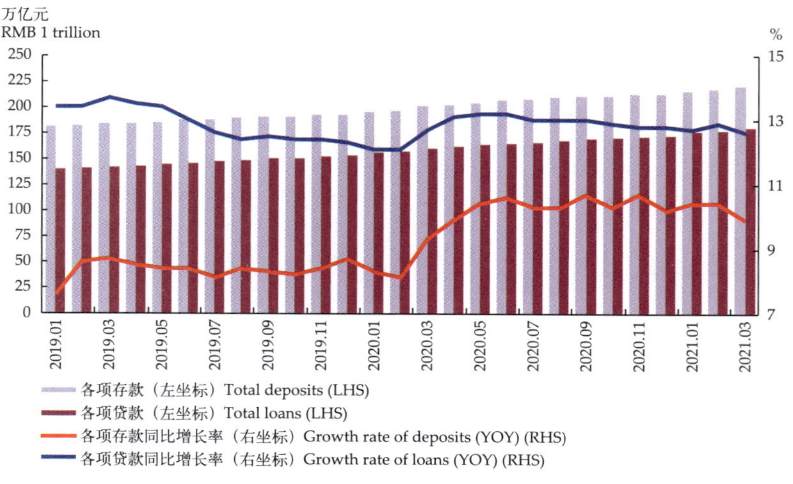

## 住户存款和非金融企业存款余额
## Outstanding amounts of household deposits and non-financial corporate deposits

单位：亿元
Unit: RMB 100 million

| 年 / 月 Year/Month | 住户存款 Deposits of households | 活期及临时性存款 Demand & temporary deposits | 定期及保证性存款 Time & marginal deposits | 非金融企业存款 Deposits of non-financial enterprises | 活期及临时性存款 Demand & temporary deposits | 定期及保证性存款 Time & marginal deposits |
|---|---|---|---|---|---|---|
| 2019.01 | 754 594 | 286 398 | 468 197 | 558 512 | 225 512 | 332 999 |
| 2019.02 | 767 902 | 278 186 | 489 716 | 546 489 | 215 395 | 331 094 |
| 2019.03 | 776 654 | 275 339 | 501 315 | 565 751 | 226 505 | 339 246 |
| 2019.04 | 770 406 | 271 094 | 499 312 | 564 013 | 221 105 | 342 907 |
| 2019.05 | 772 823 | 271 971 | 500 851 | 565 193 | 223 036 | 342 157 |
| 2019.06 | 784 172 | 277 699 | 506 473 | 580 837 | 236 266 | 344 571 |
| 2019.07 | 783 140 | 278 230 | 504 910 | 566 941 | 227 461 | 339 479 |
| 2019.08 | 785 854 | 279 810 | 506 044 | 572 733 | 227 878 | 344 855 |
| 2019.09 | 801 298 | 286 136 | 515 162 | 577 652 | 226 300 | 351 353 |
| 2019.10 | 795 286 | 282 075 | 513 212 | 570 660 | 227 174 | 343 485 |
| 2019.11 | 797 752 | 283 322 | 514 429 | 579 316 | 231 774 | 347 541 |
| 2019.12 | 813 017 | 294 712 | 518 305 | 595 365 | 242 504 | 352 861 |
| 2020.01 | 855 853 | 312 777 | 543 076 | 578 300 | 215 825 | 362 475 |
| 2020.02 | 855 121 | 305 460 | 549 661 | 580 912 | 223 210 | 357 702 |
| 2020.03 | 877 723 | 307 747 | 569 976 | 613 040 | 235 863 | 377 178 |
| 2020.04 | 869 727 | 296 393 | 573 334 | 624 771 | 232 026 | 392 745 |
| 2020.05 | 874 546 | 296 882 | 577 664 | 632 825 | 236 251 | 396 574 |
| 2020.06 | 896 318 | 310 920 | 585 398 | 647 213 | 245 030 | 402 183 |
| 2020.07 | 889 123 | 304 072 | 585 051 | 631 734 | 235 988 | 395 746 |
| 2020.08 | 893 096 | 306 013 | 587 083 | 639 225 | 239 245 | 399 980 |
| 2020.09 | 912 537 | 316 730 | 595 807 | 649 315 | 238 178 | 411 138 |
| 2020.10 | 902 967 | 311 033 | 591 935 | 640 673 | 240 831 | 399 843 |
| 2020.11 | 909 302 | 314 250 | 595 051 | 649 156 | 245 690 | 403 466 |
| 2020.12 | 925 986 | 326 763 | 599 223 | 660 180 | 253 616 | 406 564 |
| 2021.01 | 940 838 | 325 421 | 615 417 | 668 602 | 249 943 | 418 660 |
| 2021.02 | 973 409 | 333 151 | 640 259 | 644 411 | 229 805 | 414 605 |
| 2021.03 | 992 778 | 337 787 | 654 991 | 661 693 | 242 635 | 419 057 |

## 2021年第一季度末人民币存款余额
## Outstanding amounts of RMB deposits at the end of first quarter of 2021

单位：亿元
Unit: RMB 100 million

| 项目 Item | 余额 Outstanding amount |
|---|---|
| **各项存款 Total deposits** | **2 209 233.14** |
| 境内存款 Domestic deposits | 2 195 743.28 |
| 住户存款 Deposits of households | 992 777.84 |
| 非金融企业存款 Deposits of non-financial enterprises | 661 692.73 |
| 机关团体存款 Deposits of Government Departments & Organizations | 302 946.60 |
| 财政性存款 Fiscal Deposits | 43 137.90 |
| 非银行业金融机构存款 Deposits of non-banking financial institutions | 195 188.22 |
| 境外存款 Overseas deposits | 13 489.86 |

## 2021年第一季度末人民币存款余额
## Outstanding amounts of RMB deposits at the end of first quarter of 2021

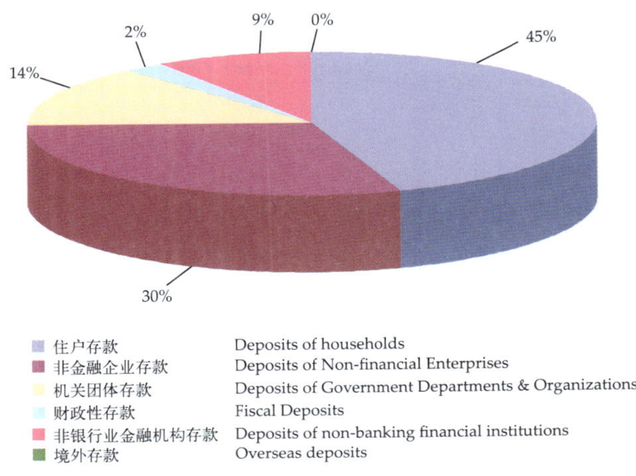

## 2021年第一季度末人民币贷款余额
RMB loans issued by the end of the first quarter of 2021 by sectors

单位：亿元
Unit: RMB 100 million

| 项目<br>Item | 余额<br>Outstanding amounts | 比上年末增加<br>Increase from the end of last year |
|---|---|---|
| **各项贷款<br>Total loans** | 1 804 131 | 202 042 |
| 境内贷款<br>Domestic loans | 1 798 384 | 201 878 |
| 住户贷款<br>Loans to households | 657 467 | 92 202 |
| 短期贷款<br>Short-term loans | 160 588 | 25 255 |
| 中长期贷款<br>Mid & long-term loans | 496 879 | 66 947 |
| 企（事）业单位贷款<br>Loans to non-financial enterprises and government departments & organizations | 1 137 878 | 114 734 |
| 短期贷款<br>Short-term loans | 331 525 | 12 728 |
| 中长期贷款<br>Mid & long-term loans | 698 205 | 102 377 |
| 票据融资<br>Paper financing | 78 771 | −3 699 |
| 融资租赁<br>Financial leases | 27 584 | 3 541 |
| 各项垫款<br>Total advances | 1 792 | −214 |
| 非银行业金融机构贷款<br>Loans to non-banking financial institutions | 3 039 | −5 059 |
| 境外贷款<br>Overseas loans | 5 747 | 164 |

## 当月新增住户贷款
New loans to households by month

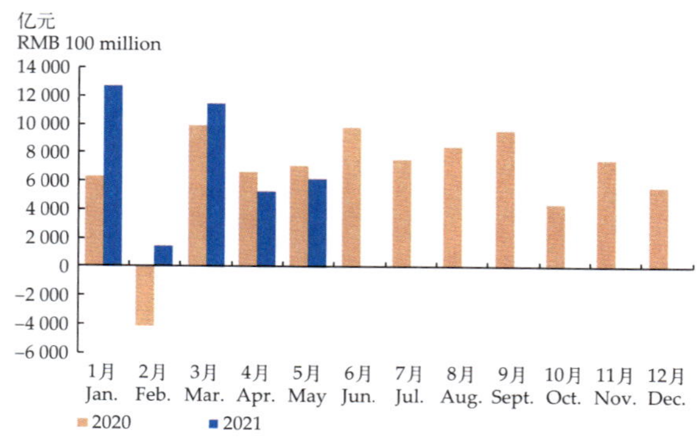


## 当月新增非金融企业及机关团体贷款
New loans to non-financial institutions and other sectors by month

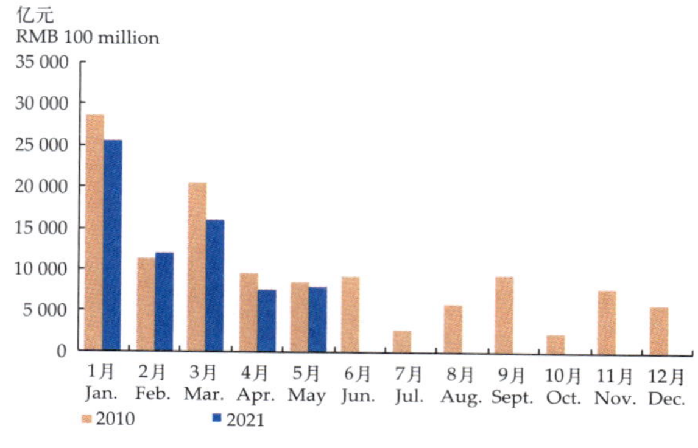


## 绿色贷款余额
Outstanding amount of green loans

单位：亿元
Unit: RMB 100 million

| 年 / 季度<br>Year/Quarter | 绿色贷款余额<br>Outstanding amount of green loans |
|---|---|
| 2018Q4 | 82 300 |
| 2019Q1 | 92 300 |
| 2019Q2 | 94 700 |
| 2019Q3 | 98 500 |
| 2019Q4 | 102 200 |
| 2020Q1 | 104 600 |
| 2020Q2 | 110 100 |
| 2020Q3 | 115 500 |
| 2020Q4 | 119 500 |
| 2021Q1 | 130 300 |

## 绿色贷款余额
Outstanding amounts of green loans

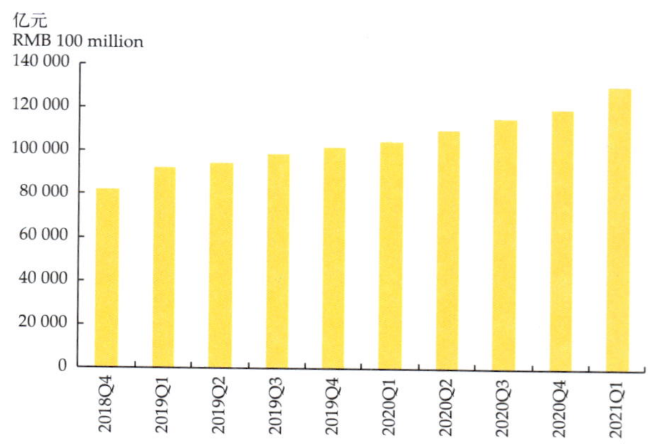

## 2.4　社会融资规模（Aggregate financing to the real economy, AFRE）

### 社会融资规模增量统计表
Aggregate financing to the real economy (Flow)

单位：亿元
Unit: RMB 100 million

| 时间 Time | 社会融资规模增量 AFRE (flow) | 其中 Of which | | | | | | | | | |
|---|---|---|---|---|---|---|---|---|---|---|---|
| | | 人民币贷款 RMB loans | 外币贷款（折合人民币）Foreign currency-denominated loads (RMB equivalent) | 委托贷款 Entrusted loans | 信托贷款 Trust loans | 未贴现银行承兑汇票 Undiscounted bankers' acceptances | 企业债券 Net Financing of corporate bonds | 政府债券 Government bonds | 非金融企业境内股票融资 Equity financing on the domestic stock market by non-financial enterprises | 存款类金融机构资产支持证券 Asset-backed securities of depository financial institutions | 贷款核销 Loans written off |
| 2021.01 | 51 838 | 38 182 | 1 098 | 91 | −842 | 4 902 | 3 871 | 2 437 | 991 | −28 | 280 |
| 2021.02 | 17 239 | 13 413 | 464 | −100 | −936 | 639 | 1 352 | 1 017 | 693 | −177 | 370 |
| 2021.03 | 33 709 | 27 511 | 282 | −42 | −1 791 | −2 296 | 3 755 | 3 131 | 783 | 477 | 1 080 |

注：1. 社会融资规模增量是指一定时期内实体经济从金融体系获得的资金额。数据来源于中国人民银行、中国银行保险监督管理委员会、中国证券监督管理委员会、中央国债登记结算有限责任公司和银行间市场交易商协会等部门。
2. 从2019年12月起，中国人民银行进一步完善社会融资规模统计，将“国债”和“地方政府一般债券”纳入社会融资规模统计，与原有“地方政府专项债券”合并为“政府债券”指标。指标数值为托管机构的托管面值。
3. 从2019年9月起，中国人民银行完善“社会融资规模”中的“企业债券”统计，将“交易所企业资产支持证券”纳入“企业债券”指标。
4. 从2018年9月起，中国人民银行将“地方政府专项债券”纳入社会融资规模统计。
5. 从2018年7月起，中国人民银行完善社会融资规模统计方法，将“存款类金融机构资产支持证券”和“贷款核销”纳入社会融资规模统计，在“其他融资”项下单独列示。

Note: 1. AFRE(flow) refers to the total volume of financing provided by the financial system to the real economy during a certain period of time. In the calculation of AFRE, data are from the PBC, CBIRC, CSRC, CCDC and NAFMII.
2. Since December 2019,the PBC made further efforts to improve the statistical method of AFRE. “treasury bonds” and “local government general bonds” were newly introduced into AFRE and merged with “local government special bonds” into “government bonds ” ,which is recorded at face value at depositories.
3. Since September 2019, the PBC improved the statistics of “net financing of corporate bonds” in AFRE, and incorporated “asset-backed securities of non-financial enterprises” into “net financing of corporate bonds”.
4. Since September 2018, the People's Bank of China incorporated “local government special bonds” into AFRE.
5. Since July 2018, the People's Bank of China improved the statistical method of AFRE, and incorporated “asset-backed securities of depository financial institutions” and “loans written off” into AFRE, which is reflected as a sub-item of “other financing”.

## 社会融资规模存量统计表
## Aggregate financing to the real economy (Stock)

| 项目<br>Item | 2021.01 | | 2021.02 | | 2021.03 | | 2021.04 | | 2021.05 | | 2021.06 | |
|---|---|---|---|---|---|---|---|---|---|---|---|---|
| | 存量<br>Stock | 增速(%)<br>Growth Rate (%) | 存量<br>Stock | 增速(%)<br>Growth Rate (%) | 存量<br>Stock | 增速(%)<br>Growth Rate (%) | 存量<br>Stock | 增速(%)<br>Growth Rate (%) | 存量<br>Stock | 增速(%)<br>Growth Rate (%) | 存量<br>Stock | 增速(%)<br>Growth Rate (%) |
| 社会融资规模存量<br>AFRE (stock) | 289.74 | 13.0 | 291.36 | 13.3 | 294.56 | 12.3 | — | — | — | — | — | — |
| 人民币贷款<br>RMB loans | 175.41 | 13.1 | 176.76 | 13.5 | 179.51 | 13.0 | — | — | — | — | — | — |
| 外币贷款（折合人民币）<br>Foreign currency-denominated loans (RMB equivalent) | 2.20 | 3.2 | 2.25 | 2.4 | 2.31 | −1.1 | — | — | — | — | — | — |
| 委托贷款<br>Entrusted loans | 11.05 | −3.5 | 11.04 | −3.2 | 11.04 | −2.8 | — | — | — | — | — | — |
| 信托贷款<br>Trust loans | 6.28 | −16.2 | 6.19 | −16.8 | 6.01 | −19.2 | — | — | — | — | — | — |
| 未贴现银行承兑汇票<br>Undiscounted bankers' acceptances | 4.00 | 15.1 | 4.06 | 32.0 | 3.83 | 14.1 | — | — | — | — | — | — |
| 企业债券<br>Net financing of corporate bonds | 27.83 | 16.3 | 27.93 | 15.1 | 28.17 | 11.7 | — | — | — | — | — | — |
| 政府债券<br>Government bonds | 46.29 | 20.3 | 46.39 | 20.0 | 46.71 | 18.8 | — | — | — | — | — | — |
| 非金融企业境内股票<br>Equity financing on the domestic stock market by non-financial enterprises | 8.35 | 12.5 | 8.42 | 12.8 | 8.50 | 13.5 | — | — | — | — | — | — |
| 存款类金融机构资产支持证券<br>Asset-backed securities of depository financial institutions | 1.89 | 9.3 | 1.87 | 11.8 | 1.92 | 15.7 | — | — | — | — | — | — |
| 贷款核销<br>Loans written off | 5.32 | 30.2 | 5.35 | 30.3 | 5.46 | 29.4 | — | — | — | — | — | — |

| 项目<br>Item | 2021.07 | | 2021.08 | | 2021.09 | | 2021.10 | | 2021.11 | | 2021.12 | |
|---|---|---|---|---|---|---|---|---|---|---|---|---|
| | 存量<br>Stock | 增速(%)<br>Growth Rate (%) | 存量<br>Stock | 增速(%)<br>Growth Rate (%) | 存量<br>Stock | 增速(%)<br>Growth Rate (%) | 存量<br>Stock | 增速(%)<br>Growth Rate (%) | 存量<br>Stock | 增速(%)<br>Growth Rate (%) | 存量<br>Stock | 增速(%)<br>Growth Rate (%) |
| 社会融资规模存量<br>AFRE (stock) | — | — | — | — | — | — | — | — | — | — | — | — |
| 人民币贷款<br>RMB loans | — | — | — | — | — | — | — | — | — | — | — | — |
| 外币贷款（折合人民币）<br>Foreign currency-denominated loans (RMB equivalent) | — | — | — | — | — | — | — | — | — | — | — | — |
| 委托贷款<br>Entrusted loans | — | — | — | — | — | — | — | — | — | — | — | — |
| 信托贷款<br>Trust loans | — | — | — | — | — | — | — | — | — | — | — | — |
| 未贴现银行承兑汇票<br>Undiscounted bankers' acceptances | — | — | — | — | — | — | — | — | — | — | — | — |
| 企业债券<br>Net financing of corporate bonds | — | — | — | — | — | — | — | — | — | — | — | — |
| 政府债券<br>Government bonds | — | — | — | — | — | — | — | — | — | — | — | — |
| 非金融企业境内股票<br>Equity financing on the domestic stock market by non-financial enterprises | — | — | — | — | — | — | — | — | — | — | — | — |
| 存款类金融机构资产支持证券<br>Asset-backed securities of depository financial institutions | — | — | — | — | — | — | — | — | — | — | — | — |
| 贷款核销<br>Loans written off | — | — | — | — | — | — | — | — | — | — | — | — |

注：1. 社会融资规模存量是指一定时期末（月末、季末或年末）实体经济从金融体系获得的资金余额。数据来源于中国人民银行、中国银行保险监督管理委员会、中国证券监督管理委员会、中央国债登记结算有限责任公司和银行间市场交易商协会等部门。
2. 从2019年12月起，中国人民银行进一步完善社会融资规模统计，将“国债”和“地方政府一般债券”纳入社会融资规模统计，与原有“地方政府专项债券”合并为“政府债券”指标。指标数值为托管机构的托管面值。
3. 从2019年9月起，中国人民银行完善“社会融资规模”中的“企业债券”统计，将“交易所企业资产支持证券”纳入“企业债券”指标。
4. 从2018年9月起，中国人民银行将“地方政府专项债券”纳入社会融资规模统计。
5. 从2018年7月起，中国人民银行完善社会融资规模统计方法，将“存款类金融机构资产支持证券”和“贷款核销”纳入社会融资规模统计，在“其他融资”项下单独列示。

Note: 1. AFRE (stock) refers to the outstanding of financing provided by the financial system to the real economy at the end of a period (monthly/quarterly/annual). In the calculation of AFRE, data are from the PBC, CBIRC, CSRC, CCDC and NAFMII.
2. Since December 2019, the PBC made further efforts to improve the statistical method of AFRE. “treasury bonds” and “local government general bonds” were newly introduced into AFRE and merged with “local government special bonds” into “government bonds”, which is recorded at face value at depositories.
3. Since September 2019, the PBC improved the statistics of “net financing of corporate bonds” in AFRE, and incorporated “asset-backed securities of non-financial enterprises” into “net financing of corporate bonds”.
4. Since September 2018, the PBC incorporated “local government special bonds” into AFRE.
5. Since July 2018, the PBC improved the statistical method of AFRE, and incorporated “asset-backed securities of depository financial institutions” and “loans written off” into AFRE, which is reflected as a sub-item of “other financing”.

## 2.5　宏观杠杆率（Macro leverage ratio）

### 主要经济体宏观杠杆率
Leverage Ratio of China, the US, Euro area and Japan

| 年 / 月 Year/Month | 中国 China | 美国 US | 欧元区 Euro area | 日本 Japan |
|---|---|---|---|---|
| 2017.12 | 252.0 | 249.5 | 263.2 | 365.9 |
| 2018.03 | 252.5 | 249 | 263.1 | 364.8 |
| 2018.06 | 251.0 | 248 | 262.1 | 365.7 |
| 2018.09 | 251.3 | 246.6 | 260.9 | 365.4 |
| 2018.12 | 249.0 | 248.6 | 259.1 | 370.8 |
| 2019.03 | 253.9 | 248.7 | 260.5 | 374.7 |
| 2019.06 | 255.0 | 249.3 | 262.6 | 377.1 |
| 2019.09 | 256.2 | 253.5 | 264.6 | 376.9 |
| 2019.12 | 255.9 | 253.3 | 259.7 | 378.3 |
| 2020.03 | 269.9 | 264 | 263.7 | 380.7 |
| 2020.06 | 277.1 | 285.7 | 282 | 405 |
| 2020.09 | 281.0 | 290.9 | 287.8 | 414.3 |
| 2020.12 | 279.4 | 296.1 | 291.8 | 418.9 |

数据来源：中国部分的数据来源为中国人民银行，其他国家的数据来源为国际清算银行。
Source: Related data of China is from PBC, data of other countries is from BIS.

### 中国分部门宏观杠杆率
Leverage ratio of different sectors in China

| 年 / 月 Year/Month | 居民 Resident | 企业 Corporation | 政府 Government |
|---|---|---|---|
| 2017.12 | 57.0 | 159.0 | 36.0 |
| 2018.03 | 57.9 | 159.3 | 35.3 |
| 2018.06 | 58.8 | 157.3 | 35.0 |
| 2018.09 | 59.7 | 155.2 | 36.4 |
| 2018.12 | 60.5 | 152.2 | 36.4 |
| 2019.03 | 61.7 | 155.1 | 37.0 |
| 2019.06 | 62.8 | 154.3 | 37.8 |
| 2019.09 | 64.0 | 153.6 | 38.6 |
| 2019.12 | 65.1 | 152.1 | 38.6 |
| 2020.03 | 67.3 | 161.8 | 40.8 |
| 2020.06 | 69.5 | 164.9 | 42.7 |
| 2020.09 | 71.6 | 164.4 | 45.0 |
| 2020.12 | 72.5 | 161.2 | 45.7 |

数据来源：中国人民银行。
Source: PBC.

### 中、美、欧、日宏观杠杆率
Leverage Ratio of China, the US, Euro area and Japan

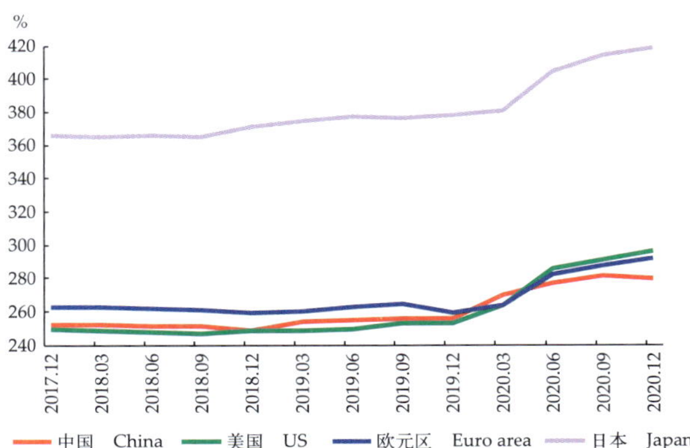


数据来源：中国部分的数据来源为中国人民银行，其他国家的数据来源为国际清算银行。
Source: Related data of China is from PBC, data of other countries is from BIS.

### 中国各部门宏观杠杆率
Leverage ratio of different sectors in China

数据来源：中国人民银行。
Source: PBC.

# 三、利率与汇率（Interest rates and exchange rates）

## 3.1 中央银行政策利率体系（Central bank's policy rates）

中央银行政策利率体系
Central bank policy rates

| 年 / 月<br>Year/Month | 公开市场 7 天期逆回购利率<br>OMO 7-day repo rate | 中期借贷便利 1 年期利率<br>1-year MLF rate |
|---|---|---|
| 2020.01 | 2.50 | 3.25 |
| 2020.02 | 2.40 | 3.15 |
| 2020.03 | 2.20 | 3.15 |
| 2020.04 | 2.20 | 2.95 |
| 2020.05 | 2.20 | 2.95 |
| 2020.06 | 2.20 | 2.95 |
| 2020.07 | 2.20 | 2.95 |
| 2020.08 | 2.20 | 2.95 |
| 2020.09 | 2.20 | 2.95 |
| 2020.10 | 2.20 | 2.95 |
| 2020.11 | 2.20 | 2.95 |
| 2020.12 | 2.20 | 2.95 |
| 2021.01 | 2.20 | 2.95 |
| 2021.02 | 2.20 | 2.95 |
| 2021.03 | 2.20 | 2.95 |

注：上述利率均为当月最后一次操作的利率水平。
Note: Above data were the interest rates of last operation in each month.

中央银行短期政策利率与DR007
Central bank short-term policy rate and DR007

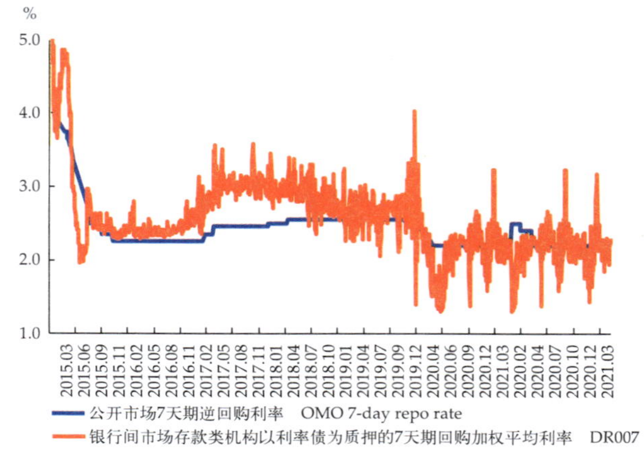


中央银行政策利率体系
Central bank policy rates

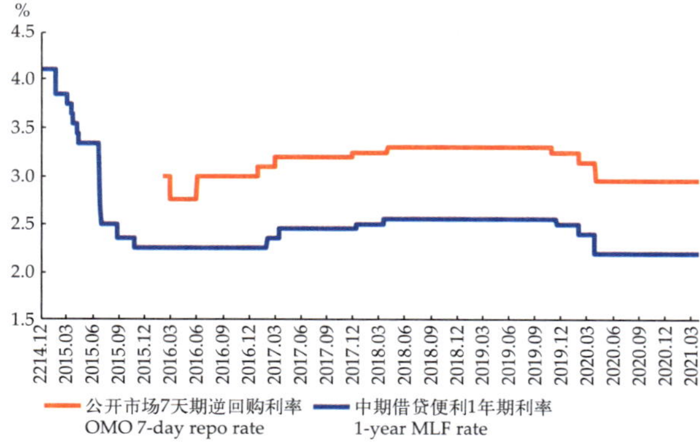


中央银行中期政策利率与贷款市场报价利率
Central bank median-term policy rate and LPR

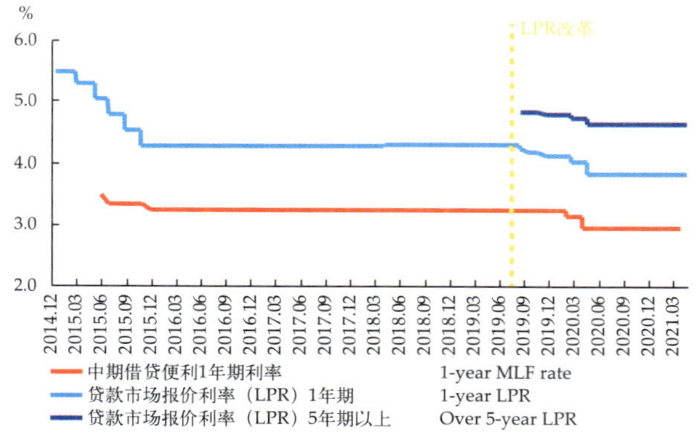

## 3.2 中央银行公开市场操作（Central bank open market operations）

中央银行公开市场操作
Central bank open market operations

| 日期 Date | | 操作工具 Mode of transaction | 招标方式 Mode of bidding | 期限品种（天）Maturity (Day) | 招标数量（亿元）Bidding amount (RMB 100 million) | 交易量（亿元）Transaction volume (RMB 100 million) | 中标利率（%）Interest rate of successful bidding (%) |
|---|---|---|---|---|---|---|---|
| 2021.01.04 | 周一 Monday | 逆回购 Reverse Repo | 利率招标 Interest rate bidding | 7天 7-day | 200 | 200 | 2.20 |
| 2021.01.05 | 周二 Tuesday | 逆回购 Reverse Repo | 利率招标 Interest rate bidding | 7天 7-day | 100 | 100 | 2.20 |
| 2021.01.06 | 周三 Wednesday | 逆回购 Reverse Repo | 利率招标 Interest rate bidding | 7天 7-day | 100 | 100 | 2.20 |
| 2021.01.07 | 周四 Thursday | 逆回购 Reverse Repo | 利率招标 Interest rate bidding | 7天 7-day | 100 | 100 | 2.20 |
| 2021.01.08 | 周五 Friday | 逆回购 Reverse Repo | 利率招标 Interest rate bidding | 7天 7-day | 50 | 50 | 2.20 |
| 2021.01.11 | 周一 Monday | 逆回购 Reverse Repo | 利率招标 Interest rate bidding | 7天 7-day | 50 | 50 | 2.20 |
| 2021.01.12 | 周二 Tuesday | 逆回购 Reverse Repo | 利率招标 Interest rate bidding | 7天 7-day | 50 | 50 | 2.20 |
| 2021.01.13 | 周三 Wednesday | 逆回购 Reverse Repo | 利率招标 Interest rate bidding | 7天 7-day | 20 | 20 | 2.20 |
| 2021.01.14 | 周四 Thursday | 逆回购 Reverse Repo | 利率招标 Interest rate bidding | 7天 7-day | 20 | 20 | 2.20 |
| 2021.01.15 | 周五 Friday | 逆回购 Reverse Repo | 利率招标 Interest rate bidding | 7天 7-day | 20 | 20 | 2.20 |
| 2021.01.18 | 周一 Monday | 逆回购 Reverse Repo | 利率招标 Interest rate bidding | 7天 7-day | 20 | 20 | 2.20 |
| 2021.01.19 | 周二 Tuesday | 逆回购 Reverse Repo | 利率招标 Interest rate bidding | 7天 7-day | 800 | 800 | 2.20 |
| 2021.01.20 | 周三 Wednesday | 逆回购 Reverse Repo | 利率招标 Interest rate bidding | 7天 7-day | 2 800 | 2 800 | 2.20 |
| 2021.01.21 | 周四 Thursday | 逆回购 Reverse Repo | 利率招标 Interest rate bidding | 7天 7-day | 2 500 | 2 500 | 2.20 |
| 2021.01.22 | 周五 Friday | 逆回购 Reverse Repo | 利率招标 Interest rate bidding | 7天 7-day | 20 | 20 | 2.20 |
| 2021.01.25 | 周一 Monday | 逆回购 Reverse Repo | 利率招标 Interest rate bidding | 7天 7-day | 20 | 20 | 2.20 |
| 2021.01.26 | 周二 Tuesday | 逆回购 Reverse Repo | 利率招标 Interest rate bidding | 7天 7-day | 20 | 20 | 2.20 |
| 2021.01.27 | 周三 Wednesday | 逆回购 Reverse Repo | 利率招标 Interest rate bidding | 7天 7-day | 1 800 | 1 800 | 2.20 |
| 2021.01.28 | 周四 Thursday | 逆回购 Reverse Repo | 利率招标 Interest rate bidding | 7天 7-day | 1 000 | 1 000 | 2.20 |
| 2021.01.29 | 周五 Friday | 中央银行票据 Central bank bills | 利率招标 Interest rate bidding | 3个月 3-month | | 50 | 2.35 |
| 2021.01.29 | 周五 Friday | 逆回购 Reverse Repo | 利率招标 Interest rate bidding | 7天 7-day | 1 000 | 1 000 | 2.20 |
| 2021.02.01 | 周一 Monday | 逆回购 Reverse Repo | 利率招标 Interest rate bidding | 7天 7-day | 1 000 | 1 000 | 2.20 |
| 2021.02.02 | 周二 Tuesday | 逆回购 Reverse Repo | 利率招标 Interest rate bidding | 7天 7-day | 800 | 800 | 2.20 |
| 2021.02.03 | 周三 Wednesday | 逆回购 Reverse Repo | 利率招标 Interest rate bidding | 7天 7-day | 1 000 | 1 000 | 2.20 |
| 2021.02.04 | 周四 Thursday | 逆回购 Reverse Repo | 利率招标 Interest rate bidding | 14天 14-day | 1 000 | 1 000 | 2.35 |
| 2021.02.05 | 周五 Friday | 逆回购 Reverse Repo | 利率招标 Interest rate bidding | 14天 14-day | 1 000 | 1 000 | 2.35 |

续表

| 日期<br>Date | | 操作工具<br>Mode of transaction | 招标方式<br>Mode of bidding | 期限品种（天）<br>Maturity (Day) | 招标数量（亿元）<br>Bidding amount (RMB 100 million) | 交易量（亿元）<br>Transaction volume (RMB 100 million) | 中标利率（%）<br>Interest rate of successful bidding (%) |
|---|---|---|---|---|---|---|---|
| 2021.02.07 | 周日<br>Sunday | 逆回购<br>Reverse Repo | 利率招标<br>Interest rate bidding | 14 天<br>14-day | 500 | 500 | 2.35 |
| 2021.02.08 | 周一<br>Monday | 逆回购<br>Reverse Repo | 利率招标<br>Interest rate bidding | 7 天<br>7-day | 1100 | 1100 | 2.20 |
| 2021.02.09 | 周二<br>Tuesday | 逆回购<br>Reverse Repo | 利率招标<br>Interest rate bidding | 7 天<br>7-day | 500 | 500 | 2.20 |
| 2021.02.10 | 周三<br>Wednesday | 逆回购<br>Reverse Repo | 利率招标<br>Interest rate bidding | 7 天<br>7-day | 200 | 200 | 2.20 |
| 2021.02.18 | 周四<br>Thursday | 逆回购<br>Reverse Repo | 利率招标<br>Interest rate bidding | 7 天<br>7-day | 200 | 200 | 2.20 |
| 2021.02.19 | 周五<br>Friday | 逆回购<br>Reverse Repo | 利率招标<br>Interest rate bidding | 7 天<br>7-day | 200 | 200 | 2.20 |
| 2021.02.20 | 周六<br>Saturday | 逆回购<br>Reverse Repo | 利率招标<br>Interest rate bidding | 7 天<br>7-day | 100 | 100 | 2.20 |
| 2021.02.22 | 周一<br>Monday | 逆回购<br>Reverse Repo | 利率招标<br>Interest rate bidding | 7 天<br>7-day | 100 | 100 | 2.20 |
| 2021.02.23 | 周二<br>Tuesday | 逆回购<br>Reverse Repo | 利率招标<br>Interest rate bidding | 7 天<br>7-day | 100 | 100 | 2.20 |
| 2021.02.24 | 周三<br>Wednesday | 逆回购<br>Reverse Repo | 利率招标<br>Interest rate bidding | 7 天<br>7-day | 100 | 100 | 2.20 |
| 2021.02.25 | 周四<br>Thursday | 中央银行票据<br>Central bank bills | 利率招标<br>Interest rate bidding | 3 个月<br>3-month | | 50 | 2.35 |
| 2021.02.25 | 周四<br>Thursday | 逆回购<br>Reverse Repo | 利率招标<br>Interest rate bidding | 7 天<br>7-day | 200 | 200 | 2.20 |
| 2021.02.26 | 周五<br>Friday | 逆回购<br>Reverse Repo | 利率招标<br>Interest rate bidding | 7 天<br>7-day | 200 | 200 | 2.20 |
| 2021.03.01 | 周一<br>Monday | 逆回购<br>Reverse Repo | 利率招标<br>Interest rate bidding | 7 天<br>7-day | 100 | 100 | 2.20 |
| 2021.03.02 | 周二<br>Tuesday | 逆回购<br>Reverse Repo | 利率招标<br>Interest rate bidding | 7 天<br>7-day | 100 | 100 | 2.20 |
| 2021.03.03 | 周三<br>Wednesday | 逆回购<br>Reverse Repo | 利率招标<br>Interest rate bidding | 7 天<br>7-day | 100 | 100 | 2.20 |
| 2021.03.04 | 周四<br>Thursday | 逆回购<br>Reverse Repo | 利率招标<br>Interest rate bidding | 7 天<br>7-day | 100 | 100 | 2.20 |
| 2021.03.05 | 周五<br>Friday | 逆回购<br>Reverse Repo | 利率招标<br>Interest rate bidding | 7 天<br>7-day | 100 | 100 | 2.20 |
| 2021.03.08 | 周一<br>Monday | 逆回购<br>Reverse Repo | 利率招标<br>Interest rate bidding | 7 天<br>7-day | 100 | 100 | 2.20 |
| 2021.03.09 | 周二<br>Tuesday | 逆回购<br>Reverse Repo | 利率招标<br>Interest rate bidding | 7 天<br>7-day | 100 | 100 | 2.20 |
| 2021.03.10 | 周三<br>Wednesday | 逆回购<br>Reverse Repo | 利率招标<br>Interest rate bidding | 7 天<br>7-day | 100 | 100 | 2.20 |
| 2021.03.11 | 周四<br>Thursday | 逆回购<br>Reverse Repo | 利率招标<br>Interest rate bidding | 7 天<br>7-day | 100 | 100 | 2.20 |
| 2021.03.12 | 周五<br>Friday | 逆回购<br>Reverse Repo | 利率招标<br>Interest rate bidding | 7 天<br>7-day | 100 | 100 | 2.20 |
| 2021.03.15 | 周一<br>Monday | 逆回购<br>Reverse Repo | 利率招标<br>Interest rate bidding | 7 天<br>7-day | 100 | 100 | 2.20 |
| 2021.03.16 | 周二<br>Tuesday | 逆回购<br>Reverse Repo | 利率招标<br>Interest rate bidding | 7 天<br>7-day | 100 | 100 | 2.20 |
| 2021.03.17 | 周三<br>Wednesday | 逆回购<br>Reverse Repo | 利率招标<br>Interest rate bidding | 7 天<br>7-day | 100 | 100 | 2.20 |
| 2021.03.18 | 周四<br>Thursday | 逆回购<br>Reverse Repo | 利率招标<br>Interest rate bidding | 7 天<br>7-day | 100 | 100 | 2.20 |
| 2021.03.19 | 周五<br>Friday | 逆回购<br>Reverse Repo | 利率招标<br>Interest rate bidding | 7 天<br>7-day | 100 | 100 | 2.20 |

续表

| 日期 Date | | 操作工具 Mode of transaction | 招标方式 Mode of bidding | 期限品种（天）Maturity (Day) | 招标数量（亿元）Bidding amount (RMB 100 million) | 交易量（亿元）Transaction volume (RMB 100 million) | 中标利率（%）Interest rate of successful bidding (%) |
|---|---|---|---|---|---|---|---|
| 2021.03.22 | 周一 Monday | 逆回购 Reverse Repo | 利率招标 Interest rate bidding | 7天 7-day | 100 | 100 | 2.20 |
| 2021.03.23 | 周二 Tuesday | 逆回购 Reverse Repo | 利率招标 Interest rate bidding | 7天 7-day | 100 | 100 | 2.20 |
| 2021.03.24 | 周三 Wednesday | 逆回购 Reverse Repo | 利率招标 Interest rate bidding | 7天 7-day | 100 | 100 | 2.20 |
| 2021.03.25 | 周四 Thursday | 逆回购 Reverse Repo | 利率招标 Interest rate bidding | 7天 7-day | 100 | 100 | 2.20 |
| 2021.03.26 | 周五 Friday | 中央银行票据 Central bank bills | 利率招标 Interest rate bidding | 3个月 3-month | — | 50 | 2.35 |
| 2021.03.26 | 周五 Friday | 逆回购 Reverse Repo | 利率招标 Interest rate bidding | 7天 7-day | 100 | 100 | 2.20 |
| 2021.03.29 | 周一 Monday | 逆回购 Reverse Repo | 利率招标 Interest rate bidding | 7天 7-day | 100 | 100 | 2.20 |
| 2021.03.30 | 周二 Tuesday | 逆回购 Reverse Repo | 利率招标 Interest rate bidding | 7天 7-day | 100 | 100 | 2.20 |
| 2021.03.31 | 周三 Wednesday | 逆回购 Reverse Repo | 利率招标 Interest rate bidding | 7天 7-day | 100 | 100 | 2.20 |

## 3.3 中央银行对金融机构存贷款利率（Central bank's interest rates to financial institutions）

**中央银行对金融机构存贷款利率**
Central bank interest rates

单位：年利率%
Unit: annual interest rate %

| 日期 Date | 法定存款准备金 Required reserves | 超额存款准备金 Excess reserves | 常备借贷便利 SLF | | | 再贴现 Rediscount |
|---|---|---|---|---|---|---|
| | | | 隔夜 Overnight | 7 天 7-day | 1 个月 1-month | |
| 1996.05.01 | 8.82 | 8.82 | — | — | — | * |
| 1996.08.23 | 8.28 | 7.92 | — | — | — | * |
| 1997.10.23 | 7.56 | 7.02 | — | — | — | * |
| 1998.03.25 | 5.22 | — | — | — | — | 6.03 |
| 1998.07.01 | 3.51 | — | — | — | — | 4.32 |
| 1998.12.07 | 3.24 | — | — | — | — | 3.96 |
| 1999.06.10 | 2.07 | — | — | — | — | 2.16 |
| 2001.09.11 | — | — | — | — | — | 2.97 |
| 2002.02.21 | 1.89 | — | — | — | — | 2.97 |
| 2003.12.20 | — | 1.62 | — | — | — | — |
| 2004.03.25 | — | — | — | — | — | 3.24 |
| 2005.03.17 | — | 0.99 | — | — | — | — |
| 2008.01.01 | — | — | — | — | — | 4.32 |
| 2008.11.27 | 1.62 | 0.72 | — | — | — | 2.97 |
| 2008.12.23 | — | — | — | — | — | 1.80 |
| 2010.12.26 | — | — | — | — | — | 2.25 |
| 2014.01.20 | — | — | 5.00 | 7.00 | — | — |
| 2015.03.04 | — | — | 4.50 | 5.50 | — | — |
| 2015.11.05 | — | — | — | — | — | 2.25 |
| 2015.11.20 | — | — | 2.75 | 3.25 | — | — |
| 2016.02.01 | — | — | — | — | 3.60 | — |
| 2017.02.03 | — | — | 3.10 | 3.35 | 3.70 | — |
| 2017.03.16 | — | — | 3.30 | 3.45 | 3.80 | — |
| 2017.12.14 | — | — | 3.35 | 3.50 | 3.85 | — |
| 2018.03.22 | — | — | 3.40 | 3.55 | 3.90 | — |
| 2019.12.31 | — | — | 3.35 | 3.50 | 3.85 | — |
| 2020.04.07 | — | 0.35 | — | — | — | — |
| 2020.04.10 | — | — | 3.05 | 3.20 | 3.55 | — |
| 2020.07.01 | — | — | — | — | — | 2.00 |

注：1. 1998年3月法定准备金和超额准备金两个账户合并为准备金账户。
2. *按同档次中央银行贷款利率下浮5%～10%。

Notes: 1. The required reserves account and excess reserves account were merged into the reserves account in March 1998.
2. *The interest rate is 5%~10% below that of the central bank lending rate of the same tranche.

**法定和超额存款准备金利率**
Required reserves interest rates and rediscount interest rates

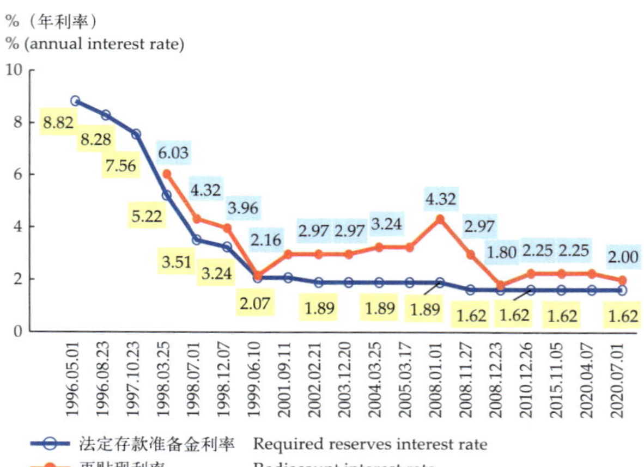


**常备借贷便利利率**
SLF interest rates

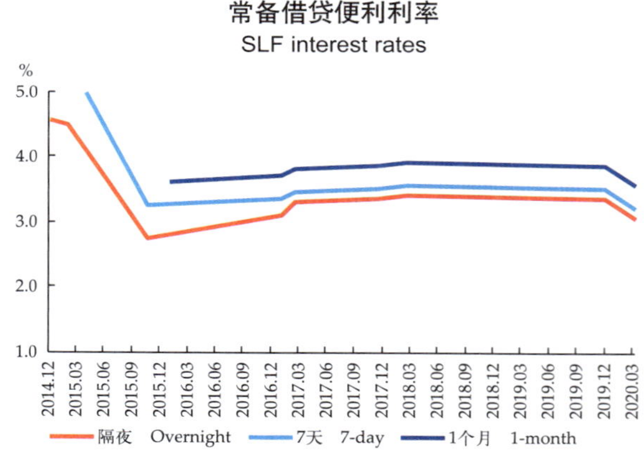

## 3.4 金融机构对客户存贷款利率（Interest rates in financial institutions）

### 金融机构人民币存款基准利率
RMB deposit benchmark interest rates in financial institutions

单位：%
Unit: %

| 日期 Date | 活期 Demand deposits | 定期 Time deposits | | | | | |
|---|---|---|---|---|---|---|---|
| | | 3个月 3-month | 6个月 6-month | 1年 1-year | 2年 2-year | 3年 3-year | 5年 5-year |
| 1990.04.15 | 2.88 | 6.30 | 7.74 | 10.08 | 10.98 | 11.88 | 13.68 |
| 1990.08.21 | 2.16 | 4.32 | 6.48 | 8.64 | 9.36 | 10.08 | 11.52 |
| 1991.04.21 | 1.80 | 3.24 | 5.40 | 7.56 | 7.92 | 8.28 | 9.00 |
| 1993.05.15 | 2.16 | 4.86 | 7.20 | 9.18 | 9.90 | 10.80 | 12.06 |
| 1993.07.11 | 3.15 | 6.66 | 9.00 | 10.98 | 11.70 | 12.24 | 13.86 |
| 1996.05.01 | 2.97 | 4.86 | 7.20 | 9.18 | 9.90 | 10.80 | 12.06 |
| 1996.08.23 | 1.98 | 3.33 | 5.40 | 7.47 | 7.92 | 8.28 | 9.00 |
| 1997.10.23 | 1.71 | 2.88 | 4.14 | 5.67 | 5.94 | 6.21 | 6.66 |
| 1998.03.25 | 1.71 | 2.88 | 4.14 | 5.22 | 5.58 | 6.21 | 6.66 |
| 1998.07.01 | 1.44 | 2.79 | 3.96 | 4.77 | 4.86 | 4.95 | 5.22 |
| 1998.12.07 | 1.44 | 2.79 | 3.33 | 3.78 | 3.96 | 4.14 | 4.50 |
| 1999.06.10 | 0.99 | 1.98 | 2.16 | 2.25 | 2.43 | 2.70 | 2.88 |
| 2002.02.21 | 0.72 | 1.71 | 1.89 | 1.98 | 2.25 | 2.52 | 2.79 |
| 2004.10.29 | 0.72 | 1.71 | 2.07 | 2.25 | 2.70 | 3.24 | 3.60 |
| 2006.08.19 | 0.72 | 1.80 | 2.25 | 2.52 | 3.06 | 3.69 | 4.14 |
| 2007.03.18 | 0.72 | 1.98 | 2.43 | 2.79 | 3.33 | 3.96 | 4.41 |
| 2007.05.19 | 0.72 | 2.07 | 2.61 | 3.06 | 3.69 | 4.41 | 4.95 |
| 2007.07.21 | 0.81 | 2.34 | 2.88 | 3.33 | 3.96 | 4.68 | 5.22 |
| 2007.08.22 | 0.81 | 2.61 | 3.15 | 3.60 | 4.23 | 4.95 | 5.49 |
| 2007.09.15 | 0.81 | 2.88 | 3.42 | 3.87 | 4.50 | 5.22 | 5.76 |
| 2007.12.21 | 0.72 | 3.33 | 3.78 | 4.14 | 4.68 | 5.40 | 5.85 |
| 2008.10.09 | 0.72 | 3.15 | 3.51 | 3.87 | 4.41 | 5.13 | 5.58 |
| 2008.10.30 | 0.72 | 2.88 | 3.24 | 3.60 | 4.14 | 4.77 | 5.13 |
| 2008.11.27 | 0.36 | 1.98 | 2.25 | 2.52 | 3.06 | 3.60 | 3.87 |
| 2008.12.23 | 0.36 | 1.71 | 1.98 | 2.25 | 2.79 | 3.33 | 3.60 |
| 2010.10.20 | 0.36 | 1.91 | 2.20 | 2.50 | 3.25 | 3.85 | 4.20 |
| 2010.12.26 | 0.36 | 2.25 | 2.50 | 2.75 | 3.55 | 4.15 | 4.55 |
| 2011.02.09 | 0.40 | 2.60 | 2.80 | 3.00 | 3.90 | 4.50 | 5.00 |
| 2011.04.06 | 0.50 | 2.85 | 3.05 | 3.25 | 4.15 | 4.75 | 5.25 |
| 2011.07.07 | 0.50 | 3.10 | 3.30 | 3.50 | 4.40 | 5.00 | 5.50 |
| 2012.06.08 | 0.40 | 2.85 | 3.05 | 3.25 | 4.10 | 4.65 | 5.10 |
| 2012.07.06 | 0.35 | 2.60 | 2.80 | 3.00 | 3.75 | 4.25 | 4.75 |
| 2014.11.22 | 0.35 | 2.35 | 2.55 | 2.75 | 3.35 | 4.00 | — |
| 2015.03.01 | 0.35 | 2.10 | 2.30 | 2.50 | 3.10 | 3.75 | — |
| 2015.05.11 | 0.35 | 1.85 | 2.05 | 2.25 | 2.85 | 3.50 | — |
| 2015.06.28 | 0.35 | 1.60 | 1.80 | 2.00 | 2.60 | 3.25 | — |
| 2015.08.26 | 0.35 | 1.35 | 1.55 | 1.75 | 2.35 | 3.00 | — |
| 2015.10.24 | 0.35 | 1.10 | 1.30 | 1.50 | 2.10 | 2.75 | — |

注：从2014年11月起，中国人民银行不再公布人民币5年期定期存款基准利率。
Note: Since November 2014, the PBC stopped publishing the benchmark interest rate for 5-year RMB deposits.

### 金融机构人民币存款基准利率
RMB deposit benchmark interest rates

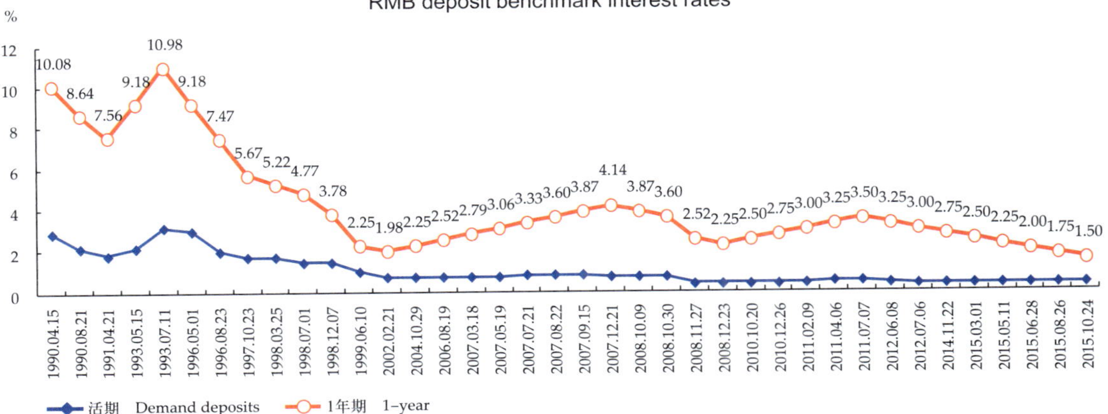

## 贷款市场报价利率
Loan prime rate

单位：%（年利率）
Unit: % (annual interest rate)

| 日期<br>Date | 1年期<br>1-year | 5年期及以上<br>Over 5-year |
|---|---|---|
| 2020.01.20 | 4.15 | 4.80 |
| 2020.02.20 | 4.05 | 4.75 |
| 2020.03.20 | 4.05 | 4.75 |
| 2020.04.20 | 3.85 | 4.65 |
| 2020.05.20 | 3.85 | 4.65 |
| 2020.06.20 | 3.85 | 4.65 |
| 2020.07.20 | 3.85 | 4.65 |
| 2020.08.20 | 3.85 | 4.65 |
| 2020.09.20 | 3.85 | 4.65 |
| 2020.10.20 | 3.85 | 4.65 |
| 2020.11.20 | 3.85 | 4.65 |
| 2020.12.21 | 3.85 | 4.65 |
| 2020.01.20 | 3.85 | 4.65 |
| 2020.02.20 | 3.85 | 4.65 |
| 2021.03.22 | 3.85 | 4.65 |

## 贷款市场报价利率
Loan prime rate

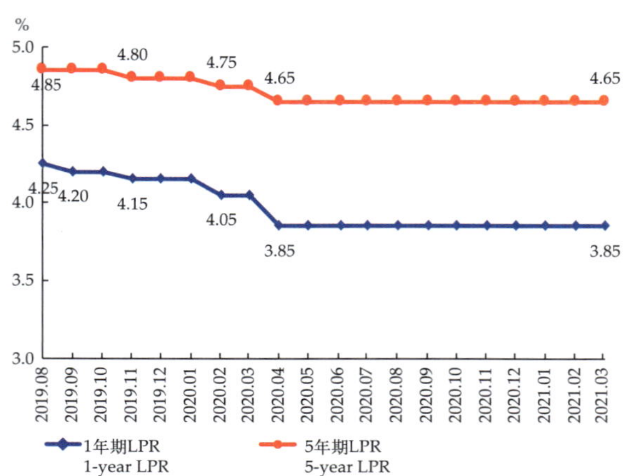


## 金融机构新发放贷款加权平均利率
Weighted interest rates on new loans

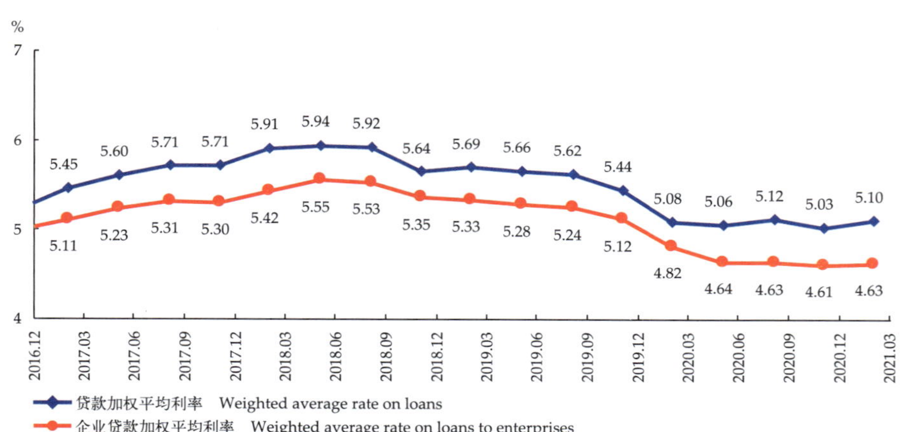

## 金融机构人民币贷款各利率区间占比
Share of loans with floating rates in various ranges

单位：% Unit:%

| 年 / 月 Year/Month | LPR 减点 LPR-bps | LPR | LPR 加点 LPR+bps | | | | | |
|---|---|---|---|---|---|---|---|---|
| | | | 小计 Subtotal | (LPR, LPR+0.5%) | [LPR+0.5%, LPR+1.5%) | [LPR+1.5%, LPR+3%) | [LPR+3%, LPR+5%) | LPR+5% 及以上 Above LPR+5% |
| 2020.01 | 20.63 | 1.75 | 77.62 | 19.95 | 24.70 | 16.83 | 8.95 | 7.17 |
| 2020.02 | 31.41 | 2.12 | 66.47 | 17.72 | 21.02 | 12.29 | 6.91 | 8.53 |
| 2020.03 | 24.42 | 2.75 | 72.83 | 19.39 | 22.81 | 14.35 | 8.87 | 7.42 |
| 2020.04 | 20.72 | 3.72 | 75.56 | 17.40 | 25.35 | 14.91 | 9.88 | 8.01 |
| 2020.05 | 22.36 | 5.24 | 72.41 | 14.76 | 25.31 | 14.10 | 9.88 | 8.36 |
| 2020.06 | 24.00 | 5.97 | 70.03 | 14.95 | 25.63 | 13.21 | 8.84 | 7.40 |
| 2020.07 | 21.69 | 5.86 | 72.45 | 13.63 | 26.19 | 14.17 | 9.48 | 8.97 |
| 2020.08 | 24.48 | 6.29 | 69.23 | 13.26 | 23.77 | 13.62 | 9.41 | 9.15 |
| 2020.09 | 24.89 | 7.41 | 67.70 | 13.31 | 23.74 | 14.09 | 8.78 | 7.79 |
| 2020.10 | 23.63 | 7.08 | 69.28 | 13.76 | 22.63 | 13.40 | 9.67 | 9.82 |
| 2020.11 | 25.89 | 5.99 | 68.12 | 13.33 | 23.41 | 13.47 | 9.02 | 8.88 |
| 2020.12 | 26.93 | 7.02 | 66.04 | 13.56 | 22.62 | 13.17 | 8.83 | 7.86 |
| 2021.01 | 23.93 | 7.51 | 68.56 | 15.45 | 24.38 | 13.24 | 8.09 | 7.39 |
| 2021.02 | 26.24 | 7.02 | 66.74 | 14.26 | 23.59 | 12.28 | 8.25 | 8.36 |
| 2021.03 | 22.03 | 8.42 | 69.54 | 14.98 | 24.79 | 13.56 | 8.76 | 7.45 |

注：1. 2019年8月17日，中国人民银行宣布改革完善LPR形成机制，金融机构主要参考LPR进行贷款定价，贷款利率区间占比情况也相应调整为按LPR加减点方式统计。
　　2. 2019年7月及之前的下浮和上浮是指在贷款基准利率的基础上浮动一定倍数，2019年8月及之后的加点和减点是指贷款利率在LPR的基础上加减一定的百分点。

Notes: 1. On August 17, 2019, the People's Bank of China announced the reform and improvement of the LPR formation mechanism. Financial institutions mainly refer to LPR for loan pricing, and the proportion of the loan interest rate range is also adjusted as LPR plus or minus points.

2. The floating down and floating up in July 2019 and before refer to the floating of a certain multiple on the basis of the benchmark lending rate, while the floating up and down in August 2019 and after refer to the addition and subtraction of a certain percentage point on the basis of LPR.

## 2021年第一季度金融机构人民币贷款各利率区间占比
Share of loans with rates floating at various ranges in the first quarter of 2021

单位：% Unit: %

| 机构类别 Insitutional category | 低于 LPR | 等于 LPR | 高于 LPR LPR+bps | | | | | |
|---|---|---|---|---|---|---|---|---|
| | | | 小计 Subtotal | (LPR, LPR+0.5%) | [LPR+0.5%, LPR+1.5%) | [LPR+1.5%, LPR+3%) | [LPR+3%, LPR+5%) | LPR+5% 及以上 Above LPR+5% |
| 四大国有商业银行 Four state-owned commercial banks | 37.04 | 13.79 | 49.18 | 23.70 | 23.22 | 1.98 | 0.21 | 0.07 |
| 股份制商业银行 Joint-stock commercial banks | 24.12 | 6.80 | 69.08 | 17.19 | 31.05 | 13.82 | 3.01 | 4.01 |
| 外资商业银行 Foreign commercial banks | 47.05 | 4.54 | 48.41 | 16.65 | 17.62 | 6.13 | 1.80 | 6.21 |
| 城市商业银行 City commercial banks | 5.96 | 3.19 | 90.85 | 6.54 | 24.73 | 22.55 | 15.40 | 21.63 |
| 农村合作金融机构 Rural cooperative financial institutions | 3.16 | 2.12 | 94.72 | 5.04 | 25.10 | 26.96 | 23.85 | 13.76 |
| 政策性银行 Policy banks | 46.96 | 11.39 | 41.64 | 25.64 | 14.72 | 0.32 | 0.76 | 0.20 |
| 合计 Total | 23.77 | 7.74 | 68.49 | 14.98 | 24.35 | 13.13 | 8.39 | 7.65 |

## 大额美元存款与美元贷款平均利率
## Average interest rates of large-value dollar deposits and loans

单位：% Unit: %

| 年 / 月 Year/Month | 大额存款 Large-value deposits | | | | | | 贷款 Loans | | | | |
|---|---|---|---|---|---|---|---|---|---|---|---|
| | 活期 Demand | 3 个月以内 Within 3 months | 3（含）~6 个月 3~6 months (including 3 months) | 6（含）~12 个月 6~12 months (including 6 months) | 1 年 1 year | 1 年以上 Above 1 year | 3 个月以内 Within 3 months | 3（含）~6 个月 3~6 months (including 3 months) | 6（含）~12 个月 6~12 months (including 6 months) | 1 年 1 year | 1 年以上 Above 1 year |
| 2019.01 | 0.42 | 2.74 | 3.40 | 3.64 | 3.77 | 3.77 | 3.94 | 4.06 | 3.72 | 3.99 | 4.90 |
| 2019.02 | 0.45 | 2.70 | 3.29 | 3.44 | 3.63 | 3.53 | 3.62 | 3.90 | 3.58 | 3.79 | 4.32 |
| 2019.03 | 0.44 | 2.67 | 3.26 | 3.38 | 3.39 | 3.58 | 3.63 | 3.59 | 3.87 | 3.66 | 4.65 |
| 2019.04 | 0.46 | 2.61 | 3.12 | 3.28 | 3.37 | 3.48 | 3.73 | 3.71 | 3.40 | 3.68 | 4.43 |
| 2019.05 | 0.42 | 2.55 | 3.13 | 3.50 | 3.11 | 3.33 | 3.68 | 3.54 | 3.34 | 3.70 | 4.31 |
| 2019.06 | 0.32 | 2.60 | 3.04 | 2.93 | 3.04 | 3.04 | 3.65 | 3.36 | 3.21 | 3.22 | 4.38 |
| 2019.07 | 0.35 | 2.55 | 2.93 | 2.78 | 3.02 | 2.86 | 3.59 | 3.29 | 3.13 | 2.94 | 4.37 |
| 2019.08 | 0.38 | 2.39 | 2.78 | 2.91 | 2.88 | 3.46 | 3.40 | 3.12 | 2.82 | 3.00 | 4.24 |
| 2019.09 | 0.39 | 2.25 | 2.66 | 2.83 | 2.64 | 2.87 | 3.31 | 3.04 | 2.83 | 3.22 | 3.76 |
| 2019.10 | 0.34 | 2.08 | 2.44 | 2.76 | 2.64 | 2.50 | 3.22 | 3.05 | 2.92 | 3.28 | 3.67 |
| 2019.11 | 0.34 | 1.84 | 2.51 | 2.97 | 2.66 | 3.03 | 3.03 | 2.99 | 2.79 | 3.01 | 3.94 |
| 2019.12 | 0.30 | 1.93 | 2.37 | 2.55 | 2.70 | 2.64 | 3.01 | 3.01 | 2.73 | 2.93 | 3.88 |
| 2020.01 | 0.31 | 1.94 | 2.46 | 2.61 | 2.61 | 2.62 | 2.88 | 2.78 | 2.58 | 2.52 | 3.71 |
| 2020.02 | 0.28 | 1.97 | 2.47 | 2.48 | 2.52 | 2.47 | 2.76 | 2.76 | 2.43 | 2.58 | 3.49 |
| 2020.03 | 0.21 | 1.43 | 1.84 | 1.72 | 1.77 | 1.68 | 2.19 | 1.92 | 1.80 | 1.57 | 2.85 |
| 2020.04 | 0.21 | 1.06 | 1.90 | 2.02 | 2.08 | 1.88 | 2.15 | 2.26 | 1.97 | 1.82 | 2.43 |
| 2020.05 | 0.21 | 0.95 | 1.32 | 1.38 | 1.61 | 1.74 | 1.71 | 1.73 | 1.59 | 1.62 | 2.27 |
| 2020.06 | 0.20 | 0.75 | 1.32 | 1.30 | 1.41 | 1.45 | 1.57 | 1.47 | 1.41 | 1.46 | 2.42 |
| 2020.07 | 0.21 | 0.70 | 1.07 | 1.16 | 1.39 | 1.46 | 1.53 | 1.43 | 1.32 | 1.32 | 2.17 |
| 2020.08 | 0.23 | 0.73 | 0.96 | 1.24 | 1.36 | 1.43 | 1.46 | 1.40 | 1.28 | 1.30 | 1.95 |
| 2020.09 | 0.21 | 0.72 | 0.92 | 1.16 | 1.18 | 1.39 | 1.37 | 1.24 | 1.35 | 1.29 | 2.46 |
| 2020.10 | 0.19 | 0.65 | 0.94 | 1.08 | 1.11 | 1.27 | 1.37 | 1.26 | 1.22 | 1.31 | 1.87 |
| 2020.11 | 0.20 | 0.61 | 0.89 | 0.96 | 1.13 | 1.08 | 1.35 | 1.21 | 1.35 | 1.33 | 2.21 |
| 2020.12 | 0.16 | 0.59 | 0.79 | 0.86 | 1.09 | 1.19 | 1.22 | 1.36 | 1.25 | 1.30 | 2.10 |
| 2021.01 | 0.14 | 0.65 | 0.88 | 0.92 | 1.10 | 1.17 | 1.25 | 1.12 | 1.06 | 1.04 | 1.94 |
| 2021.02 | 0.14 | 0.61 | 0.72 | 0.90 | 1.05 | 1.04 | 1.23 | 1.17 | 1.05 | 1.16 | 2.37 |
| 2021.03 | 0.14 | 0.55 | 0.77 | 0.91 | 1.09 | 0.99 | 1.23 | 1.09 | 1.01 | 0.90 | 2.14 |

## 3.5　人民币汇率（RMB exchange rates）

**世界主要货币兑人民币期末汇率**
Exchange rate of the RMB against major foreign currencies at the end of the period

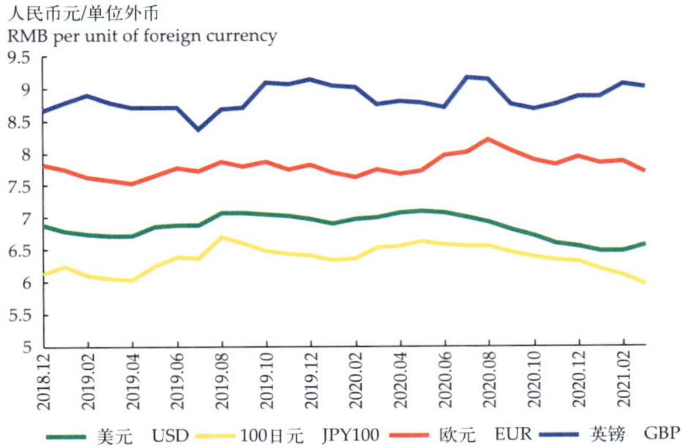


**CFETS人民币汇率指数**
CFETS RMB exchange rate index

注：数据为周度数，数据来源为中国外汇交易中心。
Note: Weekly data from CFETS.

**人民币/美元中间价**
（2005年至2021年3月）
Central parity of the RMB against the USD
(From 2005 to Mar., 2021)

**人民币/欧元中间价**
（2005年至2021年3月）
Central parity of the RMB against the EUR
(From 2005 to Mar., 2021)



**人民币/日元中间价**
（2005年至2021年3月）
Central parity of the RMB against the JPY
(From 2005 to Mar., 2021)

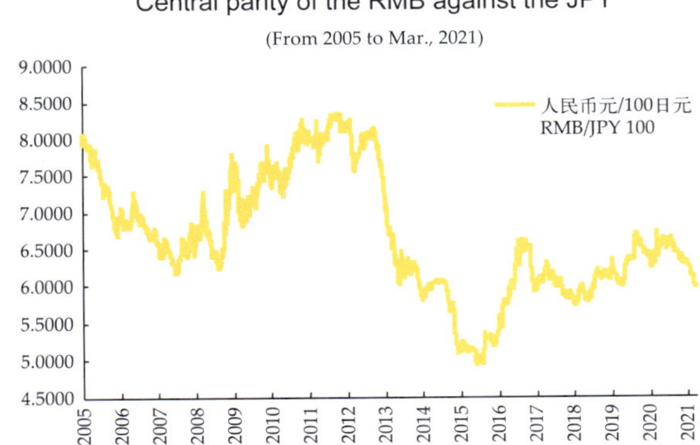


**人民币/英镑中间价**
（2005年至2021年3月）
Central parity of the RMB against the GBP
(From 2005 to Mar., 2021)

## 世界主要货币兑人民币月平均汇率
### Monthly average exchange rate of the RMB against major foreign currencies

| 年 / 月 Year/Month | 人民币 / 美元 RMB/USD | 人民币 / 欧元 RMB/EUR | 人民币 / 英镑 RMB/GBP | 人民币 /100 日元 RMB/JPY 100 |
|---|---|---|---|---|
| 2020.01 | 6.9172 | 7.7022 | 9.0441 | 6.3255 |
| 2020.02 | 6.9923 | 7.6272 | 9.0750 | 6.3548 |
| 2020.03 | 7.0119 | 7.7596 | 8.6821 | 6.5244 |
| 2020.04 | 7.0686 | 7.6885 | 8.7806 | 6.5586 |
| 2020.05 | 7.0986 | 7.7313 | 8.7318 | 6.6167 |
| 2020.06 | 7.0867 | 7.9772 | 8.8903 | 6.5841 |
| 2020.07 | 7.0088 | 8.0260 | 8.8753 | 6.5605 |
| 2020.08 | 6.9346 | 8.1986 | 9.1017 | 6.5387 |
| 2020.09 | 6.8148 | 8.0378 | 8.8401 | 6.4508 |
| 2020.10 | 6.7111 | 7.9009 | 8.7137 | 6.3823 |
| 2020.11 | 6.6088 | 7.8152 | 8.7193 | 6.3280 |
| 2020.12 | 6.5423 | 7.9547 | 8.7949 | 6.3019 |
| 2021.01 | 6.4709 | 7.8404 | 6.2021 | 8.8768 |
| 2021.02 | 6.4713 | 7.8686 | 6.0831 | 9.0629 |
| 2021.03 | 6.5713 | 7.7028 | 5.9554 | 9.0313 |

## CFETS人民币汇率指数月末值
### Month end value of CFETS RMB exchange rate index

| 年 / 月 Year/Month | CFETS 人民币汇率指数 CFETS RMB exchange rate index |
|---|---|
| 2020.01.31 | 93.03 |
| 2020.02.29 | 93.10 |
| 2020.03.31 | 94.06 |
| 2020.04.30 | 93.78 |
| 2020.05.31 | 92.34 |
| 2020.06.30 | 92.05 |
| 2020.07.31 | 91.42 |
| 2020.08.31 | 92.79 |
| 2020.09.30 | 94.40 |
| 2020.10.31 | 95.23 |
| 2020.11.30 | 95.41 |
| 2020.12.31 | 94.84 |
| 2021.01.31 | 96.50 |
| 2021.02.28 | 96.40 |
| 2021.03.31 | 96.88 |

## 2021年1月4日以来人民币汇率中间价
Central parity of RMB against major foreign currencies since January 4, 2021

| 日期 Date | 人民币 / 美元 RMB/USD | 人民币/欧元 RMB/EUR | 人民币 /100 日元 RMB/JPY 100 | 人民币 / 英镑 RMB/GBP |
|---|---|---|---|---|
| 2021.01.04 | 6.5408 | 8.0095 | 6.3354 | 8.9440 |
| 2021.01.05 | 6.4760 | 7.9342 | 6.2789 | 8.7864 |
| 2021.01.06 | 6.4604 | 7.9404 | 6.2883 | 8.7969 |
| 2021.01.07 | 6.4608 | 7.9712 | 6.2696 | 8.7994 |
| 2021.01.08 | 6.4708 | 7.9374 | 6.2331 | 8.7764 |
| 2021.01.11 | 6.4764 | 7.8975 | 6.2266 | 8.7639 |
| 2021.01.12 | 6.4823 | 7.8786 | 6.2213 | 8.7610 |
| 2021.01.13 | 6.4605 | 7.8768 | 6.2193 | 8.8186 |
| 2021.01.14 | 6.4746 | 7.8698 | 6.2321 | 8.8311 |
| 2021.01.15 | 6.4633 | 7.8549 | 6.2263 | 8.8456 |
| 2021.01.18 | 6.4845 | 7.8317 | 6.2431 | 8.8126 |
| 2021.01.19 | 6.4883 | 7.8358 | 6.2570 | 8.8124 |
| 2021.01.20 | 6.4836 | 7.8695 | 6.2405 | 8.8448 |
| 2021.01.21 | 6.4696 | 7.8359 | 6.2457 | 8.8402 |
| 2021.01.22 | 6.4617 | 7.8602 | 6.2407 | 8.8696 |
| 2021.01.25 | 6.4819 | 7.8848 | 6.2439 | 8.8691 |
| 2021.01.26 | 6.4847 | 7.8715 | 6.2486 | 8.8668 |
| 2021.01.27 | 6.4665 | 7.8620 | 6.2382 | 8.8822 |
| 2021.01.28 | 6.4845 | 7.8435 | 6.2233 | 8.8618 |
| 2021.01.29 | 6.4709 | 7.8404 | 6.2021 | 8.8768 |
| 2021.02.01 | 6.4623 | 7.8330 | 6.1673 | 8.8502 |
| 2021.02.02 | 6.4736 | 7.8103 | 6.1695 | 8.8501 |
| 2021.02.03 | 6.4669 | 7.7869 | 6.1554 | 8.8354 |
| 2021.02.04 | 6.4605 | 7.7761 | 6.1517 | 8.8154 |
| 2021.02.05 | 6.4710 | 7.7423 | 6.1296 | 8.8478 |
| 2021.02.08 | 6.4678 | 7.7891 | 6.1361 | 8.8836 |
| 2021.02.09 | 6.4533 | 7.7750 | 6.1301 | 8.8657 |
| 2021.02.10 | 6.4391 | 7.7996 | 6.1574 | 8.8920 |
| 2021.02.18 | 6.4536 | 7.7734 | 6.0968 | 8.9464 |
| 2021.02.19 | 6.4624 | 7.8162 | 6.1175 | 9.0309 |
| 2021.02.22 | 6.4563 | 7.8240 | 6.1170 | 9.0492 |
| 2021.02.23 | 6.4516 | 7.8497 | 6.1456 | 9.0791 |
| 2021.02.24 | 6.4615 | 7.8499 | 6.1382 | 9.1193 |
| 2021.02.25 | 6.4522 | 7.8501 | 6.0911 | 9.1261 |
| 2021.02.26 | 6.4713 | 7.8686 | 6.0831 | 9.0629 |
| 2021.03.01 | 6.4754 | 7.8291 | 6.0792 | 9.0460 |
| 2021.03.02 | 6.4625 | 7.7856 | 6.0488 | 8.9976 |
| 2021.03.03 | 6.4565 | 7.8016 | 6.0469 | 9.0085 |
| 2021.03.04 | 6.4758 | 7.8026 | 6.0471 | 9.0192 |
| 2021.03.05 | 6.4904 | 7.7640 | 6.0114 | 9.0140 |
| 2021.03.08 | 6.4795 | 7.7248 | 5.9725 | 8.9743 |
| 2021.03.09 | 6.5338 | 7.7423 | 5.9977 | 9.0316 |
| 2021.03.10 | 6.5106 | 7.7466 | 5.9935 | 9.0421 |
| 2021.03.11 | 6.4970 | 7.7479 | 5.9927 | 9.0517 |
| 2021.03.12 | 6.4845 | 7.7733 | 5.9754 | 9.0737 |
| 2021.03.15 | 6.5010 | 7.7676 | 5.9589 | 9.0535 |
| 2021.03.16 | 6.5029 | 7.7547 | 5.9579 | 9.0365 |
| 2021.03.17 | 6.4978 | 7.7339 | 5.9592 | 9.0326 |
| 2021.03.18 | 6.4859 | 7.7715 | 5.9583 | 9.0638 |
| 2021.03.19 | 6.5098 | 7.7574 | 5.9765 | 9.0657 |
| 2021.03.22 | 6.5191 | 7.7490 | 5.9857 | 9.0214 |
| 2021.03.23 | 6.5036 | 7.7604 | 5.9782 | 9.0137 |
| 2021.03.24 | 6.5228 | 7.7269 | 6.0098 | 8.9605 |
| 2021.03.25 | 6.5282 | 7.7109 | 6.0030 | 8.9337 |
| 2021.03.26 | 6.5376 | 7.6985 | 5.9874 | 8.9875 |
| 2021.03.29 | 6.5416 | 7.7104 | 5.9595 | 9.0200 |
| 2021.03.30 | 6.5641 | 7.7246 | 5.9762 | 9.0380 |
| 2021.03.31 | 6.5713 | 7.7028 | 5.9554 | 9.0313 |

# 四、金融市场（Financial market）

## 4.1 货币市场与债券市场（Money market and bond market）

### 银行间市场交易量
### Transaction volume in the inter-bank market

单位：万亿元
Unit: RMB 1 trillion

| 年<br>Year | 债券回购<br>Repurchasing | 同业拆借<br>Inter-bank borrowing | 现券买卖<br>Outright transactions |
|---|---|---|---|
| 2000 | 1.6 | 0.7 | 0.1 |
| 2001 | 4.0 | 0.8 | 0.1 |
| 2002 | 10.2 | 1.2 | 0.4 |
| 2003 | 11.7 | 2.4 | 3.1 |
| 2004 | 9.4 | 1.5 | 2.5 |
| 2005 | 15.9 | 1.3 | 6.0 |
| 2006 | 26.6 | 2.2 | 10.2 |
| 2007 | 44.8 | 10.6 | 15.6 |
| 2008 | 58.1 | 15.0 | 37.1 |
| 2009 | 70.3 | 19.4 | 47.3 |
| 2010 | 87.6 | 27.9 | 64.0 |
| 2011 | 99.5 | 33.4 | 63.6 |
| 2012 | 141.7 | 46.7 | 75.2 |
| 2013 | 158.2 | 35.5 | 41.6 |
| 2014 | 224.4 | 37.7 | 40.4 |
| 2015 | 457.8 | 64.2 | 86.7 |
| 2016 | 601.3 | 95.9 | 127.1 |
| 2017 | 616.4 | 79.0 | 102.8 |
| 2018 | 722.7 | 139.3 | 150.7 |
| 2019 | 819.6 | 151.6 | 213.7 |
| 2020 | 959.8 | 147.1 | 232.8 |

### 债券回购交易成交金额
### Turnover of repurchasing

单位：亿元
Unit: RMB 100 million

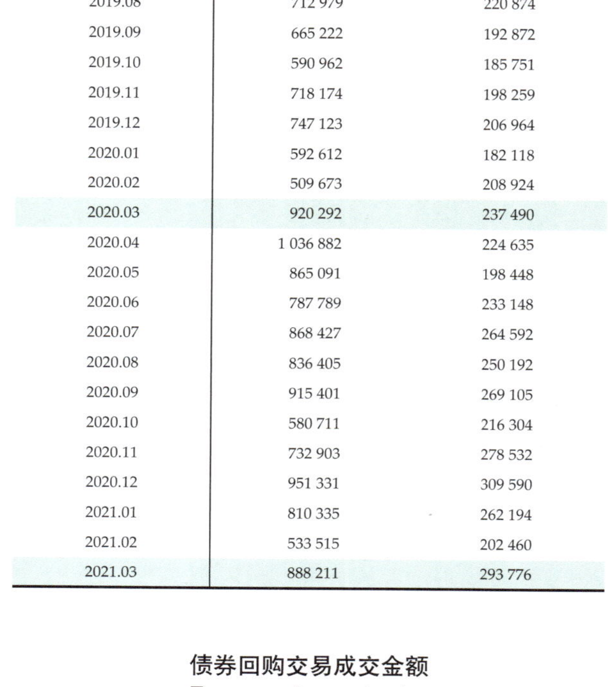

| 年 / 月<br>Year/Month | 银行间债券市场<br>Inter-bank bond market | 交易所<br>Stock exchanges |
|---|---|---|
| 2019.04 | 711 920 | 199 795 |
| 2019.05 | 697 546 | 204 309 |
| 2019.06 | 620 367 | 182 750 |
| 2019.07 | 766 186 | 231 675 |
| 2019.08 | 712 979 | 220 874 |
| 2019.09 | 665 222 | 192 872 |
| 2019.10 | 590 962 | 185 751 |
| 2019.11 | 718 174 | 198 259 |
| 2019.12 | 747 123 | 206 964 |
| 2020.01 | 592 612 | 182 118 |
| 2020.02 | 509 673 | 208 924 |
| 2020.03 | 920 292 | 237 490 |
| 2020.04 | 1 036 882 | 224 635 |
| 2020.05 | 865 091 | 198 448 |
| 2020.06 | 787 789 | 233 148 |
| 2020.07 | 868 427 | 264 592 |
| 2020.08 | 836 405 | 250 192 |
| 2020.09 | 915 401 | 269 105 |
| 2020.10 | 580 711 | 216 304 |
| 2020.11 | 732 903 | 278 532 |
| 2020.12 | 951 331 | 309 590 |
| 2021.01 | 810 335 | 262 194 |
| 2021.02 | 533 515 | 202 460 |
| 2021.03 | 888 211 | 293 776 |

### 银行间市场交易量
### Transaction volume in the inter-bank market

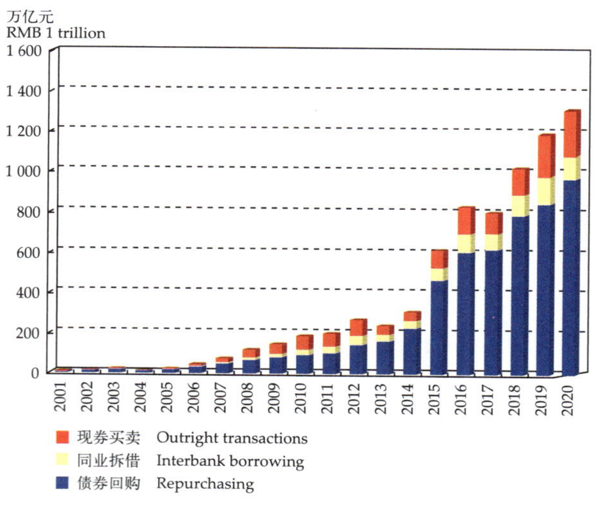


### 债券回购交易成交金额
### Turnover of repurchasing

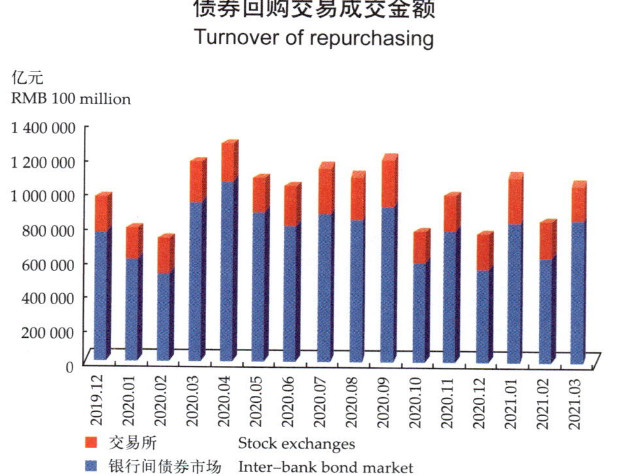

## 银行间市场月加权平均利率
Monthly weighted average interest rates in the inter-bank market

单位：%　Unit:%

| 年 / 月 Year/Month | 同业拆借市场 Inter-bank borrowing market | 质押式债券回购 Bond-pledged repurchasing |
|---|---|---|
| 2019.04 | 2.43 | 2.46 |
| 2019.05 | 2.24 | 2.27 |
| 2019.06 | 1.70 | 1.74 |
| 2019.07 | 2.08 | 2.15 |
| 2019.08 | 2.65 | 2.65 |
| 2019.09 | 2.55 | 2.56 |
| 2019.10 | 2.56 | 2.57 |
| 2019.11 | 2.29 | 2.29 |
| 2019.12 | 2.09 | 2.10 |
| 2020.01 | 1.99 | 2.08 |
| 2020.02 | 1.83 | 1.81 |
| 2020.03 | 1.40 | 1.44 |
| 2020.04 | 1.11 | 1.11 |
| 2020.05 | 1.25 | 1.29 |
| 2020.06 | 1.85 | 1.89 |
| 2020.07 | 1.90 | 1.91 |
| 2020.08 | 2.04 | 2.06 |
| 2020.09 | 1.80 | 1.93 |
| 2020.10 | 2.13 | 2.22 |
| 2020.11 | 1.98 | 2.05 |
| 2020.12 | 1.30 | 1.36 |
| 2021.01 | 2.13 | 2.22 |
| 2021.02 | 1.98 | 2.05 |
| 2021.03 | 1.30 | 1.36 |

## 债券现券交易成交金额
Turnover of outright transactions

单位：亿元
Unit: RMB 100 million

| 年 / 月 Year/Month | 银行间债券市场 Inter-bank bond market | 交易所 Stock exchanges |
|---|---|---|
| 2019.04 | 175 930 | 7 423 |
| 2019.05 | 185 436 | 6 926 |
| 2019.06 | 155 679 | 6 274 |
| 2019.07 | 190 436 | 7 536 |
| 2019.08 | 200 369 | 7 433 |
| 2019.09 | 190 713 | 6 757 |
| 2019.10 | 168 684 | 5 494 |
| 2019.11 | 213 707 | 7 014 |
| 2019.12 | 223 378 | 8 613 |
| 2020.01 | 145 447 | 6 462 |
| 2020.02 | 98 221 | 7 823 |
| 2020.03 | 244 287 | 19 233 |
| 2020.04 | 254 495 | 19 881 |
| 2020.05 | 217 046 | 13 022 |
| 2020.06 | 234 846 | 13 551 |
| 2020.07 | 263 676 | 20 184 |
| 2020.08 | 227 211 | 18 936 |
| 2020.09 | 235 053 | 15 264 |
| 2020.10 | 105 395 | 21 102 |
| 2020.11 | 141 733 | 21 020 |
| 2020.12 | 160 270 | 23 091 |
| 2021.01 | 161 859 | 20 607 |
| 2021.02 | 108 829 | 12 352 |
| 2021.03 | 190 249 | 19 499 |

## 银行间市场月加权平均利率
Monthly weighted average interest rates in the inter-bank market

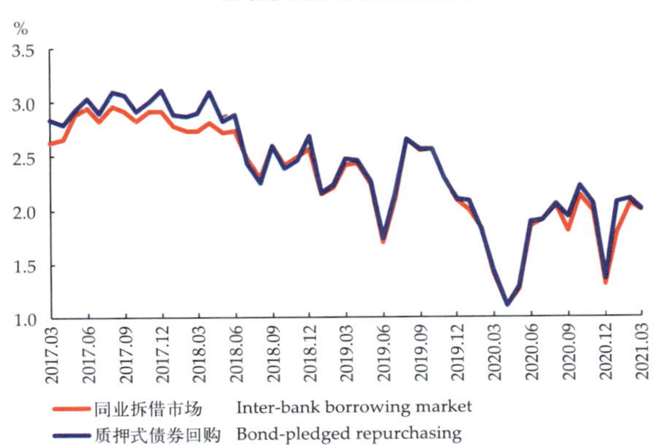


## 债券现券交易成交金额
Turnover of outright transactions

**主要货币市场利率品种走势**
Trend chart of major money market interest rates

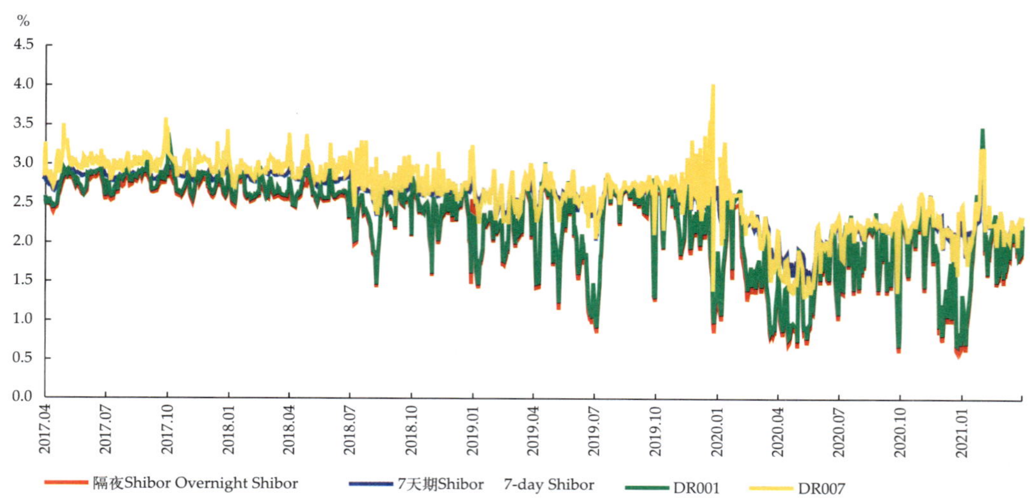


**全国银行间同业拆借各期限当月交易量及月加权平均利率**
Monthly transaction volume and monthly weighted average interest rates of inter-bank borrowing with different maturities

单位：亿元、%
Unit: RMB 100 million, %

| 年 / 月 Year/Month | 1 天 1 day | | 7 天 7 days | | 14 天 14 days | | 21 天 21 days | | 1 个月 1 month | | 2 个月 2 months | | 3 个月 3 months | | 4 个月 4 months | | 6 个月 6 months | | 9 个月 9 months | | 1 年 1 year | |
|---|---|---|---|---|---|---|---|---|---|---|---|---|---|---|---|---|---|---|---|---|---|---|
| | 交易量 Volume | 利率 Rate | 交易量 Volume | 利率 Rate | 交易量 Volume | 利率 Rate | 交易量 Volume | 利率 Rate | 交易量 Volume | 利率 Rate | 交易量 Volume | 利率 Rate | 交易量 Volume | 利率 Rate | 交易量 Volume | 利率 Rate | 交易量 Volume | 利率 Rate | 交易量 Volume | 利率 Rate | 交易量 Volume | 利率 Rate |
| 2019.04 | 137 262 | 2.35 | 10 236 | 3.18 | 1 641 | 3.02 | 257 | 2.90 | 395 | 2.91 | 177 | 3.11 | 846 | 3.26 | 113 | 3.18 | 35 | 3.36 | 15 | 3.68 | 91 | 3.42 |
| 2019.05 | 139 085 | 2.17 | 7 904 | 3.23 | 917 | 2.70 | 127 | 2.95 | 228 | 3.01 | 349 | 3.05 | 660 | 3.42 | 17 | 3.19 | 34 | 3.27 | 84 | 3.29 | 160 | 3.50 |
| 2019.06 | 116 137 | 1.60 | 6 241 | 3.17 | 351 | 2.94 | 71 | 3.11 | 320 | 3.31 | 231 | 3.51 | 302 | 3.79 | 29 | 3.44 | 33 | 3.60 | 5 | 3.70 | 15 | 3.72 |
| 2019.07 | 129 006 | 2.00 | 8 527 | 3.08 | 884 | 2.65 | 92 | 2.66 | 504 | 2.75 | 96 | 3.38 | 489 | 3.44 | 16 | 3.33 | 20 | 3.77 | 11 | 3.57 | 19 | 3.75 |
| 2019.08 | 105 474 | 2.60 | 8 283 | 3.20 | 768 | 2.85 | 91 | 2.85 | 192 | 3.26 | 174 | 3.21 | 323 | 3.68 | 21 | 3.43 | 19 | 3.44 | 8 | 3.27 | 2 | 4.12 |
| 2019.09 | 94 081 | 2.47 | 8 746 | 3.16 | 2 328 | 2.97 | 870 | 3.04 | 488 | 3.23 | 336 | 3.32 | 289 | 3.78 | 18 | 3.63 | 36 | 3.23 | 4 | 3.43 | 17 | 3.80 |
| 2019.10 | 85 192 | 2.49 | 8 094 | 3.13 | 788 | 2.88 | 137 | 2.96 | 393 | 3.17 | 200 | 3.40 | 328 | 3.91 | 46 | 3.40 | 33 | 3.26 | 5 | 3.31 | 26 | 3.39 |
| 2019.11 | 101 685 | 2.22 | 7 359 | 3.05 | 537 | 2.88 | 61 | 2.94 | 285 | 3.39 | 729 | 3.17 | 425 | 3.73 | 21 | 3.82 | 81 | 3.63 | 7 | 3.56 | 23 | 4.12 |
| 2019.12 | 102 337 | 1.98 | 9 016 | 3.01 | 667 | 3.21 | 269 | 3.30 | 390 | 3.30 | 273 | 3.48 | 319 | 4.04 | 18 | 3.59 | 28 | 3.67 | 2 | 4.14 | 28 | 4.15 |
| 2020.01 | 90 053 | 1.88 | 6 772 | 3.00 | 1 272 | 2.84 | 346 | 2.94 | 719 | 2.85 | 88 | 3.62 | 461 | 3.56 | 28 | 3.79 | 38 | 4.01 | 9 | 3.70 | 28 | 3.92 |
| 2020.02 | 57 690 | 1.63 | 10 234 | 2.69 | 884 | 2.67 | 80 | 2.67 | 532 | 2.91 | 336 | 3.32 | 339 | 3.60 | 37 | 3.71 | 150 | 2.83 | 9 | 3.80 | 31 | 3.96 |
| 2020.03 | 140 449 | 1.31 | 10 539 | 2.28 | 1 105 | 1.96 | 152 | 2.06 | 536 | 2.53 | 116 | 3.00 | 430 | 3.26 | 39 | 3.58 | 66 | 3.15 | 29 | 3.58 | 53 | 3.61 |
| 2020.04 | 175 936 | 1.05 | 11 278 | 1.93 | 1 471 | 1.54 | 163 | 1.78 | 470 | 1.71 | 240 | 1.91 | 438 | 2.93 | 16 | 2.91 | 154 | 1.85 | 163 | 2.09 | 188 | 2.02 |
| 2020.05 | 135 179 | 1.19 | 9 882 | 1.98 | 557 | 1.60 | 87 | 1.54 | 597 | 1.64 | 94 | 2.02 | 519 | 2.41 | 7 | 2.18 | 71 | 1.82 | 17 | 2.51 | 31 | 2.90 |
| 2020.06 | 111 455 | 1.79 | 9 771 | 2.36 | 787 | 2.26 | 115 | 2.48 | 502 | 2.23 | 198 | 2.60 | 293 | 3.22 | 15 | 2.82 | 48 | 3.16 | 18 | 2.60 | 39 | 3.04 |
| 2020.07 | 121 028 | 1.83 | 10 391 | 2.46 | 1 041 | 2.26 | 63 | 2.43 | 756 | 2.37 | 168 | 2.49 | 473 | 3.37 | 10 | 2.85 | 53 | 2.93 | 7 | 2.82 | 17 | 3.36 |
| 2020.08 | 104 086 | 1.98 | 8 243 | 2.55 | 827 | 2.45 | 109 | 2.50 | 1229 | 2.45 | 90 | 2.98 | 368 | 3.49 | 15 | 2.96 | 9 | 3.20 | 8 | 3.32 | 13 | 3.70 |
| 2020.09 | 118 055 | 1.70 | 8 618 | 2.60 | 2 315 | 2.89 | 412 | 2.93 | 567 | 2.92 | 174 | 3.35 | 292 | 3.75 | 12 | 3.47 | 65 | 3.46 | 3 | 3.35 | 20 | 3.55 |
| 2020.10 | 66 318 | 2.05 | 7 541 | 2.68 | 497 | 2.76 | 78 | 2.84 | 373 | 2.94 | 192 | 3.30 | 379 | 3.89 | 6 | 3.34 | 89 | 3.85 | 8 | 3.40 | 16 | 3.75 |
| 2020.11 | 86 663 | 1.88 | 8 833 | 2.67 | 482 | 2.77 | 103 | 3.11 | 421 | 2.93 | 677 | 3.22 | 418 | 3.76 | 18 | 3.71 | 43 | 3.52 | 13 | 3.47 | 23 | 3.89 |
| 2020.12 | 120 371 | 1.15 | 10 993 | 2.50 | 954 | 2.61 | 79 | 2.89 | 405 | 3.31 | 705 | 2.99 | 520 | 3.84 | 114 | 3.51 | 57 | 3.92 | 10 | 4.03 | 41 | 4.03 |
| 2021.01 | 86 058 | 1.66 | 8 458 | 2.71 | 935 | 2.70 | 47 | 2.88 | 346 | 2.82 | 241 | 3.54 | 394 | 3.80 | 43 | 3.66 | 62 | 3.56 | 17 | 3.48 | 31 | 3.65 |
| 2021.02 | 63 944 | 1.94 | 7 930 | 2.64 | 1 603 | 2.69 | 303 | 2.96 | 198 | 3.06 | 165 | 3.58 | 367 | 3.64 | 106 | 3.84 | 139 | 3.13 | 29 | 3.23 | 33 | 3.73 |
| 2021.03 | 109 142 | 1.95 | 8 989 | 2.51 | 491 | 2.41 | 126 | 2.59 | 238 | 3.27 | 95 | 3.45 | 421 | 4.04 | 112 | 3.35 | 72 | 3.40 | 26 | 3.50 | 25 | 3.73 |

## 政府债券发行、兑付、期末余额
Issue and redemption values and end-period balance of government bonds

单位：亿元
Unit: RMB 100 million

| 年 / 月 Year/Month | 发行额 Issue value | 兑付额 Redemption value | 期末余额 End-period balance |
|---|---|---|---|
| 2019.04 | 6 926 | 4 354 | 343 961 |
| 2019.05 | 7 429 | 2 977 | 347 817 |
| 2019.06 | 12 838 | 5 383 | 354 685 |
| 2019.07 | 9 144 | 3 370 | 361 112 |
| 2019.08 | 9 939 | 4 130 | 366 171 |
| 2019.09 | 6 177 | 3 740 | 369 948 |
| 2019.10 | 4 687 | 2 922 | 371 819 |
| 2019.11 | 4 829 | 2 612 | 373 535 |
| 2019.12 | 4 062 | 824 | 377 273 |
| 2020.01 | 9 551 | 2 885 | 384 886 |
| 2020.02 | 6 329 | 1 665 | 386 709 |
| 2020.03 | 7 575 | 2 340 | 393 053 |
| 2020.04 | 7 234 | 4 313 | 396 410 |
| 2020.05 | 19 798 | 4 757 | 407 772 |
| 2020.06 | 9 715 | 4 719 | 415 223 |
| 2020.07 | 11 728 | 6 666 | 420 682 |
| 2020.08 | 17 657 | 4 015 | 434 470 |
| 2020.09 | 15 071 | 5 855 | 444 586 |
| 2020.10 | 12 260 | 6 090 | 449 517 |
| 2020.11 | 8 773 | 5 730 | 453 517 |
| 2020.12 | 9 601 | 2 371 | 460 911 |
| 2021.01 | 9 363 | 6 466 | 463 432 |
| 2021.02 | 4 287 | 3 814 | 464 449 |
| 2021.03 | 9 658 | 6 580 | 467 694 |

## 5年期与10年期国债收益率
5-year and 10-year government bond yield

| 年 / 月 Year/Month | 5 年期国债收益率 5-year government bond yield | 10 年期国债收益率 10-year government bond yield |
|---|---|---|
| 2019.04 | 3.19 | 3.39 |
| 2019.05 | 3.07 | 3.28 |
| 2019.06 | 3.06 | 3.23 |
| 2019.07 | 3.00 | 3.16 |
| 2019.08 | 2.96 | 3.06 |
| 2019.09 | 3.01 | 3.14 |
| 2019.10 | 3.08 | 3.29 |
| 2019.11 | 2.98 | 3.17 |
| 2019.12 | 2.89 | 3.14 |
| 2020.01 | 2.79 | 2.99 |
| 2020.02 | 2.53 | 2.74 |
| 2020.03 | 2.34 | 2.59 |
| 2020.04 | 1.79 | 2.54 |
| 2020.05 | 2.22 | 2.71 |
| 2020.06 | 2.55 | 2.82 |
| 2020.07 | 2.70 | 2.97 |
| 2020.08 | 2.95 | 3.02 |
| 2020.09 | 3.05 | 3.15 |
| 2020.10 | 2.98 | 3.18 |
| 2020.11 | 3.07 | 3.25 |
| 2020.12 | 2.95 | 3.14 |
| 2021.01 | 3.00 | 3.18 |
| 2021.02 | 3.10 | 3.28 |
| 2021.03 | 2.98 | 3.19 |

## 政府债券发行与兑付
Issue and redemption values of government bonds

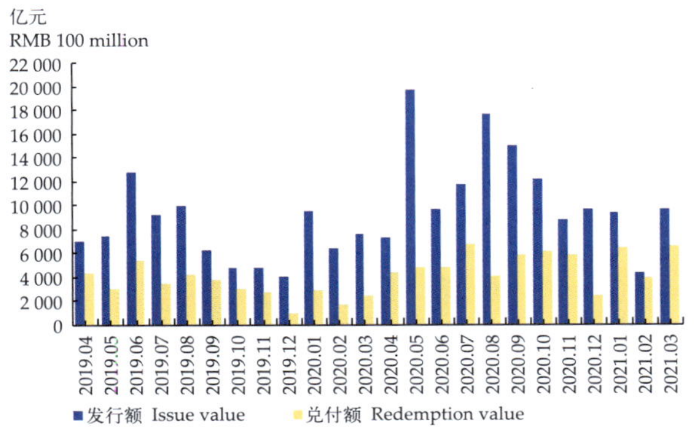


## 国债收益率曲线
Government bond yiled curve

## 4.2 票据市场（Commercial paper market）

**票据市场交易额与期末余额**
**Transactions and outstanding balance of commercial paper market**

单位：亿元
Unit: RMB 100 million

| 年 / 月<br>Year/Month | 商业汇票<br>Drafts | 贴现<br>Discount bills | 再贴现<br>Rediscount bills |
|---|---|---|---|
| 发生额 Transactions during the period | | | |
| 2019.10 | 13 393 | 19 260 | 870 |
| 2019.11 | 16 814 | 24 301 | 1 109 |
| 2019.12 | 23 528 | 29 826 | 1 278 |
| 2020.01 | 22 763 | 33 487 | 934 |
| 2020.02 | 12 922 | 25 945 | 908 |
| 2020.03 | 24 715 | 50 010 | 1 779 |
| 2020.04 | 19 786 | 45 171 | 1 198 |
| 2020.05 | 17 421 | 33 871 | 723 |
| 2020.06 | 19 189 | 32 770 | 838 |
| 2020.07 | 15 935 | 30 857 | 1 156 |
| 2020.08 | 14 752 | 25 659 | 1 177 |
| 2020.09 | 17 662 | 28 197 | 1 750 |
| 2020.10 | 13 578 | 23 643 | 1 241 |
| 2020.11 | 16 889 | 29 692 | 1 335 |
| 2020.12 | 25 323 | 44 315 | 1 422 |
| 2021.01 | 23 734 | 40 878 | 1 315 |
| 2021.02 | 14 509 | 25 785 | 1 165 |
| 2021.03 | 22 972 | 46 946 | 1 688 |
| 期末余额 Outstanding balance at the end of the period | | | |
| 2019.10 | 123 391 | 75 293 | 4 395 |
| 2019.11 | 123 805 | 75 916 | 4 482 |
| 2019.12 | 127 292 | 76 176 | 4 714 |
| 2020.01 | 129 100 | 79 761 | 4 515 |
| 2020.02 | 128 147 | 80 396 | 4 432 |
| 2020.03 | 134 254 | 82 470 | 5 082 |
| 2020.04 | 138 991 | 86 380 | 5 098 |
| 2020.05 | 141 326 | 87 967 | 4 755 |
| 2020.06 | 141 928 | 85 862 | 4 336 |
| 2020.07 | 139 508 | 84 841 | 4 370 |
| 2020.08 | 139 673 | 83 165 | 4 443 |
| 2020.09 | 139 143 | 80 533 | 4 822 |
| 2020.10 | 137 042 | 79 409 | 5 093 |
| 2020.11 | 137 810 | 80 214 | 5 436 |
| 2020.12 | 140 905 | 83 555 | 5 784 |
| 2021.01 | 144 433 | 82 152 | 5 767 |
| 2021.02 | 143 138 | 80 296 | 5 680 |
| 2021.03 | 140 880 | 78 771 | 5 744 |

注：中国人民银行于2019年第三季度调整了商业汇票、贴现口径，与以前数据不可比。
Note: Since Q3 2019, PBC has improved the statistics of drafts and discount bills, the data is not comparable to previous.

**商业汇票交易情况**
**Draft transactions**

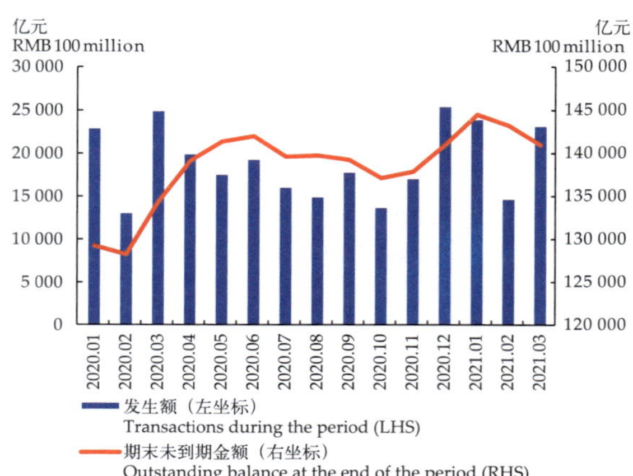


**贴现情况**
**Discount bills**

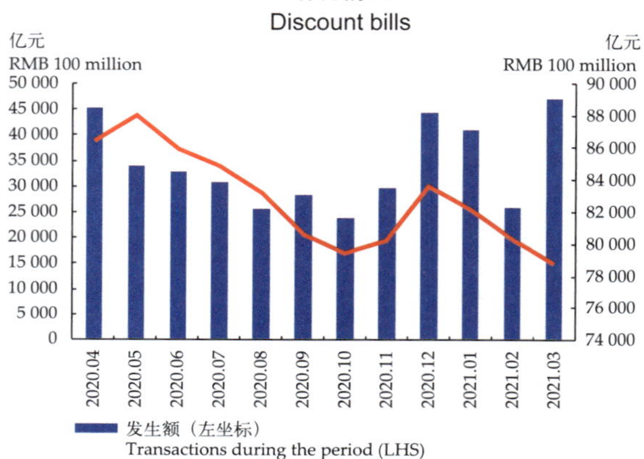


**再贴现情况**
**Rediscount bills**

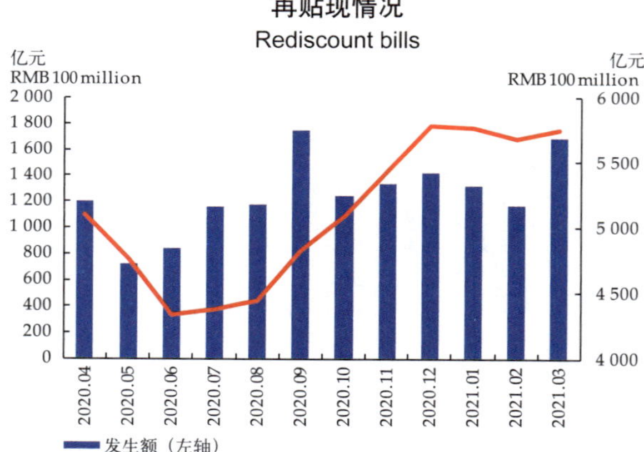

## 4.3 股票市场（Stock market）

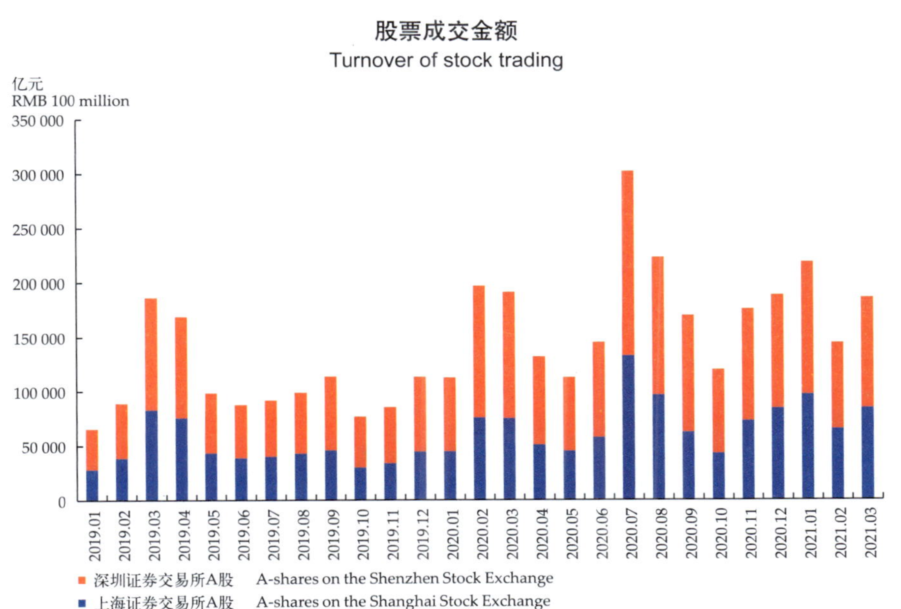

## 股票成交、发行筹资额
Turnover of stock trading and funds raised in the stock market

单位：亿元
Unit: RMB 100 million

| 年 Year | 成交金额 Turnover of stock trading | | A 股筹资 A-shares capital raised | | | H 股筹资 H-shares capital raised | |
|---|---|---|---|---|---|---|---|
| | 上海证券交易所 A 股 A-shares on the Shanghai Stock Exchange | 深圳证券交易所 A 股 A-shares on the Shenzhen Stock Exchange | 首次发行金额 Initial public offering | 增发 Additional offering | 配股 Rights issues | 首次发行金额 Initial public offering | 再筹资金额 Refinancing |
| 2010 | 303 216 | 240 250 | 4 882.63 | 2 549.83 | 1 438.25 | 177.50 | 176.28 |
| 2011 | 236 809 | 183 530 | 2 825.07 | 1 796.55 | 421.96 | 77.64 | 32.61 |
| 2012 | 164 047 | 149 668 | 1 034.32 | 1 972.22 | 121.00 | 80.20 | 34.72 |
| 2013 | 228 919 | 237 713 | 0.00 | 2 327.01 | 669.28 | 113.29 | 84.26 |
| 2014 | 375 150 | 366 228 | 668.89 | 4 049.56 | 137.98 | 128.72 | 212.90 |
| 2015 | 1 323 231 | 1 223 607 | 1 766.91 | 6 709.48 | 42.33 | 236.19 | 227.12 |
| 2016 | 496 880 | 775 478 | 1 633.56 | 16 978.28 | 298.51 | 1 078.80 | 528.95 |
| 2017 | 507 215 | 616 433 | 2 186.10 | 12 871.18 | 156.56 | 487.26 | 1 341.77 |
| 2018 | 401 575 | 499 528 | 1 374.89 | 8 421.33 | 228.32 | 902.27 | 304.83 |
| 2019 | 543 464 | 730 108 | 2 489.81 | 7 365.13 | 133.88 | 955.58 | 181.83 |
| 2020 | 839 470 | 1 228 162 | 4 742.29 | 8 778.96 | 434.31 | 738.80 | 248.01 |
| 2021 1-3 | 246 420 | 302 800 | 761.00 | 2 158.00 | 148.00 | 64.78 | 257.86 |

## 月末加权平均市盈率
Weighted average price-earnings ratio at month-end

| 年 / 月 Year/Month | 上海证券交易所 A 股 A-shares on the Shanghai Stock Exchang | 深圳证券交易所 A 股 A-shares on the Shenzhen Stock Exchange | 科创板 SSE STAR Market |
|---|---|---|---|
| 2019.04 | 15.5 | 24.5 | — |
| 2019.05 | 13.4 | 23.0 | — |
| 2019.06 | 13.8 | 23.5 | — |
| 2019.07 | 13.9 | 23.8 | 80.8 |
| 2019.08 | 13.7 | 23.9 | 92.8 |
| 2019.09 | 13.8 | 24.0 | 83.9 |
| 2019.10 | 14.0 | 24.4 | 69.8 |
| 2019.11 | 13.7 | 24.1 | 65.7 |
| 2019.12 | 14.6 | 26.3 | 70.7 |
| 2020.01 | 14.4 | 26.8 | 84.7 |
| 2020.02 | 14.1 | 27.2 | 102.1 |
| 2020.03 | 13.5 | 24.8 | 89.1 |
| 2020.04 | 14.1 | 25.3 | 86.1 |
| 2020.05 | 13.1 | 25.7 | 77.3 |
| 2020.06 | 13.9 | 28.6 | 82.6 |
| 2020.07 | 15.6 | 32.8 | 98.4 |
| 2020.08 | 16.1 | 33.5 | 99.7 |
| 2020.09 | 15.3 | 31.5 | 91.1 |
| 2020.10 | 15.4 | 32.4 | 92.6 |
| 2020.11 | 16.3 | 33.2 | 93.0 |
| 2020.12 | 16.8 | 34.6 | 93.4 |
| 2021.01 | 16.9 | 34.9 | 94.9 |
| 2021.02 | 17.0 | 34.3 | 89.9 |
| 2021.03 | 16.7 | 31.5 | 82.3 |

## 月末加权平均市盈率
Weighted average price-earnings ratio at month-end

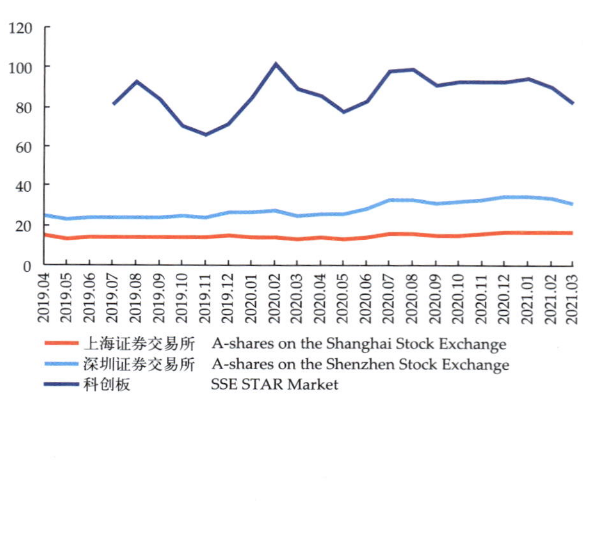

# 五、国际收支（Balance of payments）

## 2021年第一季度国际收支平衡表简表
BOP sheet in the first quarter of 2021

单位：亿美元
Unit: USD 100 million

| 项目 Items | | 金额 Amounts |
|---|---|---|
| 一、经常账户 Current account | | 694 |
| | 贷方 credit | 8 433 |
| | 借方 debit | -7 739 |
| 1.1 货物和服务 Goods and services | | 965 |
| | 贷方 credit | 7 665 |
| | 借方 debit | -6 700 |
| 1.1.1 货物 Goods | | 1 187 |
| | 贷方 credit | 6 942 |
| | 借方 debit | -5 755 |
| 1.1.2 服务 Services | | -222 |
| | 贷方 credit | 723 |
| | 借方 debit | -945 |
| 1.2 初次收入 Primary income | | -294 |
| | 贷方 credit | 664 |
| | 借方 debit | -958 |
| 1.3 二次收入 Secondary income | | 23 |
| | 贷方 credit | 104 |
| | 借方 debit | -81 |
| 二、资本和金融账户 Capital and financial account | | -695 |
| 2.1 资本账户 Capital account | | 0 |
| | 贷方 credit | 0 |
| | 借方 debit | -1 |
| 2.2 金融账户 Financial account | | -695 |
| 资产 Assets | | -3 017 |
| 负债 Liabilities | | 2 322 |
| 2.2.1 非储备性质的金融账户 Financial account excluding reserve assets | | -345 |
| 2.2.1.1 直接投资 Direct investment | | 757 |
| 资产 Assets | | -219 |
| 负债 Liabilities | | 976 |
| 2.2.1.2 证券投资 Portfolio investment | | 35 |
| 资产 Assets | | -717 |
| 负债 Liabilities | | 752 |
| 2.2.1.3 金融衍生工具 Financial derivatives | | 18 |
| 资产 Assets | | 35 |
| 负债 Liabilities | | -17 |
| 2.2.1.4 其他投资 Other investment | | -1 155 |
| 资产 Assets | | -1 766 |
| 负债 Liabilities | | 612 |
| 2.2.2 储备资产 Reserve assets | | -350 |
| 三、净误差与遗漏 Net errors and omissions | | 1 |

注：根据《国际收支和国际投资头寸手册》（第六版）编制，为初步数。
Note: Compiled in accordance with the sixth edition of *balance of payments and international investment postion manual* (BPM6). The Data are preliminary.

**中国国际收支变化趋势**
Movement of China's balance of payments

| | 2010 | 2011 | 2012 | 2013 | 2014 | 2015 | 2016 | 2017 | 2018 | 2019 | 2020 |
|---|---|---|---|---|---|---|---|---|---|---|---|
| 净误差与遗漏差额<br>Balance of errors and omissions(net) | −529 | −138 | −871 | −629 | −669 | −2 130 | −2 295 | −2 130 | −1 787 | −1 981 | −949 |
| 资本和金融项目差额<br>Balance of capital and financial accounts | −1 849 | −1 223 | −1 283 | −853 | −1 692 | −912 | 273 | 179 | 1 532 | 567 | −2 040 |
| 经常项目差额<br>Balance of current account | 2 378 | 1 361 | 2 154 | 1 482 | 2 360 | 3 042 | 2 022 | 1 951 | 255 | 1 413 | 2 989 |
| 储备资产差额<br>Balance of reserve assets | −4 717 | −3 878 | −966 | −4 314 | −1 178 | 3 429 | 4 437 | −915 | −189 | 193 | −280 |

**2021年3月末外债结构**
External debt structure at the end of March, 2021

短期外债余额占比为55%
Balance of short-term external debt accounted for 55 percent

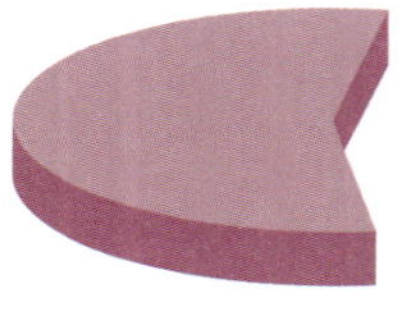

中长期外债余额占比为45%
Balance of medium-and long-term external debt accounted for 45 percent

2021年3月末，中国外债余额为25 266亿美元。其中，中长期外债余额为11 279亿美元，占外债余额的45%，短期外债余额为13 987亿美元，占外债余额的55%。
China's outstanding balance of external debt was USD 2,526.6 billion at the end of March, 2021, among which USD 1,127.9 billion or 45 percent was medium- and long-term debt, and USD 1,398.7 billion or 55 percent was short-term debt.

## 2021年3月末外债数据
External debt balance at the end of March, 2021

| 项目<br>Item | 外债余额<br>Outstanding external debt | 广义政府债务<br>General government debt | 中央银行债务<br>Monetary authority debt | 银行债务<br>Banks Debt | 其他部门债务<br>Other sectors debt | 直接投资：公司间贷款<br>Direct investment: intercompany lending |
|---|---|---|---|---|---|---|
| 债务余额（亿美元）<br>Debt balance<br>(USD 100 million) | 25 266 | 4 047 | 370 | 11 678 | 6 311 | 2 860 |
| 比重 (%)<br>Share(%) | 100 | 16.02 | 1.46 | 46.22 | 24.98 | 11.32 |

注：2014年末，国家外汇管理局按照国际货币基金组织"数据公布特殊标准"（SDDS）的分类标准公布我国外币外债数据，机构部门的分类相应进行了调整。
Note: At the end of 2014, State Administration of Foreign Exchange (SAFE) started to publish the data of China's external debts denominated in foreign currencies according to IMF's SDDS classification standards. The classification of sectors and departments were also adjusted accordingly.

## 外币外债余额与负债率
Balance and ratio of external debt to GDP

注：图中数据根据国家外汇管理局最新数据修订。
Note: Data are revised by State Administration of Foreign Exchange.

## 外汇储备及其增长率
Foreign exchange reserves and growth rates

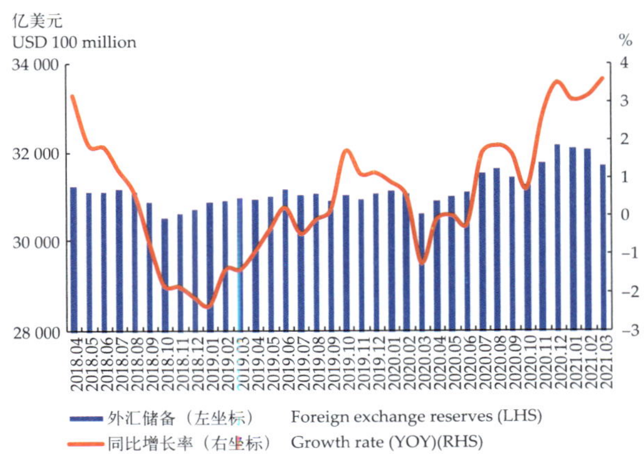

# 六、财政收支
# （Fiscal revenue and expenditure）

### 年度财政收入、财政支出及其增长趋势
### Annual budgetary revenue, budgetary expenditure, and their growth

单位：亿元
Unit: RMB 100 million

| 年 Year | 财政收入 Budgetary revenue | 财政支出 Budgetary expenditure | 财政收入同比增长率 (%) Growth rate of budgetary revenue (YOY) (%) | 财政支出同比增长率 (%) Growth rate of budgetary expenditure (YOY) (%) |
|---|---|---|---|---|
| 2000 | 13 395 | 15 887 | 17.0 | 20.5 |
| 2001 | 16 386 | 18 903 | 22.3 | 19.0 |
| 2002 | 18 904 | 22 053 | 15.4 | 16.7 |
| 2003 | 21 715 | 24 650 | 14.9 | 11.8 |
| 2004 | 26 396 | 28 487 | 21.6 | 15.6 |
| 2005 | 31 649 | 33 930 | 19.9 | 19.1 |
| 2006 | 38 760 | 40 423 | 22.5 | 19.1 |
| 2007 | 51 322 | 49 781 | 32.4 | 23.2 |
| 2008 | 61 330 | 62 593 | 19.5 | 25.4 |
| 2009 | 68 518 | 76 300 | 11.7 | 21.9 |
| 2010 | 83 080 | 89 575 | 21.3 | 17.4 |
| 2011 | 103 740 | 108 930 | 24.8 | 21.2 |
| 2012 | 117 210 | 125 712 | 12.8 | 15.1 |
| 2013 | 129 143 | 139 744 | 10.2 | 11.2 |
| 2014 | 140 350 | 151 662 | 8.6 | 8.2 |
| 2015 | 152 217 | 175 768 | 8.4 | 15.8 |
| 2016 | 159 552 | 187 841 | 4.5 | 6.4 |
| 2017 | 172 567 | 203 330 | 7.4 | 7.7 |
| 2018 | 183 352 | 220 906 | 6.2 | 8.7 |
| 2019 | 190 382 | 238 874 | 3.8 | 8.1 |
| 2020 | 182 895 | 245 588 | -3.9 | 2.8 |

注：表中数据根据财政部最新数据修订。
Note: Data are revised by Ministry of Finance.

### 月度累计财政收支增长率与收支差额
### Monthly growth rates and balance of accumulated fiscal revenue and expenditure

| 年 / 月 Year/Month | 财政收入累计同比增长率（%）Growth rate of accumulated fiscal revenue (YOY) (%) | 财政支出累计同比增长率（%）Growth rate of accumulated fiscal expenditure (YOY) (%) | 累计财政收支总量差额（亿元）Balance of accumulated fiscal revenue and expenditure (RMB 100 million) |
|---|---|---|---|
| 2018.04 | 12.9 | 10.3 | 3 327 |
| 2018.05 | 12.2 | 8.1 | 3 955 |
| 2018.06 | 10.6 | 7.8 | −7 261 |
| 2018.07 | 10.0 | 7.3 | −3 745 |
| 2018.08 | 9.4 | 6.9 | −7 805 |
| 2018.09 | 8.7 | 7.5 | −17 458 |
| 2018.10 | 7.4 | 7.6 | −13 762 |
| 2018.11 | 6.5 | 6.8 | −19 418 |
| 2018.12 | 6.2 | 8.7 | −37 554 |
| 2019.01 | — | — | — |
| 2019.02 | 7.0 | 14.6 | 5 790 |
| 2019.03 | 6.2 | 15.0 | −4 973 |
| 2019.04 | 5.3 | 15.2 | −3 016.0 |
| 2019.05 | 3.8 | 12.5 | −3 104 |
| 2019.06 | 3.4 | 10.7 | −15 692 |
| 2019.07 | 3.1 | 9.9 | −12 340 |
| 2019.08 | 3.2 | 8.8 | −16 008 |
| 2019.09 | 3.3 | 9.4 | −27 934 |
| 2019.10 | 3.8 | 8.7 | −22883 |
| 2019.11 | 3.8 | 7.7 | −27 496 |
| 2019.12 | 3.8 | 8.1 | −48 492 |
| 2020.01 | — | — | — |
| 2020.02 | −9.9 | −2.9 | 2 882 |
| 2020.03 | −14.3 | −5.7 | −9 300 |
| 2020.04 | −14.5 | −2.7 | −11 463.0 |
| 2020.05 | −13.6 | −2.9 | −12 609 |
| 2020.06 | −10.8 | −5.8 | −20 235 |
| 2020.07 | −8.7 | −3.2 | −18 774 |
| 2020.08 | −7.5 | −2.1 | −23 157 |
| 2020.09 | −6.4 | −1.9 | −34 183 |
| 2020.10 | −5.5 | −0.6 | −30 906 |
| 2020.11 | −5.3 | 0.7 | −38 357 |
| 2020.12 | −3.9 | 2.8 | −62 693 |
| 2021.01 | — | — | — |
| 2021.02 | 18.7 | 10.5 | 6 072 |
| 2021.03 | 24.2 | 6.2 | −1 588 |

注：表中数据根据财政部最新数据修订。
Note: Data are revised by Ministry of Finance.

### 年度财政收入、财政支出及其增长趋势
### Annual budgetary revenue, budgetary expenditure, and their growth

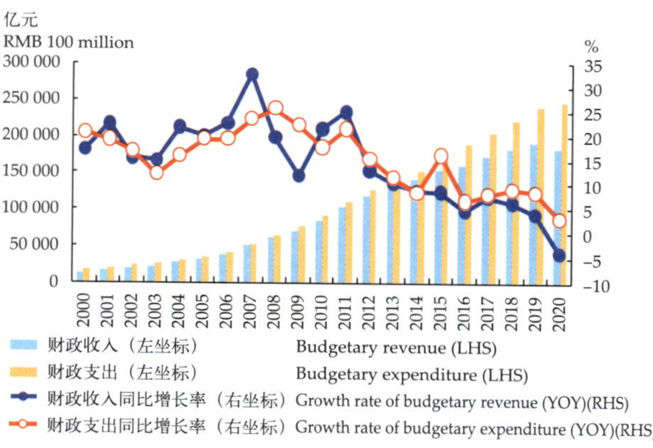


### 月度累计财政收支增长率与收支差额
### Monthly growth rates and balance of accumulated fiscal revenue and expenditure

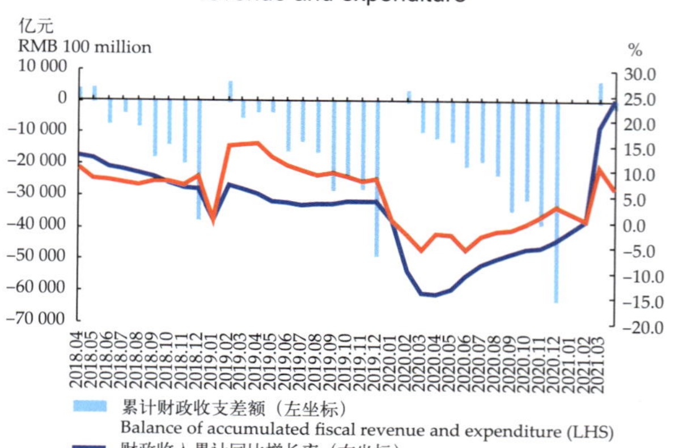

# 附录四 世界主要经济体经济和金融指标

# Appendix 4 Economic and Financial Indicators of Major Economies

## 一、经济增长率（Economic growth rate）

### 世界经济增长率
World economic growth rate

单位：% Unit: %

| 年<br>Year | 国际货币基金组织按购买力平价方法计算的实际 GDP 增长率<br>Real GDP growth rate based on PPP (IMF) | 世界银行按市场汇率法计算的实际 GDP 增长率<br>Real GDP growth rate based on market exchange rate（WB） |
|---|---|---|
| 2000 | 4.8 | 4.4 |
| 2001 | 2.5 | 1.9 |
| 2002 | 2.9 | 2.2 |
| 2003 | 4.3 | 3.0 |
| 2004 | 5.4 | 4.4 |
| 2005 | 4.9 | 3.9 |
| 2006 | 5.4 | 4.4 |
| 2007 | 5.5 | 4.3 |
| 2008 | 3.0 | 1.9 |
| 2009 | −0.1 | −1.7 |
| 2010 | 5.4 | 4.3 |
| 2011 | 4.3 | 3.1 |
| 2012 | 3.5 | 2.5 |
| 2013 | 3.5 | 2.5 |
| 2014 | 3.6 | 2.6 |
| 2015 | 3.5 | 2.8 |
| 2016 | 3.3 | 2.4 |
| 2017 | 3.8 | 3.0 |
| 2018 | 3.6 | 3.1 |
| 2019 | 2.8 | 2.6 |
| 2020 | −3.3 | −4.3 |
| 2021* | 6.0 | 4.0 |
| 2022* | 4.4 | 3.8 |

注：*为预测数。
数据来源：国际货币基金组织，世界银行，Wind。
Note: *Projection.
Source: IMF, The World Bank (WB), Wind.

### 主要经济体GDP增长率
Annual GDP growth rate of major economies

单位：% Unit: %

| 年<br>Year | 美国<br>US | 日本<br>Japan | 欧元区<br>Euro Area | 英国<br>UK |
|---|---|---|---|---|
| 2001 | 1.0 | 0.4 | 2.2 | 2.7 |
| 2002 | 1.7 | 0.0 | 0.9 | 2.2 |
| 2003 | 2.9 | 1.5 | 0.6 | 3.3 |
| 2004 | 3.8 | 2.2 | 2.3 | 2.3 |
| 2005 | 3.5 | 1.8 | 1.7 | 3.0 |
| 2006 | 2.9 | 1.4 | 3.2 | 2.7 |
| 2007 | 1.9 | 1.5 | 3.0 | 2.4 |
| 2008 | −0.1 | −1.2 | 0.4 | −0.3 |
| 2009 | −2.5 | −5.7 | −4.5 | −4.1 |
| 2010 | 2.6 | 4.1 | 2.1 | 2.1 |
| 2011 | 1.6 | 0.0 | 1.7 | 1.3 |
| 2012 | 2.2 | 1.4 | −0.9 | 1.4 |
| 2013 | 1.8 | 2.0 | −0.2 | 2.2 |
| 2014 | 2.5 | 0.3 | 1.4 | 2.9 |
| 2015 | 3.1 | 1.6 | 2.0 | 2.4 |
| 2016 | 1.7 | 0.8 | 1.9 | 1.7 |
| 2017 | 2.3 | 1.7 | 2.6 | 1.7 |
| 2018 | 3.0 | 0.6 | 1.9 | 1.3 |
| 2019 | 2.2 | 0.3 | 1.3 | 1.4 |
| 2020 | −3.5 | −4.8 | −6.6 | −9.9 |
| 2021* | 6.4 | 3.3 | 4.4 | 5.3 |

注：*为预测数。
数据来源：国际货币基金组织，世界银行，Wind。
Note: *Projection.
Source: IMF, The World Bank, Wind.

### 世界经济增长
World economic growth

### 主要经济体GDP增长率
Annual GDP growth rate of major economies

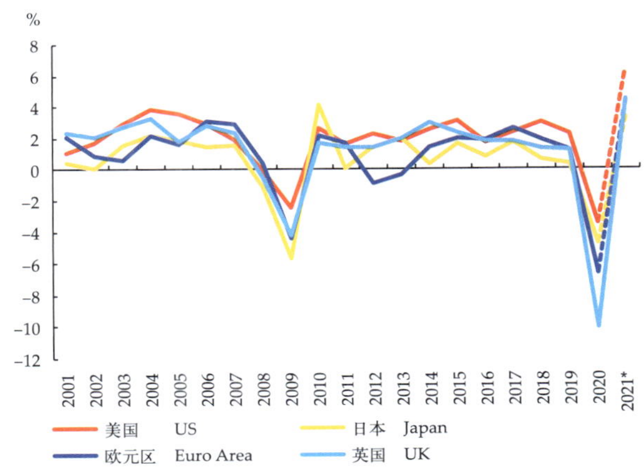

### GDP季度同比增长率
### Year-on-year growth rate of GDP

单位：%　Unit: %

| 年 / 季度 Year/Quarter | 美国 US | 日本 Japan | 欧元区 Euro Area | 英国 UK |
|---|---|---|---|---|
| 2017Q2 | 2.2 | 1.4 | 2.7 | 1.7 |
| 2017Q3 | 2.4 | 2.1 | 3.0 | 1.8 |
| 2017Q4 | 2.7 | 2.2 | 3.1 | 1.6 |
| 2018Q1 | 3.1 | 1.4 | 2.5 | 1.1 |
| 2018Q2 | 3.3 | 1.2 | 2.2 | 1.2 |
| 2018Q3 | 3.1 | -0.2 | 1.6 | 1.4 |
| 2018Q4 | 2.5 | -0.2 | 1.2 | 1.2 |
| 2019Q1 | 2.3 | 0.0 | 1.5 | 1.7 |
| 2019Q2 | 2.0 | 0.4 | 1.3 | 1.5 |
| 2019Q3 | 2.1 | 1.1 | 1.4 | 1.4 |
| 2019Q4 | 2.3 | -1.4 | 1.0 | 1.2 |
| 2020Q1 | 0.3 | -2.1 | -3.3 | -2.2 |
| 2020Q2 | -9.0 | -10.1 | -14.6 | -21.4 |
| 2020Q3 | -2.8 | -5.6 | -4.1 | -8.5 |
| 2020Q4 | -2.4 | -1.1 | -4.7 | -7.3 |
| 2021Q1 | 0.4 | -1.6 | -1.3 | -6.1 |

数据来源：各经济体官方统计网站，Wind。
Sources: Official statistical websites of the economies, Wind.

### GDP季度环比折年率
### Quarter-on-quarter annualized growth rate of GDP

单位：%　Unit: %

| 年 / 季 Year/Quarter | 美国 US | 日本 Japan | 欧元区 Euro Area | 英国 UK |
|---|---|---|---|---|
| 2017Q2 | 1.7 | 0.9 | 3.0 | 1.2 |
| 2017Q3 | 2.9 | 3.2 | 3.1 | 1.7 |
| 2017Q4 | 3.9 | 1.7 | 3.5 | 1.4 |
| 2018Q1 | 3.8 | 0.0 | 0.4 | 0.3 |
| 2018Q2 | 2.7 | 0.0 | 1.9 | 1.5 |
| 2018Q3 | 2.1 | -2.7 | 0.5 | 2.4 |
| 2018Q4 | 1.3 | 1.8 | 2.0 | 0.7 |
| 2019Q1 | 2.9 | 1.4 | 1.8 | 2.2 |
| 2019Q2 | 1.5 | 0.5 | 1.0 | 0.6 |
| 2019Q3 | 2.6 | 0.5 | 0.8 | 2.0 |
| 2019Q4 | 2.4 | -7.4 | 0.3 | 0.1 |
| 2020Q1 | -5.0 | -2.0 | -14.5 | -11.5 |
| 2020Q2 | -31.4 | -28.6 | -38.6 | -56.4 |
| 2020Q3 | 33.4 | 22.9 | 60.6 | 81.1 |
| 2020Q4 | 4.3 | 11.7 | -2.4 | |
| 2021Q1 | 6.4 | -3.9 | -1.3 | |

数据来源：各经济体官方统计网站，Wind。
Sources: Official statistical websites of the economies, Wind.

### GDP季度同比增长率
### Year-on-year growth rate of GDP

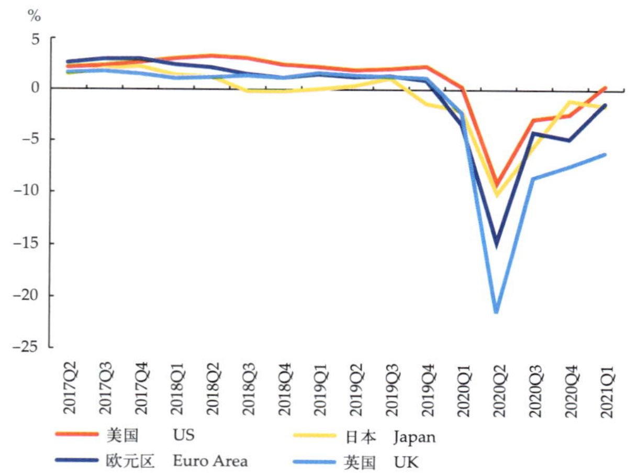


### GDP季度环比折年率
### Quarter-on-quarter annualized growth rate of GDP

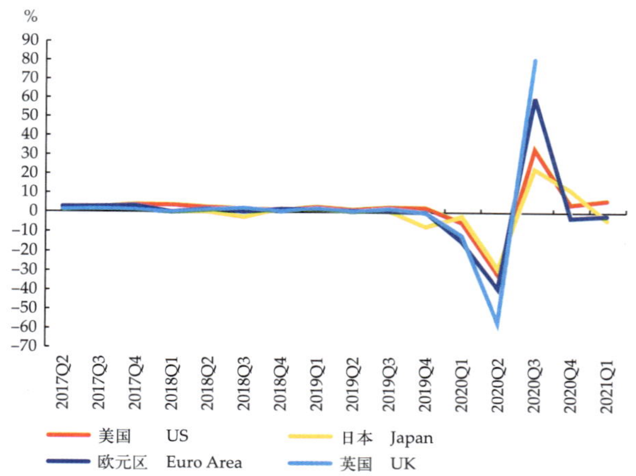

## 二、消费价格指数（CPI）

### 消费价格当月同比指数
Monthly CPI (YOY)

单位：%　Unit: %

| 年 / 月 Year/Month | 美国 US | 日本 Japan | 欧元区 Euro Area | 英国 UK |
|---|---|---|---|---|
| 2019.04 | 2.0 | 0.9 | 1.7 | 2.1 |
| 2019.05 | 1.8 | 0.7 | 1.2 | 2.0 |
| 2019.06 | 1.6 | 0.7 | 1.3 | 2.0 |
| 2019.07 | 1.8 | 0.5 | 1.0 | 2.1 |
| 2019.08 | 1.7 | 0.3 | 1.0 | 1.7 |
| 2019.09 | 1.7 | 0.2 | 0.8 | 1.7 |
| 2019.10 | 1.8 | 0.2 | 0.7 | 1.5 |
| 2019.11 | 2.1 | 0.5 | 1.0 | 1.5 |
| 2019.12 | 2.3 | 0.8 | 1.3 | 1.3 |
| 2020.01 | 2.5 | 0.7 | 1.4 | 1.8 |
| 2020.02 | 2.3 | 0.4 | 1.2 | 1.7 |
| 2020.03 | 1.5 | 0.4 | 0.7 | 1.5 |
| 2020.04 | 0.3 | 0.1 | 0.3 | 0.8 |
| 2020.05 | 0.1 | 0.1 | 0.1 | 0.5 |
| 2020.06 | 0.6 | 0.1 | 0.3 | 0.6 |
| 2020.07 | 1.0 | 0.3 | 0.4 | 1.0 |
| 2020.08 | 1.3 | 0.2 | −0.2 | 0.2 |
| 2020.09 | 1.4 | 0.0 | −0.3 | 0.5 |
| 2020.10 | 1.2 | −0.4 | −0.3 | 0.7 |
| 2020.11 | 1.2 | −0.9 | −0.3 | 0.3 |
| 2020.12 | 1.4 | −1.2 | −0.3 | 0.6 |
| 2021.01 | 1.4 | −0.6 | 0.9 | 0.7 |
| 2021.02 | 1.7 | −0.4 | 0.9 | 0.4 |
| 2021.03 | 2.6 | −0.2 | 1.3 | 0.7 |

数据来源：各经济体官方统计网站，Wind。
Sources: Official statistical websites of the economies, Wind.

### 消费价格当月同比指数
Monthly CPI (YOY)

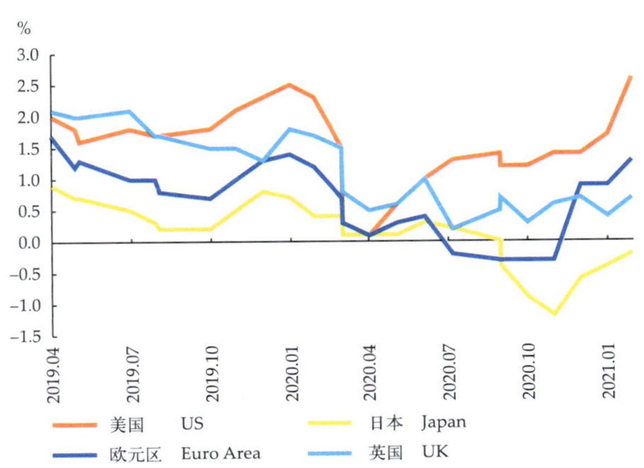


## 三、失业率（Unemployment rate）

### 失业率（季节调整后）
Unemployment rate (after seasonal adjustment)

单位：%　Unit: %

| 年 / 月 Year/Month | 美国 US | 日本 Japan | 欧元区 Euro Area | 英国 UK |
|---|---|---|---|---|
| 2019.04 | 3.6 | 2.4 | 7.6 | 3.8 |
| 2019.05 | 3.6 | 2.4 | 7.6 | 3.8 |
| 2019.06 | 3.7 | 2.3 | 7.5 | 3.9 |
| 2019.07 | 3.7 | 2.3 | 7.6 | 3.8 |
| 2019.08 | 3.7 | 2.3 | 7.5 | 3.9 |
| 2019.09 | 3.5 | 2.4 | 7.6 | 3.8 |
| 2019.10 | 3.6 | 2.4 | 7.5 | 3.4 |
| 2019.11 | 3.5 | 2.2 | 7.5 | 3.4 |
| 2019.12 | 3.5 | 2.1 | 7.4 | 3.4 |
| 2020.01 | 3.6 | 2.3 | 7.3 | 3.4 |
| 2020.02 | 3.5 | 2.3 | 7.3 | 3.4 |
| 2020.03 | 4.4 | 2.6 | 7.4 | 3.5 |
| 2020.04 | 14.7 | 2.8 | 7.5 | 5.8 |
| 2020.05 | 13.3 | 2.9 | 7.7 | 7.4 |
| 2020.06 | 11.1 | 2.8 | 7.8 | 7.3 |
| 2020.07 | 10.2 | 2.9 | 8.1 | 7.4 |
| 2020.08 | 8.4 | 3.0 | 8.3 | 7.5 |
| 2020.09 | 7.9 | 3.0 | 8.3 | 7.4 |
| 2020.10 | 6.9 | 3.1 | 8.4 | 7.2 |
| 2020.11 | 6.7 | 2.8 | 8.3 | 7.3 |
| 2020.12 | 6.7 | 2.8 | 8.3 | 7.3 |
| 2021.01 | 6.3 | 2.9 | 8.2 | 7.1 |
| 2021.02 | 6.2 | 2.8 | 8.2 | 7.3 |
| 2021.03 | 6.0 | 2.7 | 8.1 | 7.2 |

数据来源：各经济体官方统计网站，Wind。
Sources: Official statistical websites of the economies, Wind.

### 失业率（季节调整后）
Unemployment rate
(after seasonal adjustment)

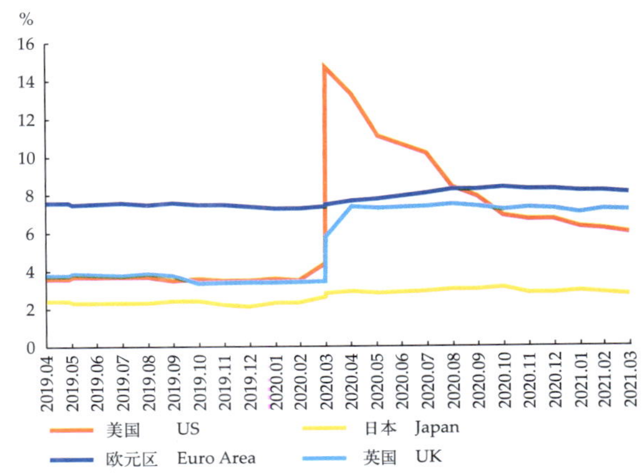

# 四、国际收支（BOP）

单位：10亿 Unit: billion

| 年 / 季度 Year/Quarter | 美国 / 美元 US/USD | | | 日本 / 日元 Japan/JPY | | | 欧元区 / 欧元 Euro Area/EUR | | | 英国 / 英镑 UK/GBP | | |
|---|---|---|---|---|---|---|---|---|---|---|---|---|
| | 经常项目 Current account | 资本与金融项目 Capital and financial accounts | 净误差与遗漏 Net errors and omissions | 经常项目 Current account | 资本与金融项目 Capital and financial accounts | 净误差与遗漏 Net errors and omissions | 经常项目 Current account | 资本与金融项目 Capital and financial accounts | 净误差与遗漏 Net errors and omissions | 经常项目 Current account | 资本与金融项目 Capital and financial accounts | 净误差与遗漏 Net errors and omissions |
| 2017Q2 | −102.36 | 113.62 | −11.26 | 4 801.70 | −5 063.80 | 262.10 | 20.11 | −16.23 | — | −24.57 | 18.78 | 1.22 |
| 2017Q3 | −86.23 | 108.82 | −22.59 | 7 253.10 | −5 236.40 | −2 016.70 | 40.66 | −26.84 | — | −17.75 | 22.97 | 1.47 |
| 2017Q4 | −92.78 | 55.49 | 37.30 | 4 349.80 | −3 165.10 | −1 184.60 | 34.19 | −86.36 | — | −17.24 | 21.32 | −5.81 |
| 2018Q1 | −96.59 | 94.86 | 1.73 | 5 994.90 | −7 657.50 | 1 662.60 | 37.91 | −65.71 | — | −17.88 | 20.56 | −2.31 |
| 2018Q2 | −95.41 | 101.06 | −5.64 | 5 025.80 | −5 342.20 | 316.40 | 30.17 | −44.97 | — | −17.87 | 18.51 | −4.53 |
| 2018Q3 | −125.24 | 16.34 | 108.90 | 5 813.10 | −4 534.90 | −1 278.20 | 25.98 | −72.52 | — | −17.57 | 19.46 | 4.43 |
| 2018Q4 | −132.45 | 203.27 | −70.82 | 2 670.90 | −2 812.00 | 141.20 | 24.96 | −35.75 | — | −25.52 | 23.22 | −0.48 |
| 2019Q1 | −126.62 | 92.63 | 33.98 | 5 888.20 | −9 111.30 | 3 223.10 | 26.49 | −64.42 | — | −34.54 | 27.57 | 6.02 |
| 2019Q2 | −127.69 | 167.06 | −39.36 | 4 370.50 | −6 162.10 | 1 791.60 | 11.51 | −12.59 | — | −17.80 | 29.50 | −13.87 |
| 2019Q3 | −121.59 | 102.29 | 19.30 | 5 485.60 | −7 707.10 | 2 221.60 | 30.23 | −43.19 | — | −17.92 | 36.74 | −13.65 |
| 2019Q4 | −104.32 | 27.33 | 77.00 | 3 528.90 | −2 316.90 | −1 212.00 | 24.07 | −8.36 | — | 1.63 | −12.05 | 8.37 |
| 2020Q1 | −114.56 | 141.35 | −26.78 | 5 542.30 | −5 050.00 | −492.30 | 10.42 | −25.77 | — | −19.10 | 7.92 | 9.69 |
| 2020Q2 | −163.25 | 206.39 | −43.14 | 1 423.20 | −1 609.10 | 185.80 | 21.16 | −42.56 | — | −14.27 | 23.71 | −11.86 |
| 2020Q3 | −180.92 | 128.76 | 52.16 | 5 284.40 | −5 191.00 | −93.30 | 29.22 | −47.62 | — | −14.28 | 24.11 | −7.52 |
| 2020Q4 | −188.48 | 261.05 | −72.57 | 5 284.80 | −3 729.60 | −1 555.20 | 37.45 | −71.37 | — | −26.29 | 37.97 | −10.08 |
| 2021Q1 | — | — | — | 6 211.30 | −4 980.70 | −1 230.60 | 17.84 | −39.22 | — | — | — | — |

数据来源：各经济体官方统计网站，Wind。
Source: Official statistical websites of the economies, Wind.

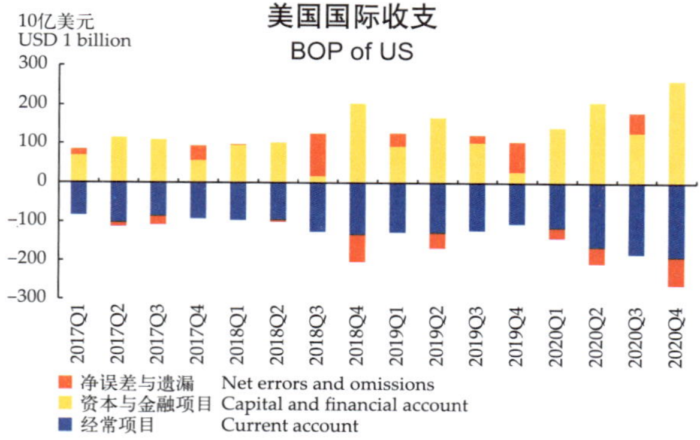


数据来源：各经济体官方统计网站，Wind。
Sources: Official statistical websites of the economies, Wind.

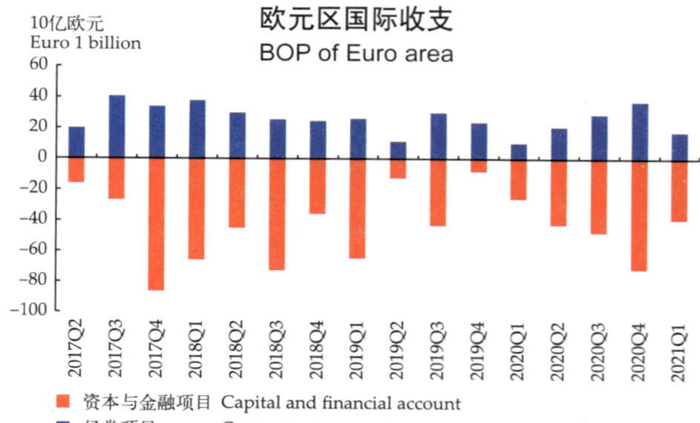


数据来源：各经济体官方统计网站，Wind。
Sources: Official statistical websites of the economies, Wind.

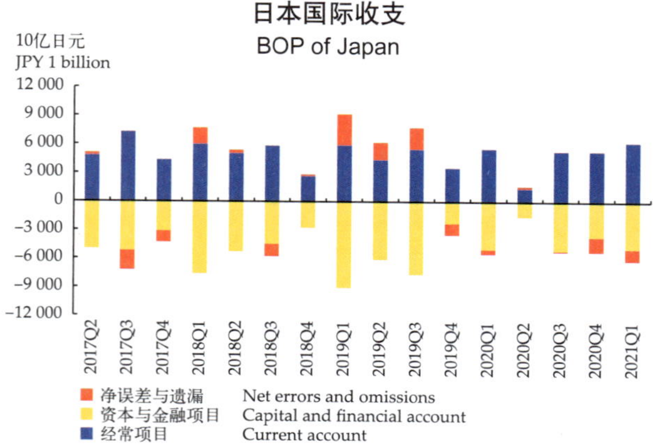


数据来源：各经济体官方统计网站，Wind。
Sources: Official statistical websites of the economies, Wind.

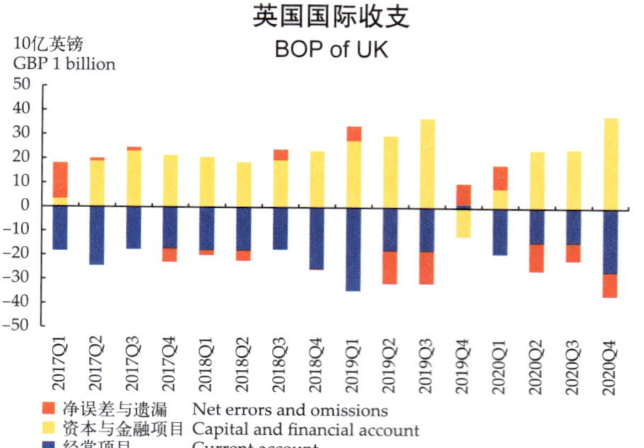


数据来源：各经济体官方统计网站，Wind。
Sources: Official statistical websites of the economies, Wind.

# 五、利率（Interest rate）

## 5.1　中央银行政策利率（Central bank policy rate）

中央银行政策利率
Central bank policy rates

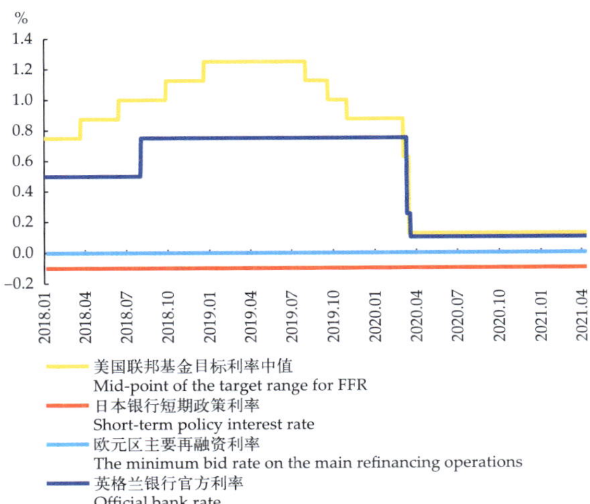


数据来源：各经济体官方统计网站，Wind。
Source: Official statistical websites of the economies,Wind.

10年期国债收益率
（年率，月平均）
10-year government bond yield
(annualized, monthly average)

单位：%　Unit: %

| 年 / 月<br>Year/Month | 美元<br>USD | 日元<br>JPY | 欧元<br>EUR | 英镑<br>GBP |
|---|---|---|---|---|
| 2019.04 | 2.53 | −0.04 | 0.06 | 1.19 |
| 2019.05 | 2.40 | −0.06 | −0.03 | 1.13 |
| 2019.06 | 2.07 | −0.13 | −0.21 | 0.92 |
| 2019.07 | 2.06 | −0.14 | −0.30 | 0.83 |
| 2019.08 | 1.63 | −0.23 | −0.59 | 0.58 |
| 2019.09 | 1.70 | −0.22 | −0.53 | 0.60 |
| 2019.10 | 1.71 | −0.16 | −0.40 | 0.64 |
| 2019.11 | 1.81 | −0.09 | −0.28 | 0.76 |
| 2019.12 | 1.86 | −0.01 | −0.22 | 0.83 |
| 2020.01 | 1.76 | −0.02 | −0.24 | 0.72 |
| 2020.02 | 1.50 | −0.06 | −0.39 | 0.63 |
| 2020.03 | 0.87 | −0.02 | −0.46 | 0.46 |
| 2020.04 | 0.66 | 0.00 | −0.35 | 0.36 |
| 2020.05 | 0.67 | 0.00 | −0.40 | 0.27 |
| 2020.06 | 0.73 | 0.03 | −0.35 | 0.28 |
| 2020.07 | 0.62 | 0.03 | −0.43 | 0.21 |
| 2020.08 | 0.65 | 0.04 | −0.45 | 0.27 |
| 2020.09 | 0.68 | 0.03 | −0.46 | 0.27 |
| 2020.10 | 0.79 | 0.03 | −0.54 | 0.31 |
| 2020.11 | 0.87 | 0.03 | −0.55 | 0.38 |
| 2020.12 | 0.93 | 0.02 | −0.56 | 0.32 |
| 2021.01 | 1.08 | 0.04 | −0.54 | 0.37 |
| 2021.02 | 1.26 | 0.09 | −0.38 | 0.62 |
| 2021.03 | 1.61 | 0.11 | −0.30 | 0.85 |

数据来源：各经济体官方统计网站，Wind。
Sources: Official statistical websites of the economies, Wind.

## 5.2　市场利率（Market interest rate）

隔夜基准利率
Overnight benchmark rates

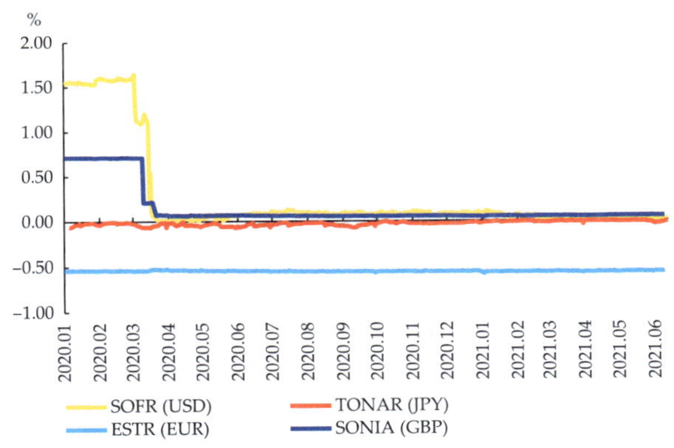


数据来源：各经济体官方统计网站，Wind。
Sources: Official statistical websites of the economies, Wind.

10年期国债收益率（年率，月平均）
10-year government bond yield (annualized, monthly average)

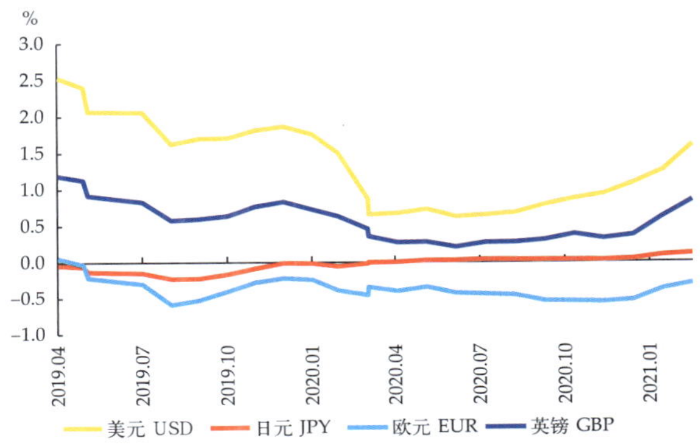


数据来源：各经济体官方统计网站，Wind。
Sources: Official statistical websites of the economies, Wind.

# 六、汇率（Exchange rates）

汇率（月平均）
Exchange rates (monthly average)

| 年 / 月 Year/Month | 美元 / 欧元 USD/EUR | 美元 / 英镑 USD/GBP | 日元 / 美元 JPY/USD |
|---|---|---|---|
| 2019.04 | 1.1238 | 1.3043 | 111.66 |
| 2019.05 | 1.1185 | 1.2841 | 109.85 |
| 2019.06 | 1.1293 | 1.2677 | 108.06 |
| 2019.07 | 1.1218 | 1.2470 | 108.24 |
| 2019.08 | 1.1126 | 1.2146 | 106.27 |
| 2019.09 | 1.1004 | 1.2361 | 107.48 |
| 2019.10 | 1.1058 | 1.2657 | 108.14 |
| 2019.11 | 1.1051 | 1.2884 | 108.86 |
| 2019.12 | 1.1114 | 1.3109 | 109.10 |
| 2020.01 | 1.1098 | 1.3076 | 109.27 |
| 2020.02 | 1.0911 | 1.2953 | 110.03 |
| 2020.03 | 1.1046 | 1.2369 | 107.67 |
| 2020.04 | 1.0871 | 1.2420 | 107.74 |
| 2020.05 | 1.0907 | 1.2302 | 107.20 |
| 2020.06 | 1.1259 | 1.2523 | 107.58 |
| 2020.07 | 1.1488 | 1.2701 | 106.68 |
| 2020.08 | 1.1831 | 1.3143 | 106.01 |
| 2020.09 | 1.1785 | 1.2947 | 105.59 |
| 2020.10 | 1.1768 | 1.2980 | 105.21 |
| 2020.11 | 1.1826 | 1.3198 | 104.41 |
| 2020.12 | 1.2168 | 1.3434 | 103.80 |
| 2021.01 | 1.2178 | 1.3641 | 103.79 |
| 2021.02 | 1.2094 | 1.3867 | 105.38 |
| 2021.03 | 1.1902 | 1.3863 | 108.70 |

数据来源：各经济体官方统计网站，Wind。
Sources: Official statistical websites of the economies, Wind.

实际有效汇率（月平均，2010年=100）
Real effective exchange rates (monthly average, year 2010=100)

| 年 / 月 Year/Month | 美元 USD | 欧元 EUR | 日元 JPY | 英镑 GBP |
|---|---|---|---|---|
| 2019.04 | 115.4 | 91.3 | 74.1 | 99.9 |
| 2019.05 | 116.4 | 91.7 | 76.2 | 99.2 |
| 2019.06 | 115.8 | 92.0 | 77.2 | 97.3 |
| 2019.07 | 115.6 | 91.0 | 76.7 | 95.8 |
| 2019.08 | 117.4 | 91.6 | 79.3 | 94.3 |
| 2019.09 | 117.8 | 90.7 | 78.5 | 96.6 |
| 2019.10 | 118.1 | 93.2 | 78.1 | 99.3 |
| 2019.11 | 117.4 | 92.2 | 77.1 | 101.4 |
| 2019.12 | 116.5 | 92.4 | 76.6 | 102.4 |
| 2020.01 | 115.9 | 90.7 | 75.7 | 101.9 |
| 2020.02 | 117.3 | 89.9 | 75.6 | 102.6 |
| 2020.03 | 121.4 | 94.0 | 78.8 | 98.2 |
| 2020.04 | 123.9 | 94.5 | 80.0 | 100.1 |
| 2020.05 | 123.4 | 94.6 | 80.3 | 99.0 |
| 2020.06 | 120.9 | 95.8 | 78.5 | 98.3 |
| 2020.07 | 120.2 | 96.0 | 78.4 | 98.6 |
| 2020.08 | 118.7 | 97.2 | 78.0 | 99.8 |
| 2020.09 | 117.8 | 97.1 | 77.8 | 99.0 |
| 2020.10 | 117.0 | 97.0 | 77.4 | 98.9 |
| 2020.11 | 115.2 | 96.0 | 76.8 | 99.8 |
| 2020.12 | 112.9 | 97.1 | 75.8 | 99.4 |
| 2021.01 | 112.4 | 96.3 | 75.5 | 100.1 |
| 2021.02 | 112.8 | 95.3 | 73.9 | 101.7 |
| 2021.03 | 114.9 | 95.9 | 72.5 | 103.0 |

数据来源：各经济体官方统计网站，Wind。
Sources: Official statistical websites of the economies, Wind.

汇率（月平均）
Exchange rates (monthly average)

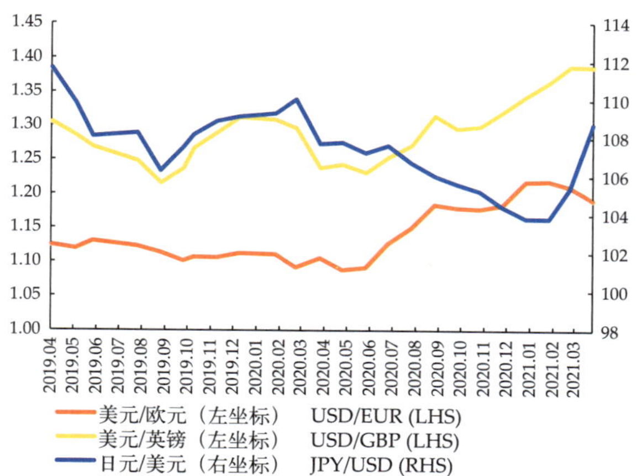


数据来源：各经济体官方统计网站，Wind。
Sources: Official statistical websites of the economies, Wind.

实际有效汇率（月平均，2010年=100）
Real effective exchange rates (monthly average, year 2010=100)

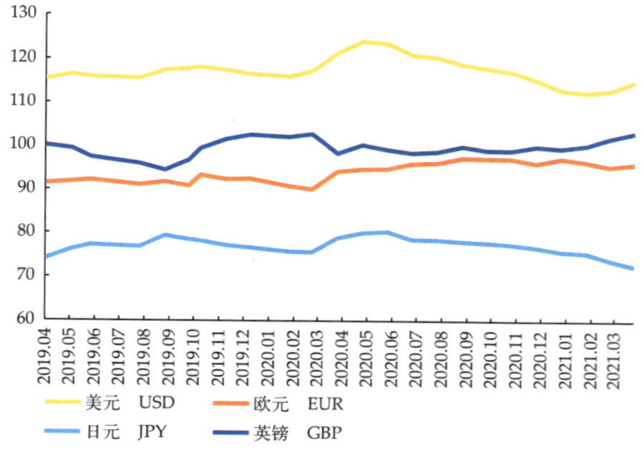


数据来源：各经济体官方统计网站，Wind。
Sources: Official statistical websites of the economies, Wind.

## 七、股票市场指数（Stock market indices）

**主要股票市场指数（期末）**
Major stock market indices (end-period)

| 年 / 月 Year/Month | 美国道琼斯工业平均指数 Dow Jones 30 | 纳斯达克综合指数 NASDAQ | 日本日经 225 种股票平均价格指数 Nikkei 225 | 道琼斯欧元区 STOXX 50 股票指数 Dow Jones EURO STOXX 50 |
|---|---|---|---|---|
| 2020.01 | 28 256 | 9 151 | 23 205 | 3 361 |
| 2020.02 | 25 409 | 8 567 | 21 143 | 3 060 |
| 2020.03 | 21 917 | 7 700 | 18 917 | 2 730 |
| 2020.04 | 24 346 | 8 890 | 20 194 | 2 853 |
| 2020.05 | 25 383 | 9 490 | 21 878 | 2 893 |
| 2020.06 | 25 813 | 10 059 | 22 288 | 2 989 |
| 2020.07 | 26 428 | 10 745 | 21 710 | 2 913 |
| 2020.08 | 28 430 | 11 775 | 23 140 | 2 955 |
| 2020.09 | 27 782 | 11 168 | 23 185 | 2 904 |
| 2020.10 | 26 502 | 10 912 | 22 977 | 2 701 |
| 2020.11 | 29 639 | 12 199 | 26 434 | 3 054 |
| 2020.12 | 30 606 | 12 888 | 27 444 | 3 108 |
| 2021.01 | 29 983 | 13 071 | 27 663 | 3 481 |
| 2021.02 | 30 932 | 13 192 | 28 966 | 3 636 |
| 2021.03 | 32 982 | 13 247 | 29 179 | 3 919 |

数据来源：Wind。
Source: Wind.

**主要股票市场指数（期末）**
Major stock market indices (end-period)

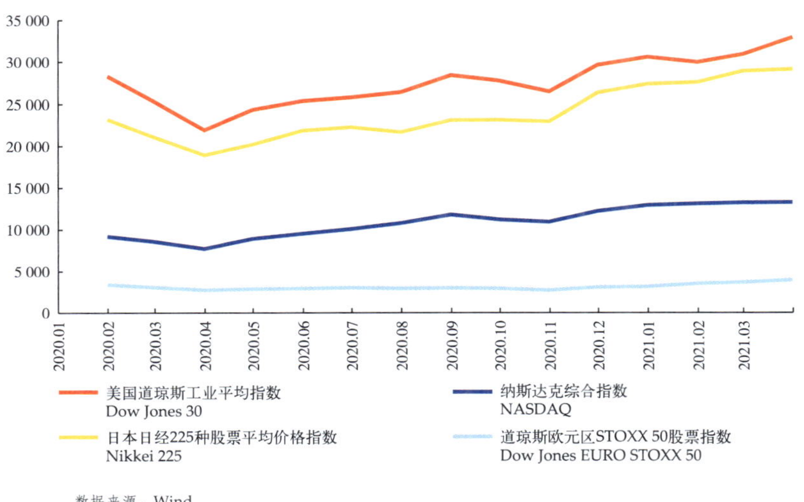


数据来源：Wind。
Source: Wind.